U0451264

教育部人文社会科学研究规划基金项目"教育政务数据的开放共享机制设计与风险防控研究"（20YJA880071）、江苏省高校优势学科建设工程项目

教育政务数据
开放体系与机制研究

杨现民　郑旭东　王娟◎著

中国社会科学出版社

图书在版编目（CIP）数据

教育政务数据开放体系与机制研究／杨现民等著．
—北京：中国社会科学出版社，2023.9
ISBN 978-7-5227-2560-4

Ⅰ.①教… Ⅱ.①杨… Ⅲ.①教育管理—电子政务—研究—中国 Ⅳ.①G526

中国国家版本馆 CIP 数据核字（2023）第 165980 号

出 版 人	赵剑英
责任编辑	张　林
特约编辑	宋英杰
责任校对	赵雪姣
责任印制	戴　宽

出　　版	中国社会科学出版社
社　　址	北京鼓楼西大街甲 158 号
邮　　编	100720
网　　址	http://www.csspw.cn
发 行 部	010-84083685
门 市 部	010-84029450
经　　销	新华书店及其他书店
印刷装订	北京君升印刷有限公司
版　　次	2023 年 9 月第 1 版
印　　次	2023 年 9 月第 1 次印刷
开　　本	710×1000　1/16
印　　张	20.5
插　　页	2
字　　数	328 千字
定　　价	109.00 元

凡购买中国社会科学出版社图书，如有质量问题请与本社营销中心联系调换
电话：010-84083683
版权所有　侵权必究

序　　言

我们已经全面进入智能时代，以大数据、人工智能、5G等为代表的新一代信息技术正快速融入社会生活的方方面面，深刻改变着人们的生产和生活方式，教育也正在大踏步地迈向智慧教育。在智慧教育生态体系中，作为驱动教育高质量发展的核心动力，数据的价值将日益彰显。数据价值的发挥依赖于高质量的数据开放，唯有坚持开放路线，才能充分调动各方积极性，共享共创共用数据资源，进而助力构建智慧教育新生态。

2021年2月，国务院办公厅印发《关于建立健全政务数据共享协调机制加快推进数据有序共享的意见》（国办发〔2021〕6号），指出"建立健全政务数据共享协调机制、加快推进数据有序共享"。政务数据的规范有序开放与共享，是建设数字政府、提升政务服务水平的关键手段。教育行政部门在教育数据资源的汇聚与生成方面具有得天独厚的优势，如何根据国家部署加速推进教育政务数据开放进程，是当前教育领域深化改革面临的重要任务之一。

杨现民博士是我众多弟子中非常优秀的一位青年学者，长期从事教育大数据研究，带领团队完成四期《中国基础教育大数据发展蓝皮书》编撰工作，为推动国内教育大数据学术研究与行业发展做出了重要贡献。近日，收到杨博士寄来的《教育政务数据开放体系与机制研究》书稿，很是高兴，原因有二，一是学生在教育大数据研究领域继续拓宽拓深，有新作出版，值得庆贺；二是研究主题新颖、很有价值，抓住了"政务数据开放"这一热点和难点问题。

为了更好地理解这本书的精髓，我花了几天时间通读审阅，发现该书有四个特点。一是注重基础概念的澄清与理解，在开篇前两章对数据开放、开放数据、教育数据开放、教育政务数据开放、教育开放等基本概念及其关系进行阐释，明确概念边界，为全书后续内容展开做好铺垫，便于读者更准确地理解和把握书中观点。二是注重广泛的现状调研，包括美国、英国、新西兰、新加坡以及中国五个国家教育政务数据开放政策文件发布情况、数据开放平台的运行情况等，重点对美国和中国的情况进行了多维观察和深度分析，可以帮助读者清晰地认识世界主要发达国家的经验做法及其对我国的启示。三是注重多学科理论和方法的整合运用，包括生态学理论、TOE框架理论、多元公共行政观、全面质量管理理论、数据生命周期理论、PDCA循环理论、多中心治理理论、系统动力学理论，等等，体现了杨博士团队宽广的学术视野，这种多学科交叉融合的研究方法是非常值得提倡，也是很有必要的。四是注重独特观点表达和前瞻思考，杨博士带领团队长期关注教育大数据应用实践问题，对教育政务数据开放实践有深入的思考，提出了一些创新的观点和思路，集中体现在最后一章的十大研究结论与四大前沿议题中。

　　如前所述，教育政务数据开放是大势所趋，不仅是教育行政部门和研究者关心的问题，也是社会公众关心教育、协同参与教育治理的重要渠道。这本书不是聚焦教育政务数据开放的技术研究，而是更多地关注体系架构和开放机制。我认同这本书的价值判断，技术的确为破解教育难题提供了更多方法，但很多时候技术助力教育变革的最大障碍点不是技术，而是在体制机制层面。教育政务数据开放是一个持续的进程，除了该书所探讨的问题外，还会面临很多不可预知的新问题和新挑战。但有一点是肯定的，那就是教育政务数据开放研究需要持续深入，高校与科研机构要坚持开放思维，打破学科边界，整合更多政府、企业资源，开展多方深度合作，方能结出研究"硕果"，服务国家教育治理体系和治理能力现代化。

2023年3月20日

前　言

　　进入 21 世纪的第二个十年，全球迎来了"大数据"时代。近年来，"大数据"已经被各行各业所熟知，成为会议、政策、报告、论著中的"常客"，被政产学研各界所热议。2015 年 8 月，国务院发布《促进大数据发展行动纲要》，正式启动国家大数据战略。该战略是我国进入中国特色社会主义新时代的一次宏大布局，是支撑数字强国建设的"支柱"。《中华人民共和国国民经济和社会发展第十四个五年规划和 2035 年远景目标纲要》提出，"加快构建全国一体化大数据中心体系，强化算力统筹智能调度，建设若干国家枢纽节点和大数据中心集群，建设 E 级和 10E 级超级计算中心"。作为一种新型基础设施，大数据在工业、农业、交通、医疗、教育等各行各业的数字化转型中必将发挥极其重要的"驱动"作用。

　　2019 年 2 月，中共中央、国务院发布《中国教育现代化 2035》，部署了"教育治理体系和治理能力现代化"的战略任务，提出"提升政府管理服务水平，提升政府综合运用法律、标准、信息服务等现代治理手段的能力和水平"。在全球数据开放运动和数字政府建设的大背景下，推进教育政务数据开放共享，是实现国家教育治理体系和治理能力现代化的必然选择，是助力国家教育数字化战略行动纵深推进的关键举措。唯有将教育行政部门拥有的"大数据"进行合法合规、安全可靠的开放共享，数据要素的价值才有可能被充分激活。然而，当前我国教育政务数据开放的总体水平还不高，实践中面临数据开放机制不健全、数据开放意愿不强、开放数据集规模小、数据安全隐患大等现实问题。本书旨在尝试对上述问题做出回答，以期促进全国教育政务数据的有序共享与开放发展，助力国家教育治理现代化水平提升。

本书的写作逻辑是，首先从全球开放数据运动的大背景切入，结合电子政务的发展趋势构建教育政务数据开放的基本框架，并将该框架作为总纲指导后续内容展开，接着依据"摸清开放现状—确定影响因素—设计开放机制—搭建开放平台"的思路层层递进，最后提出研究结论、洞察前沿议题。

本书共十章。第一章梳理全球数据开放运动的发展历程，分析探讨教育数据开放的本质内涵、国际进展与战略价值。第二章分析大数据时代背景下教育电子政务的发展趋势，阐释教育政务数据开放共享的多维价值与基本原则，构建教育政务数据开放体系的基本框架。第三章重点对美国、英国、新西兰、新加坡、中国等五个国家出台的教育政务数据开放相关政策文件以及主要数据开放平台的功能与开放数据集进行调查分析。第四章识别教育政务数据开放的三类影响因素，并对影响机制进行仿真探究。第五章到第八章，以多学科理论为指导，系统设计教育政务数据开放的保障机制、运行机制、监管机制和风控机制。第九章探讨基于区块链的教育政务数据开放平台的架构设计与运行设计。第十章总结研究取得的十项主要结论，提出教育政务数据开放研究的四项前沿议题。

本书历经两年时间的打磨，在江苏省教育学优势学科和教育部人文社会科学规划基金的资助下，即将付梓出版，激动之余充满感激。来自江苏师范大学的六位研究生杨宇鹏、米桥伟、狄璇、赵冉、王书瑶与高振，参与了研究文献的搜集整理与书稿文字校对工作，感谢他们的辛勤付出。我的访问学者——来自宿州学院的王英老师，主要参与了国内教育政务数据开放现状的调查工作，感谢她为本书做出的贡献。此外，诸多学界同行专家、教育行政部门领导与教育信息化行业专家参与了多轮的研究咨询工作，为本书贡献了智慧，在此谨向他们表示衷心的感谢。中国社会科学出版社的张林老师及其工作团队为本书的顺利出版付出了艰辛的努力，在此深表谢意！受作者水平所限，书中不免有疏漏和不周全之处，敬请同行和广大读者批评指正。

杨现民

2023 年 3 月

目　　录

第一章　全球开放数据运动与教育数据开放 …………………… (1)

 第一节　全球开放数据运动 …………………………………… (1)

  一　全球开放数据运动兴起 ………………………………… (1)

  二　全球开放数据运动速描 ………………………………… (6)

 第二节　教育数据开放的本质内涵 …………………………… (17)

  一　信息生态学视角下的数据开放 ………………………… (17)

  二　数据开放与开放数据的关系 …………………………… (18)

  三　教育数据开放的内涵、特征与层次 …………………… (19)

  四　与教育开放的内在联系 ………………………………… (23)

 第三节　教育数据开放的国际审视 …………………………… (24)

 第四节　教育数据开放的战略价值 …………………………… (26)

  一　教育数据开放是推进新时代更高质量、更高层次

   　教育开放的重要动力 …………………………………… (26)

  二　教育数据开放是实现教育数据资产增值的基本保障 ……… (27)

  三　教育数据开放是提升政府教育治理能力的有力举措 ……… (27)

  四　教育数据开放是推动教育行业发展的关键力量 ……… (28)

  五　教育数据开放是构建智慧教育新生态的基础条件 ………… (29)

 第五节　推进我国教育数据开放的实施路径 ………………… (30)

  一　制定完备的教育数据开放政策 ………………………… (30)

  二　建立统一的教育数据开放平台 ………………………… (32)

  三　规划具有中国特色的教育数据开放路线 ……………… (33)

  四　建立健全教育数据开放法律法规 ……………………… (35)

五　设计高效、透明的教育数据开放运行机制……………………（35）

第二章　教育政务数据开放的体系框架……………………（37）

第一节　大数据时代教育电子政务新发展……………………（37）
一　大数据与大数据技术……………………………………（37）
二　教育数据价值发挥的基本逻辑…………………………（38）
三　数据赋能教育电子政务进入新发展阶段………………（41）

第二节　教育政务数据开放的价值与原则……………………（43）
一　教育政务数据开放的多维价值…………………………（43）
二　教育政务数据开放的基本原则…………………………（44）

第三节　教育政务数据开放的体系框架………………………（44）
一　教育政务数据开放体系的核心要素……………………（45）
二　教育政务数据开放的动阻力因子………………………（47）
三　教育政务数据开放的关键机制…………………………（48）

第四节　教育政务数据开放的实施建议………………………（53）
一　构建教育政务数据开放的政策体系……………………（53）
二　解决教育政务数据开放的实践问题……………………（54）
三　完善教育政务数据开放的管理机制……………………（54）
四　创新教育政务开放数据的应用模式……………………（55）
五　开展教育政务数据开放的绩效评估……………………（55）

第三章　教育政务数据开放的现状调查……………………（57）

第一节　美国教育政务数据开放现状…………………………（57）
一　美国教育政务数据开放的保障体系……………………（58）
二　美国教育政务开放数据的整体分析……………………（69）
三　对我国教育政务数据开放的启示………………………（72）

第二节　其他国家教育政务数据开放现状……………………（74）
一　英国教育政务数据开放概况……………………………（74）
二　新西兰教育政务数据开放概况…………………………（76）
三　新加坡教育政务数据开放概况…………………………（78）

第三节　中国教育政务数据开放现状 (81)
  一　中国教育政务数据开放现状调查设计 (81)
  二　中国教育政务数据开放的准备情况 (83)
  三　中国教育政务数据开放的基本信息 (85)
  四　基于指标体系的教育政务开放数据分析 (87)
  五　中国教育政务开放数据的应用分析 (89)
  六　中国教育政务数据开放的优化策略 (90)

第四章　教育政务数据开放的影响因素 (93)
第一节　TOE 理论及其应用 (93)
  一　TOE 理论介绍 (93)
  二　TOE 理论应用概况 (95)
第二节　研究设计 (96)
  一　研究方法 (96)
  二　研究工具 (96)
  三　专家选择 (97)
  四　研究过程 (97)
  五　数据分析 (98)
第三节　影响因素确定 (100)
  一　影响因素的初步拟定 (100)
  二　影响因素的修订过程 (102)
  三　影响因素的权重分配 (108)
第四节　影响因素解读 (109)
  一　技术因素 (109)
  二　组织因素 (111)
  三　环境因素 (113)
第五节　影响机制探究 (115)
  一　系统动力学理论概述 (115)
  二　系统动力学模型构建 (119)
  三　系统动力学仿真分析 (128)

第五章　教育政务数据开放的保障机制 (139)
第一节　教育政务数据开放面临的难题 (139)
  一　教育政务数据质量不高且存在较高安全风险 (140)
  二　教育政务数据开放共享的广度和深度都极为有限 (140)
  三　教育政务数据存储与管理能力不强且效率较低 (141)
  四　教育政务数据开放共享保障不足且机制不健全 (141)
第二节　教育政务数据开放的基本保障框架 (142)
  一　保障框架构建的理论依据 (142)
  二　保障框架的构建及其阐释 (145)
第三节　教育政务数据开放的保障路径 (147)
  一　制定数据规范发展的政策保障 (147)
  二　完善数据有法可依的法律保障 (150)
  三　加强数据安全防护的技术保障 (153)

第六章　教育政务数据开放的运行机制 (158)
第一节　教育政务数据的交换共享 (158)
  一　典型数据交换模式 (159)
  二　教育政务数据交换共享的技术框架 (162)
第二节　教育政务数据的质量管控 (165)
  一　教育政务数据质量的评判标准 (165)
  二　教育政务数据质量问题的表现与归因 (167)
  三　教育政务数据的质量管控模型 (169)
第三节　教育政务数据开放的用户参与 (176)
  一　教育政务数据开放中的多元利益主体分析 (176)
  二　教育政务数据开放中利益主体的参与动力模型 (178)
  三　促进利益主体参与教育政务数据开放的关键机制 (184)
  四　促进利益主体参与教育政务数据开放的实施路径 (188)
第四节　教育政务数据开放的绩效评估 (191)
  一　教育政务数据开放的绩效评估现状与挑战 (191)
  二　教育政务数据开放的绩效评估框架构建 (195)

三　教育政务数据开放绩效评估的实施策略 …………………… (204)

第七章　教育政务数据开放的监管机制 …………………………… (209)
第一节　教育政务数据开放监管的主要目的 ………………………… (209)
　　一　规范教育政务数据开放秩序 ………………………………… (210)
　　二　改善教育政务数据开放质量 ………………………………… (210)
　　三　扩大教育政务数据开放参与主体 …………………………… (211)
　　四　提升教育政务数据开放效率 ………………………………… (211)
　　五　推进教育政务透明与行政问责 ……………………………… (212)
　　六　加强教育数据安全与隐私保护 ……………………………… (212)
第二节　教育政务数据开放监管的基本框架 ………………………… (213)
　　一　框架构建的理论基础 ………………………………………… (213)
　　二　基本框架的总体结构 ………………………………………… (215)
第三节　教育政务数据开放监管的核心要素及运行方式 ………… (217)
　　一　教育政务数据开放的监管技术 ……………………………… (217)
　　二　教育政务数据开放的监管方式 ……………………………… (219)
　　三　教育政务数据开放的监管内容 ……………………………… (221)
　　四　教育政务数据开放的监管流程 ……………………………… (223)
　　五　教育政务数据开放的监管应用 ……………………………… (224)

第八章　教育政务数据开放的风控机制 …………………………… (228)
第一节　教育政务数据开放的风险分析 ……………………………… (228)
　　一　教育政务数据开放的过程分析 ……………………………… (228)
　　二　教育政务数据开放的主要风险 ……………………………… (230)
第二节　教育政务数据开放的风险防控体系 ………………………… (234)
　　一　一条防控主路：一体设计，平台防控 ……………………… (234)
　　二　两个防控领域：明确责任，界限防控 ……………………… (235)
　　三　四项防控内容：分层分类，监管防控 ……………………… (235)
　　四　五大防控技术：技术赋能，全层防控 ……………………… (236)

第三节　教育政务数据开放的风险防控策略 ……………… (236)
  一　核心层（系统规划）：完善政策法规，强化责任意识…… (237)
  二　技术层（规范标准）：搭建统一平台，加强安全保护…… (238)
  三　应用层（面向服务）：注重功能质量，优化用户体验…… (238)
  四　基础层（体系保障）：健全相应机制，提高风险应对…… (239)
第四节　教育政务数据开放的风险防控技术 ……………… (239)
  一　数据访问控制技术 ………………………………… (240)
  二　数据加密技术 ……………………………………… (241)
  三　数据脱敏技术 ……………………………………… (243)
  四　区块链技术 ………………………………………… (244)
  五　云访问安全代理技术 ……………………………… (246)

第九章　基于区块链的教育政务数据开放平台建设 …………… (249)
第一节　政府数据开放平台研究现状 ……………………… (249)
  一　研究主题分析 ……………………………………… (250)
  二　研究建议提出 ……………………………………… (254)
第二节　教育政务数据开放平台的主要功能 ……………… (257)
  一　调研对象选取 ……………………………………… (257)
  二　平台功能分析 ……………………………………… (258)
  三　面临的问题与挑战 ………………………………… (267)
  四　平台功能优化路径 ………………………………… (268)
第三节　基于区块链的教育政务数据开放平台架构 ……… (270)
  一　区块链及其推动教育政务数据开放的支撑点 …… (270)
  二　教育政务数据开放平台的系统架构优化 ………… (273)
第四节　教育政务数据开放平台中的区块链运行设计 …… (277)
  一　教育政务数据开放平台的联盟链运行结构 ……… (278)
  二　基于联盟链的教育政务数据开放流程 …………… (280)

第十章　教育政务数据开放研究的前沿分析 …………………… (283)
第一节　主要研究结论 ……………………………………… (283)

第二节 研究前沿议题 ……………………………………（285）
　一 教育政务数据开放政策制度的国际比较与本土优化 ……（285）
　二 教育政务开放数据的全生命周期治理理论与方法 ………（286）
　三 教育政务数据开放水平的智能评价与动态监测 …………（287）
　四 教育政务开放数据的深度开发与创新示范 ………………（287）

参考文献 ……………………………………………………（289）

后　记 ………………………………………………………（313）

第 一 章

全球开放数据运动与教育数据开放

数据开放共享是大数据时代的基本特征，正在引起各行各业的高度关注。近年来，随着众多国家大数据战略的提出与推进，教育数据开放的战略意义已提升到新的高度。教育数据开放是实现教育数据的创新应用与价值增值，推动教育事业高质量发展的关键举措。本章概要梳理了全球数据开放运动的发展历程，分析探讨了教育数据开放的本质内涵、国际进展与战略价值，最后提出了新时代我国教育数据开放的五条实施路径。

第一节　全球开放数据运动

一　全球开放数据运动兴起

近年来，全球数据量呈爆炸式增长，作为大数据时代的重要特征和发展趋势之一，数据被视为一种重要的基础性战略资源。[1] 正是在开源运动背景之下，催发了数据所有权意识的觉醒，数据开放共享理念得到许多国家的认同。为实现局域和全部 Web 空间的数据开放、互通与共享，开放数据运动已蔓延至世界各国，越来越多的公共机构、国际组织甚至企业公众参与开放数据，且在时代更迭、科技革新的不断进化发展中，数据开放范围也由科学数据逐步拓展到政府数据、商业数据和个人数据。[2]

---

[1] 潘青青、田雪松、杨现民：《大数据时代中小学数据资产的建设与管理》，《电化教育研究》2018 年第 3 期。

[2] 杨现民、王英、李怡斐、王亚如：《教育政务数据开放共享体系的基本框架》，《中国电化教育》2020 年第 9 期。

(一) 开放数据运动发端于自由软件运动

开放数据运动与开放政府运动密切相关,二者都深受开源运动的影响,其起源最早可以追溯到自由软件运动(Free Software Movement)。科学技术的飞速发展迅速推动了整体性数据开放的第一环。在计算机技术发展初期,软件作为基础软件或系统软件被免费置于特定计算机上运行,程序员可自由获取软件程序的源代码,并能够根据需求自主改进。与此同时,IBM 等计算机制造商创建自由软件开发人员社区,鼓励世界各地的黑客彼此交流、相互沟通与协同共建,极大地提高了技术进步的速度。然而,正是在这个进程中,新兴数字通信技术的变革,使得不同计算系统之间导入的软件程序技术取得了突破性发展,对软件的需求飙升,产生了市场激励机制。1969 年 IBM 公司宣布不再提供免费的软件和相关服务,而将软件作为一种私有商品进行销售,且拒绝公开源代码,以隐藏程序的源代码并对其进行版权保护,掀起了软件商业化的大潮。[①]

为突破彼时美国版权制度的保护困境,1983 年,理查德·斯托曼出于创建软件自由以尊重用户自由的认知[②],发起了著名的 GUN 项目计划,使软件用户们更多地接触到源代码,并对其进行自主修改和拥有再开发的自由。这场自下而上的自由软件运动在全球引起了很大反响,并被命名为"开源运动"。随着开源运动的不断发展,逐渐衍生出开放源代码、开放内容、开放知识、开放获取、开放硬件等一系列其他层面的开放运动,拉开了开放数据运动的序幕。

(二) 开放科学数据和开放政府数据成为开放数据运动的先锋

在全球开放数据运动中,众多学者较为关注的是开放科学数据和开放政府数据这两个领域。虽然开放数据的名词在 1995 年才第一次被提出,但在科学界,1957 年,国际科学联合会就建立了世界数据中心(World Data Center,WDC)[③],开始重视开放科学研究领域的数据,提倡让不同

[①] Capek, P. G., Frank, S. P., Gerdt, S., & Shields, D., "A History of IBM's Open-source Involvement and Strategy", *IBM systems journal*, Vol. 44, No. 2, pp. 249–257.

[②] CSDN 博客文章:《GUN 与 Linux 历史》,2015 年 7 月 22 日,https://blog.csdn.net/mndscc/article/details/84733991,2023 年 3 月 9 日。

[③] 王卷乐、孙九林:《世界数据中心(WDC)回顾、变革与展望》,《地球科学进展》2009 年第 6 期。

国家、不同领域的研究人员共享相关科学数据。诸多机构也开始号召政府、科研部门以及科学家们开放数据，以更好地服务公众的生活。经济合作与发展组织（Organization for Economy Co-operation and Development, OECD）先后颁布了《获取公共资助研发数据的声明》（Declaration On Access To Research Data From Public Funding）、《公共资助科学数据开放获取的原则和指南》（Principles and Guidelines for Access to Research Data from Public Funding）等，提出由政府及公费支撑的研究成果都应向公众开放，并对数据开放作出了具体要求。[1] 在荷兰莱顿的研讨会上，借鉴 2007 年的 OECD 科学数据获取原则和 2013 年的 G8 科技部长关于开放科学数据的声明，经 FORCE11 工作组完善后，"FAIR 数据原则"（FAIR Data Principles，简称"FAIR 原则"或"公平原则"）于 2016 年在 Nature Research 旗下的 Scientific Data 中发表，被正式确定为科学数据管理的指导方针，欧盟、荷兰、澳大利亚等国家均重视 FAIR 原则在数据密集型科学数据管理中的重要作用，促进了科学数据的获取和再利用。2019 年，欧盟开始实施新的《开放数据和公共部门信息再利用指令》（Directive On Open Data And The Re-use Of Public Sector Information），公共资助的科学研究数据被纳入指令范畴，同时明确了开放数据的"默认开放原则"（Open by Default）和 FAIR 原则，保障数据开放共享的制度，实现数据层面的跨学科、跨地域的交叉融合。

事实上，自期刊出版系统发展以来，科学在某种程度上一直是开放的，而互联网驱动的快速技术变革带来第二次科学革命。技术环境的变化从根本上改变了整个科学的研究方法和标准，不仅催生出技术创新驱动的新软件工具，使数据处理过程更加高效，而且创建出社区分享知识的新媒介，将创新成果从单向生产向多方协作转变，变革科学家交流和获取信息资源的方式，促使形成海量数据集。[2] 尤其是数据期刊的出现，极大地推动科研数据开放运动。例如 2012 年，Wiley 出版集团相继推出

---

[1] 杨咏梅：《科研数据开放驱动下高校图书馆学科服务转型研究》，《图书馆工作与研究》2019 年第 3 期。

[2] 姜天海、张增一：《破与立：重构开放式科学系统》，《科学学研究》2022 年 11 月 23 日，第 1—7 页。

数据期刊 Geoscience Data Journal、Biodiversity Data Journal。2014年自然出版集团（NPG）正式推出在线出版的开放获取杂志 Scientific Data，为科研数据的共享和再利用奠定基础。2018年研究资助者联盟（cOAlitionS）发布的《S计划：原则与实施指南》（Plan S Principles and Implementation Guidance），要求从2021年起，所有由国家、地区和国际研究理事会和资助机构提供的公共或私人资助的研究成果的学术出版物必须在开放获取期刊（Open Access Journals）上发表，或者在开放获取平台（Open Access Platforms）上发布，也可以通过开放获取存储库（Open Access Repositories）立即发布且不可禁锢[1]。一系列高质量数据知识库可访问性和可用性的增强举措为解决跨学科科学问题提供了有效的合作途径，实现了创新知识的产出，这反过来也驱动开放理念下技术革新和产业创新，助推社会经济层面发生相应变化，社会生产方式和产业结构实现向科技信息化的大规模变革，在数据开放运动中迈出了重要一步。

（三）法律政策体系的建立驱动开放数据运动步入快速发展期

信息技术的迅速发展使得各类数据呈几何级数增长，政府部门成为最大的数据采集者和持有者。[2] 随着开放数据运动的蔓延，在科学界的开放数据原则和自由软件运动的影响下，具有公共属性的政府数据被要求开放的呼声越来越高，开放数据政策和实施问题被日益关注。但更重要的是，面对科技环境创新引起的各种宏观结构的变革，"科技鸿沟""信息鸿沟""数据鸿沟"等问题使各国意识到信息技术领先地位所带来的巨大国家竞争力，这驱动政府加快推进数据开放，使开放数据运动成为许多国家行政部门的重要议程[3]，相关数据开放制度与战略计划蓬勃涌现。

在美国，公众获取政府信息是实现公民社会民主化和法治化的关键。早期通过制定了一系列相关法律法规、政策来确保公众信息自由和政府

---

[1] cOALition S. Plan S Principles and Implementation Guidance, https://www.coalition-s.org/addendum-to-the-coalition-s-guidance-on-the-implementation-of-plan-s/principles-and-implementation/，2023-3-10.

[2] 赵柯、薛岩：《西方国家开放政府数据运动研究》，《当代世界与社会主义》2020年第3期。

[3] 盛小平、杨智勇：《开放科学、开放共享、开放数据三者关系解析》，《图书情报工作》2019年第17期。

信息公开，如《信息自由法》（Freedom of Information Act，简称 FOIA）、《阳光下的政府法》（Government in the Sunshine Act）、《电子政府法案》（E—Government Act）、《政府信息安全改革法》（Government Information Security Reform Act）等。而与政府信息公开不同，政府数据开放则是旨在满足公众免费访问、使用、再利用和二次发布这些数据的需求，在 2007 年加州塞瓦斯托波尔举行的"开放政府工作小组"会议上，30 位开放数据倡导者率先对公共数据如何开放作了明确定义，提出了八项公开政府数据的准则，促进政府与公民合作以改善治理。与此同时，信息技术和数据科学的飞速发展，也让许多国家在开放数据运动中关注利用技术创新开放政府数据，促使政府更加重视数据开放方面的法律。[①] 2009 年奥巴马总统宣布了开放政府指令（Open Government Directive，简称 OGD）以用于建立一个更加透明、公民参与和协作的政府，同年 5 月美国联邦政府数据开放网站 Data.Gov 正式上线，是政府开放数据的一个里程碑。在这之后，人们开始将数据与开放联系在一起，开放数据成为开放源代码、开放获取等之后的新热点。随后在国际组织的倡导和民间力量的推动下，各国纷纷意识到政府数据开放的必要性，开放数据运动逐渐席卷全球。2013 年，麦肯锡咨询公司发布的研究报告《开放数据：利用流动信息释放创新和绩效》（Open data：Unlocking innovation and performance with liquid information）指出，每年因全球开放数据所创造的新价值以及可以节省的支出合起来已达到 3 万亿美元。2019 年，作为全球数据开放立法里程碑的美国《开放政府数据法案》（Open Government Data Act）和欧盟《开放数据指令》（Open Data Directive）先后生效，前者正式确立了统一的政府数据开放平台（data.gov）的要求，以标准化的、机器可读的形式在线发布，为联邦机构政府数据开放作出了创新性规范，提供了更有力的法律保障；后者要求在统一的平台上开放政府数据和受政府资助的科研数据，并探索通过 API 接口开放共享实时数据，推动了不同领域参与者多对多的长期数据开放合作关系。

全球开放运动的兴起吸纳了各行各业各领域的积极参与，在这些运

---

① 东方、邓灵斌：《政府数据开放的法律规制：美国立法与中国路径——基于美国〈开放政府数据法〉（OGDA）的思考》，《情报资料工作》2021 年第 5 期。

动中,开放被用来打破各个领域建立的孤立封闭系统,并强调技术驱动的共享透明与协作参与的新规范。开放数据运动不仅仅是信息技术的发展与对民众诉求的回应,更重要的是具有促进大数据时代社会经济发展的潜力,为加快数字化转型和创造新形式的数字文化奠定了基础。

二 全球开放数据运动速描

当前,全球开放数据已经引起国际社会的高度重视,世界各国都在加快推进开放数据战略布局,以更好地满足公众需求,促进技术革命创新,带动经济增长。本小节从战略计划、平台建设、国际协同以及数据竞赛四个方面对全球开放数据运动发展情况进行了全景式描述。

(一)全球开放数据运动的战略计划

1. 美国开放数据运动

作为开放数据运动的先行者之一,美国一直在开放数据运动的道路上积极探索。

2007年,30个开放政府的倡导国在美国加利福尼亚州起草了开放政府数据的八大原则[①],为开放数据运动的全球化创造了良好的政治环境。

2009年,美国奥巴马政府签署《透明和开放的政府备忘录》(Memorandum on Transparency and Open Government),并发布开放政府指导文件,开启了开放政府计划的第一阶段。同年,数据门户网站 Data. gov 正式上线,由美国联邦行政管理和预算局申请的《开放政府指令》(Open Government Directive)得到了白宫的批准,这预示着全球范围的开放数据运动正式开始。

2010年和2011年,美国先后发布13556号、13563号总统令,并同英国、巴西、墨西哥等8国签署《开放数据声明》(Declaration of Open Data),要求不断扩大政府数据开放领域。

2012年,美国纽约市通过了《开放数据法案》(Open Data Law),这是美国历史上首次将政府数据大规模开放纳入立法。该法案要求,到2018年,除了涉及安全和隐私的数据以外,纽约市的政府及分支机构所

---

① The Annotated 8 Principles of Open Government Data (December 7 – 8. 2007), http://opengovdata. org/, 2007 – 11 – 7.

拥有的数据必须对公众实施开放，市民们使用这些信息不需要经过任何注册、审批的烦琐程序，使用数据也不受限制。同年，白宫和美国国家档案馆成功举办了 Smart Disclosure 峰会，会议邀请了很多决策引擎公司参加并开展研讨，涉及医疗、能源、金融、教育等领域。

2013 年，美国发布《关于行政部门和机构负责人的备忘录》（Memorandum For The Heads Of Executive Departments And Agencies），强调开放数据将符合相应原则；奥巴马政府签署开放政府运动执行法令，与此同时，白宫颁布了开放数据（Open Data）政策，至此开放数据成为所有联邦政府部门必须遵守的基本政策；发布《开放政府合作伙伴——美国第二次开放政府国家行动方案》（The Open Government Partnership——Second Open Government National Action Plan），承诺美国政府将按照战略资产来管理政府数据，对 Data.gov 门户网站进行改进，开放农业、营养和自然灾害相关数据，进一步凸显美国联邦政府要全面开放数据的决心。

2015 年，为了保护政府数据开放中的公民隐私权，美国颁布了《电子通信隐私法修正案（2015）》（Electronic Communications Privacy Act Amendments Act of 2015）。

2017 年，美国国会正式投票通过《开放、公共、电子和必要的政府数据法》（Open, Public, Electronic, and Necessary Government Data Act）或称《开放政府数据法》（OPEN Government Data Act，简称 OGDA），要求联邦机构必须以"机器可读"格式，即以方便公众在智能手机或电脑上阅读的数据格式，发布任何不涉及公众隐私或国家安全的"非敏感"信息，且要求各联邦机构任命一名首席数据官来监督所有开放数据的工作。

2019 年，正式生效实施的《开放政府数据法》为美国政府数据开放作出了创新性规范，提供了更有力的法律保障。同年，为了响应国际上人工智能的发展，美国发布《联邦数据战略》（Federal Data Strategy）和《2020 年行动计划》（The 2020 Action Plan），将人工智能（Artificial Intelligence，简称 AI）列入开放数据计划，提出要进一步完善开放政府数据清单。

2021 年，美国管理和预算办公室发布 2021 年的行动计划，鼓励各机构继续实行联邦数据战略，进一步强化数据质量、规划和基础设施，促进数据的跨部门流通与再利用,以巩固美国数据领域的优势地位。

2. 英国开放数据运动

英国同样也是开放数据运动的支持者和领跑者,于2001年颁布《信息自由法》,在2005年全面生效,这象征着英国在公开政府信息的道路上取得阶段性进展。

2009年,万维网之父Tim Berners Lee在TED大会上发表演讲,指出网络世界的下一步,是相互连接的数据。在此之后,英国政府和社会开始从关注开放信息逐步转变为关注开放数据。

2010年,随着英国政府数据网站的正式投入使用,英国政府发布《政府许可框架》(*UK Government Licensing Framework*,简称UKGLF)文件,规定了三种许可方式包括开放政府许可协议、非商业性使用政府许可协议和收费许可协议。此举进一步保证了政府数据开放网站的规范发展。

2011年,英国发布了第一版国家行动方案,由于实施过程中出现问题,英国政府联合英国公民社会网络对行动方案进行了修改,新的方案作出了开放数据、向公民授权等21项承诺。同年英国信息政策与服务部门颁布《简化英国公共部门信息再利用:英国政务许可框架与政务公开许可》(*Simplifying PSI re-use in the United Kingdom:the UK Government Licensing Framework and the Open Government Licence*),提出了政府公开数据的原则。

2012年,英国颁布新修订的《自由保护法案》(*Protection of Freedoms Act*),要求政府在开放数据时必须以一种可被再利用的格式(机读格式)进行公开与发布。随后,英国政府发布首份《英国公共部门信息原则》(*Information Principles for the UK Public Sector*),为英国各个政府部门提供了一套完整的信息原则。同年,英国政府公布《国家信息基础设施框架》(*The National Information Infrastructure*,简称NII),明确了数据开放的三大核心任务,以此促进公共部门开展数据开发工作。

2013年,英国政府在《开放政府伙伴英国国家行动方案2013—2015》(*Open Government Partnership UK National Action Plan 2013 to 2015*)中,完善了前期行动方案,进一步拓展数据开放承诺,表示将彻底开放政府数据,以改善公共服务、促进经济增长、提高政府透明度、加强民主。同年，英国政府发布《八国集团开放数据宪章 2013 年英国行动计划》（*G8 Open Data Charter：UK Action Plan 2013*），提出六项承诺，包括开放高价值数据集，通过与社会沟通明确优先发布哪些数据，为政府数据开放建立国家级信息基础设施等。这些政策文件的出台，不断推动英国开放数据运动发展与深化。

2016 年，英国政府在反腐败峰会上发布了《英国开放政府国家行动计划 2016—2018》（*UK Open Government National Action Plan 2016 to 2018*），提出了政府关于信息访问、公民参与、政府账目和技术与创新的新承诺。

2020 年，英国政府发布《国家数据战略》（*National Data Strategy*），明确提出政府需优先执行的五项任务包括释放整个经济中的数据价值；促进增长和可信赖的数据机制；转变政府对数据的使用；确保数据所依赖的基础架构的安全性和弹性；倡导国际数据流通。[①] 以此促进英国社会各界对数据的应用。

3. 中国开放数据运动

开放数据运动在全球范围内迅速兴起，中国也相继出台了诸多政策方针来积极响应。早在 1984 年，邓小平同志提出了"开放信息资源，服务四化建设"的口号，拉开了中国政府信息公开的序幕。

2008 年，中国正式施行《政府信息公开条例》，是中国首部有关保护公众知情权的法规，标志着中国政务公开的基本法规初步形成。

2011 年，中共中央办公厅、国务院办公厅印发《关于深化政务公开加强政务服务的意见》和开展县级政务公开试点工作的相关意见，明确提出政务信息公开的总体要求及重点内容、试点流程。

2014 年，中国加大了对开放数据的建设力度，成立了数据中心联盟（Data Center Alliance，简称 DCA）、开放数据中心委员会（Open Data Center Committee，简称 ODCC）。

2015 年，国务院办公厅印发了《2015 年政府信息公开工作要点》，提出要积极稳妥地推进政府数据公开，鼓励和推动企业、第三方机构、

[①] 徐阳华：《英国政府发布〈国家数据战略〉提出"四大支柱"和"五大任务"》，《互联网天地》2020 年第 10 期。

个人等对公共数据进行深入分析和应用。同年8月，国务院颁布《关于印发促进大数据发展行动纲要的通知》，明确指出推动政府数据开放、保障数据安全的重要性，并将"形成公共数据资源合理开放共享的法规制度和政策体系"作为未来5—10年的目标，标志着我国正式从政府信息公开阶段向政府数据开放阶段过渡。同年12月，中共中央、国务院印发《法治政府建设实施纲要（2015—2020年）》，强调要全面推进政务公开，坚持以公开为常态、不公开为例外原则，推进决策公开、执行公开、管理公开、服务公开、结果公开。

2016年，中央政府工作报告明确要求大力推行"互联网+政务服务"，实现部门间数据共享。为加快推动公共数据共享，同年5月，国务院批准《2016年推进简政放权放管结合优化服务改革工作要点》（国发〔2016〕30号），提出了公共信息资源开放的总体要求和目标。同年9月，国务院发布《政务信息资源共享管理暂行办法》，对当前和今后一个时期推进政务信息资源共享管理的原则要求、主要任务和监督保障作出规定，是国家推进政务信息资源管理制度建设的重大举措，也是中国第一份关于政务信息资源共享的规范性文件。同年12月，《"十三五"国家信息化规划》将"推动信息跨部门跨层级共享共用"列入重点任务分工清单。

2017年，中央全面深化改革领导小组第三十二次审议通过了《关于推进公共信息资源开放的若干意见》，进一步推进和规范了公共信息资源开放，释放了信息资源的经济价值。同年5月，国务院办公厅印发了《政务信息系统整合共享实施方案的通知》，明确提出要构建政务信息资源目录，开展政务信息资源目录编制和全国大普查。同年6月，国家发展改革委、中央网信办印发了《政务信息资源目录编制指南（试行）》(2017)，以加快建立政府数据资源目录体系，推进政府数据资源的国家统筹管理，标志着我国迈入了对政务信息数据资源的深入管理阶段。

2018年，中央网信办、国家发改委、工信部联合印发《公共信息资源开放试点工作方案》，确定在北京、上海、浙江、福建、贵州开展公共信息资源开放试点工作。

2019年，经过修订的新《政府信息公开条例》出台，第5条规定："行政机关公开政府信息，应当坚持以公开为常态、不公开为例外，遵循公正、公平、合法、便民的原则。"同年，制定《国家数字经济创新发展试验区实施方案》，提出要大力推进政务数据开放共享，打通政府、企业之间的数据通道。

2020年，发布《中共中央、国务院关于构建更加完善的要素市场化配置体制机制的意见》，明确将数据定位为生产要素，提出要培育发展数据要素市场，使数据要素充分参与市场配置，并建立规范的数据管理制度。同年7月，中国第一部关于数据安全方面的法律——《数据安全法（草案）》通过，专辟第五章"政务数据安全与开放"规定了国家机关政务数据安全保障义务、政务数据开放要求及推动政务数据开放措施等。

2021年，第十三届全国人民代表大会常务委员会第二十九次会议表决通过《数据安全法》，第五章专门对政务数据安全与开放进行了规定，即国家大力推进电子政务建设，提升运用数据服务经济社会发展的能力，国家机关应当遵循公正、公平、便民的原则，按照规定及时、准确地公开政务数据。同年8月，中共中央、国务院印发《法治政府建设实施纲要（2021—2025年）》，提出在依法保护国家安全、商业秘密、自然人隐私和个人信息的同时，推进政府和公共服务机构数据开放共享，优先推动民生保障、公共服务、市场监管等领域政府数据向社会有序开放。

4. 其他国家和地区的开放数据运动

随着美国和英国的推动，越来越多的国家支持数据开放，开放数据运动得到了蓬勃发展。

欧盟十分重视数据开放，积极鼓励各成员国展开政府开放数据的行动。2005年出台的《欧洲透明度倡议》（*European Transparency Initiative*，简称ETI），目的在于建立信息再利用，包括监管公共部门的共同法律框架，消除公共信息垄断和不透明障碍。2010年，欧盟通信委员会向欧洲议会提交了《开放数据：创新、增长和透明治理的引擎》（*Open data An engine for innovation, growth and transparent governance*）报告，该报告以开放数据为核心，制定了应对大数据安全挑战的战略。2011年，欧盟数字议程正式推进数据开放战略，将其作为实现欧盟"2020目标"的新路径与新动力。2013年，欧洲议会和理事会颁布的关于修正《公共部门信息再利用指令（2003/98/EC）》（*Directive 2003/98/EC on the Reuse of Public Sector Information*）的第2013/37/EU号指令，旨在针对成员国的PSI所构成的巨大、多样的"数据池",进一步鼓励数据再利用,为再利用者、终端用户、整个社会乃至公共机构自身创造价值,并推动开放政府数据过程中数据再利用的透明化和问责机制,促使公共部门重视提升信息收集的质量。2018年,欧盟委员会发布政策文件《建立一个共同的欧盟数据空间》,聚焦公共部门数据开放共享、科研数据保存和获取、私营部门数据分享等事项。同年,欧盟《通用数据保护条例》(General Data Protection Regulation)正式实施。2019年,欧盟修订《关于开放数据和公共部门信息的再利用指令》(Open Data And The Re-use Of Public Sector Information),旨在促进数据利用,以及数据产品和服务创新。2020年,欧盟发布《欧盟数据战略》(A European Strategy for data),提出建立统一治理框架,加强数据基础设施投资,提升个体数据权利和技能,打造公共欧洲数据空间等多项具体措施,推动欧盟各领域数据流通及深度挖掘,培育形成面向全球的数据单一市场。为确保战略目标的顺利实施,2021年10月欧盟理事会通过并发布《欧盟数据治理法案》(The European Data Governance Act),实现数据更广泛的国际共享。①

日本于2012年由IT战略本部发布《开放政府数据战略》,以推动政府数据开放和公共利用。同年年底,《世界最先进信息技术国家宣言》和《日本开放数据宪章行动计划》相继颁布,政府开放数据工作在日本全面展开并步入正轨,各部门IT官员、IT战略本部、政府CIO及电子政府开放数据常务会议等协同推进了日本开放数据的进一步发展。2017年,日本公正交易委员会竞争政策研究中心发布了《数据与竞争政策研究报告书》。在这部报告书中,日本明确了运用竞争法对"数据垄断"行为进行规制的主要原则和判断标准。②

新西兰在1962年通过了《议会专员(监察员)法》[Parliamentary Commissioner (Ombudsman) Act],1975年改为《行政监察专员法》(Ombudsmen Act),重视对政府信息进行公开。1982年,新西兰政府通过了

---

① 东方、邓灵斌:《政府数据开放的法律规制:美国立法与中国路径——基于美国〈开放政府数据法〉(OGDA)的思考》,《情报资料工作》2021年第5期。

② 程凤、徐红:《从结构驱动到行动者主导:美日政府数据开放制度发展阶段比较研究》,《电子政务》2021年第5期。

《新西兰官方信息法》(Official Information Act),明确规定任何新西兰人都有权利向政府索要信息,除了有相关法律明确指出属于国家不予公开的机密文件。进入 21 世纪后,随着数据化的深入,新西兰也成为数据开放运动最早的国家之一。2008 年,新西兰发起了开放政府信息与数据计划,旨在保障政府持有的非个人数据与信息更大范围的开发使用,并促使相关机构公开政府数据信息以供公民、社团、企业等使用。2010 年,新西兰政府通过了《新西兰政府开放与授权框架》(New Zealand Government Open Access and Licensing Framework,简称 NZGOAL),为新西兰政府服务机构制定了一套开放许可原则,政府机关能够据此决定哪些数据应该开放,哪些数据不能开放。2011 年,新西兰政府通过了《开放与透明政府宣言》(Declaration on open and transparent government),指出基于新西兰民主传统,新西兰政府承诺将会积极公开高价值数据,同时内阁政府颁布了《新西兰数据与信息管理原则》(New Zealand Data and Information Management Principles),规定了公开、优质管理、合理定价、重复利用等原则。2017 年新西兰签署了《国际开放数据宪章》(International Open Data Charter),与国际上其他国家携手探索数据开放的新路径。[①]

澳大利亚政府于 2009 年发布《参与政府 2.0 报告》,提出公共部门的信息是一种国家资源,应在尽可能宽松的条件下发布尽可能多的信息,使其对澳大利亚的经济和社会价值最大化,并加强其对健康民主的贡献。2010 年,澳大利亚政府颁布了《开放政府宣言》(Declaration of Open Government),旨在通过开放政府数据,引导公众广泛参与,提高政府的透明度与开放度。同年 3 月,《澳大利亚政府数据中心战略 2010—2025》发布,指出需要使用云计算技术不断改进和完善政府数据中心建设,以实现其整合化和标准化。2011 年,澳大利亚政府发布《开放公共部门信息原则》(Principles on Open Public Sector Information),提出澳大利亚政府机构掌握的信息是宝贵的国家资源,如果没有法律上的需要来保护该信息,则它应该向公众开放。2013 年,澳大利亚政府信息管理办公室颁布了《澳大利亚公共服务大数据战略》(The Australian Public Service Big Data

---

① 邓崧、葛百潞:《中外政府数据开放比较研究》,《情报杂志》2017 年第 12 期。

Strategy)①，提出了大数据发展的六条原则，一是明确数据是国家资产；二是要从设计入手保护数据隐私；三是保证数据集成过程的透明；四是要共享技术、资源和能力；五是注重与产学界的合作；六是要加强数据开放。

（二）全球开放数据运动的平台建设

近年来，在全球开放数据运动浪潮的影响下，各国政府开始高度重视政府开放数据平台的建设和推广，助力打造更加透明、更加高效、更加开放的政府新形象。

1997 年，美国首个全面公开的联邦政府统计数据网站 Fedstats. gov 上线。该网站提供了联邦政府各部门的官方统计信息，公众可通过该网站查询与获取各种官方统计数据。2007 年 USAspending. gov 的上线及 2009 年 Recovery. gov 的上线，分别是《联邦资金问责和透明法案》(*Federal Funding Accountability and Transparency Act*) 和《2009 美国复苏再投资法案》(*American Recovery and Reinvestment Act of 2009*，简称 ARRA) 的产物，均是对特定政府财政开支及专用款项等的公开，旨在维护公民合法权利，并接受查询与监督。

2009 年，美国率先发起的"数据政府"门户网站（data. gov），取代了原先用于公布政府信息的开放数据网站（Recovery. gov）。在建立初期，该网站开放了 47 个数据集。经过十多年的建设和发展，美国政府数据开放网站取得了较大成效，截至 2022 年，Data. gov 开放的数据集已经超过 33.5 万个，超过 40 个州及地方政府建立了独立的数据开放门户网站。②

2009 年，新西兰政府开通新西兰政府数据开放网站（data. govt. nz），为人们搜索使用政府数据信息提供了一个平台。2017 年，在 data. govt. nz 小组、开放政府信息和数据计划、GovHackNZ 共同组织，以及国家图书馆和新西兰数据统计局赞助支持下，惠灵顿举行了以周围环境和开放数据保护为主题的国际数据开放日活动，吸引了社会各界的广泛参与。

2010 年，英国政府建立的开放数据门户网站（data. gov. uk）正式上

---

① 刘芮、谭必勇：《数据驱动智慧服务：澳大利亚政府数据治理体系及其对我国的启示》，《电子政务》2019 年第 10 期。

② 周丽霞、张良妍：《大数据时代开放数据的多元价值探析》，《数字图书馆论坛》2016 年第 6 期。

线，这也标志着英国进入数据开放阶段。为促进政府数据开放，英国还于 2012 年 5 月建立了世界上首个非营利性的开放数据研究所 ODI（The Open Data Institute）。这些政府数据开放的政策实践，也有力地推进了英国政府数据的整合共享。

2013 年，日本经济产业省数据开放网站上线，同年 12 月国家层面的数据开放平台 Beta 版上线，包含政府机构、独立行政法人等在内的 21 个部门以及 567 个团体发布的数据。2014 年日本完成开放数据网站（Data. gov. jp）的开放使用。

此外，许多国际性或区域性组织，如世界银行、经济合作与发展组织（OECD）等也加入该运动中，建立了开放数据门户网站。表 1-1 列出了部分国家的开放数据门户网站。

表 1-1 部分国家开放数据门户网站及建立日期

国家	站点	建立时间
美国	data. gov	2009.05
新西兰	Data. govt. nz	2009.11
英国	Data. gov. uk	2010.01
挪威	Data. norge. no	2010.04
澳大利亚	Data. gov. au	2011.03
加拿大	Data. gov. ca	2011.03
摩洛哥	Data. gov. ma	2011.04
肯尼亚	Opendata. go. ke	2011.07
智利	Datos. gob. cl	2011.09
荷兰	Data. overheid. nl	2011.10
意大利	Data. gov. it	2011.10
西班牙	Data. gob. es	2011.10
乌拉圭	Data. gub. uy	2011.11
法国	Data. gouv. fr	2011.12
坦桑尼亚	Opendata. tn	2012.05

资料来源：Data. gov，https：//data. gov/。

（三）全球开放数据运动的国际协同

2004 年，世界经济合作与发展组织（OECD）的 34 个成员国签署发布了《开放获取公共资助研发数据的宣言》,提倡建立研究数据开放机制。2006年12月又颁布了《开放获取公共资助研究数据的原则和指南》。再次强调开放获取公共资助的研究数据的重要性,推动了数据开放的发展,提高了科研效率。

2011年,美国发布《开放政府合作伙伴计划》(Open Government Partnership,简称OGP),列举出了政务透明化的具体措施,并与全球46个国家政府携手推动"政府透明化"。同年,巴西、印度尼西亚、墨西哥、挪威、菲律宾、南非、英国和美国签署了《开放数据声明》,并成立了"开放政府联盟"(OGP)。目前全球已经有70多个国家加入开放政府合作伙伴行列。

2013年,八国集团——美国、英国、法国、德国、意大利、加拿大、日本和俄罗斯在北爱尔兰峰会上签署《开放数据宪章》(Open Data Charter,简称OGC),提出了开放数据的五大原则,包括:开放数据为默认(Open Data by Default)、为激励创新发布数据(Releasing Data for Encouraged innovation)、为改善治理发布数据(Releasing Data for Improved Governance)、注重质量和数量(Quality and Quantity)、让所有人可用(Usable by All),且均承诺在2013年底前,制定开放数据行动方案,最迟在2015年末按照宪章和技术附件要求进一步向公众开放可机读的政府数据。《开放数据宪章》的设立,充分发挥了数据的价值,借助数据将会产生更大的社会和经济效益。

2015年,在墨西哥举行的"开放政府伙伴关系全球首脑会议"上,17个国家、州和城市的政府正式通过了《国际开放数据宪章》(International Open Data Charter)。宪章的签署,也标志着开放数据运动已进入国际合作阶段,大大推动了全球开放数据运动的进程。

(四)全球开放数据运动的数据竞赛

目前,世界各国政府通过发布教育、医疗保健和住房等社会重要领域的政府数据集来参与开放数据计划,旨在促进公民协同参与治理,全球范围内由不同部门与机构开展的各类数据竞赛中通过基于data.gov等联邦网站发布的数据的开放数据竞赛也越来越多,通过竞争和激励促进个人创新应用。

1997年,第一届国际知识发现和数据挖掘竞赛(Knowledge Discovery and Data Mining Cup,KDD Cup)由ACM的数据挖掘及知识发现专委会主办,被视为开放数据竞赛的开端,到 2022 年已成功举办了 26 届比赛。[①] Kaggle 由安东尼·高德布卢姆和本·哈默尔于 2010 年在墨尔本创立,是 Google 旗下的一个全球知名的数据科学竞赛在线平台,每年举办一次开放数据竞赛,包含面向专业数据科学家的"Featured"模式、面向一般的数据科学爱好者的"Research"模式等种类。[②] LinkedUp Project 项目是由欧盟资助推动的开放数据项目,从 2012 年开始到 2014 年结束,通过开展由 Veni、Vidi 和 Vici 组成的 LinkedUp Challenge(开放数据竞赛),促进更多在线公共开放数据的利用。[③] Gov Hack 是一个开放的数据黑客马拉松比赛,每年在澳大利亚和新西兰各地举行开放式政府数据竞赛,吸引了全球多个国家或地区的黑客团队参与,在规定时间内完成产品原型的设计,专注于解锁政府发布公开数据的价值。

开放数据运动发展至今,已然成为一股世界性潮流。世界多数国家已充分意识到,开放的数据蕴含着巨大的价值潜能,数据与政治、经济、科技、社会发展的链接度越来越强,数据的赋能价值越来越凸显。例如,开放数据增加政府服务透明度,提高政务服务水平;开放数据催生新产业,增加国家经济收益;开放数据促进科技创新,带动全民创业与就业;开放数据提升人民生活的便捷度,提高人民生活质量和水平。信息科技与国家现代化治理的深度融合,将深度革新政府治理理念与治理能力,引导政府更加重视开放数据的战略价值,各国政府正联合力量将全球开放数据运动推向更高水平。

第二节 教育数据开放的本质内涵

一 信息生态学视角下的数据开放

信息生态学是从生态学的视角来研究信息人、信息和信息环境之间关

[①] KDD, KDD Cup, https://kdd.org/kdd-cup, 2022-12-12.

[②] D'Aquin M., Dietze S., Drachsler H., et al., Building the open elements of an open data competition, *D-Lib Magazine*, May/June 2014, 2014, 20 (5/6).

[③] 赵宇翔、仝冲、张轩慧、张磊:《国内外开放数据竞赛的案例分析及运行机制探索》,《图书馆杂志》2020 年第 3 期。

系的科学，注重研究多物种之间以及不同物种与环境之间的相互作用关系。[①] 信息生态是一个复杂系统，具有系统性、多样性、动态演进的特点。[②] 从信息生态学的视角来看，各种数据开放系统本质上是一个开放的、多样化的、动态平衡的数据生态系统。数据开放主要是指数据生态系统内部、系统之间以及系统与外部环境之间数据（能量）的输入输出和转换。

数据生态系统的开放性主要体现在两个方面：一是数据生产者与供给者对外输出各种数据集或数据服务接口，以供数据消费者获取和使用；二是不同层级数据开放系统之间的数据交换与共享，以支持整个数据生态体系的构建。

数据生态系统的多样性由系统内部数据的多样性和多态性决定。一个健康的数据生态，唯有其数据类型、用户类型、服务类型多样化，才能满足数据用户的各种个性化需求，进而推动数据开放系统的持续应用。可以说，数据的多样性直接决定数据开放系统的生命力。

数据生态系统的动态平衡是指一种运行常态，即数据供需关系的持续变化与平衡态调整。数据用户的需求、业务发展的需要以及国家政策的调整都会影响系统内部数据种群的发展。理论上来讲，数据开放的规模与数量越大，潜在的数据应用价值也会越大。但是，过多、过快、过宽的数据开放带来的信息泄露与安全风险也会随之提高。因此，二者之间也存在一个复杂的动态平衡关系。

二　数据开放与开放数据的关系

数据开放与开放数据既有联系，又有区别。我们可以把数据开放看作一种行为，开放数据看作一种结果，数据开放是形成开放数据的前提条件和重要方式。开放数据是指对 Web 中产生或存在于 Web 中的各种类型的数据，按照用户特定的需求和相应的互联网协议、规则、框架进行开发、加工、存储、组织等管理活动，最终目标是实现局域和全部 Web

---

① 娄策群、桂晓苗等：《我国信息生态学学科建设构想》，《情报科学》2013 年第 2 期。
② 张福学：《信息生态学的初步研究》，《情报科学》2002 年第 1 期。

空间的数据开放、互通、共享。① 开放数据遵循完整性、原始性、及时性、可获取性、机器可读性、非歧视性（任何人均可获取与访问）、非专有性（格式是通用的）、免许可性八项原则。②

数据开放是指通过数据接口、网站等形式，在业务系统内部、系统之间或面向全社会，合理合法公开特定数据的获取与使用权限。数据开放的主体可以是个人、行政机构、企业、社会组织等。近年来，随着数据开放运动在各个国家、各个领域的不断推进，数据开放的内涵亦在慢慢拓展。数据开放不仅是一项开放数据的运动，还是一种思维方式、一种文化，即让人们以更加开放、多元的思维平等、合理获取和使用数据，以满足个体、机构组织以及社会的发展需求。

三 教育数据开放的内涵、特征与层次

（一）教育数据开放的内涵

毫无疑问，教育数据开放是数据开放的一个子集，特指教育领域的数据开放。文献调研发现，目前尚未有学者或相关组织机构对教育数据开放进行明确的概念界定。本研究认为，教育数据开放是指将教育领域内（主要指各级教育行政部门、各学校以及教育培训机构）不涉及个人隐私、部门机密和国家安全的教育相关数据通过数据开放接口或数据开放平台（门户网站）等形式对外合理、规范化公开，以实现教育数据的创新应用与价值增值，推动教育事业高质量发展。

教育数据开放不仅是数据本身的开放，同时也包含数据的采集、整理、发布等一系列数据操作过程的开放以及提供的各种数据服务的开放，比如应用数据辅助学生高考志愿填报、支持学校教育质量跟踪评价、促进个性化学习资源推荐等。需要注意的是，教育数据开放与教育信息公开不同。教育信息公开强调社会公众对教育领域各项信息的知情权，而教育数据开放更侧重于社会公众、组织机构等对教育数据的使用权。

（二）教育数据开放的特征

与政府数据、科研数据等的开放相比较，教育事业与业务本身的独

---

① 谭健：《开放数据及其应用现状》，《图书与情报》2011 年第 4 期。
② Open Government Working Group, *The 8 Principles of Open Government Data*, https：//opengovdata.org/，2022 - 10 - 29。

特性导致教育数据开放呈现出三个显著特征。

第一，教育数据开放的数据体系呈现更高的复杂性。

完整的数据体系是教育数据开放的基础与前提。大数据时代，根据其来源和范围，教育数据可分为个体教育大数据、课程教育大数据、班级教育大数据、学校教育大数据、区域教育大数据、国家教育大数据六类。[①] 其中各层教育数据中均包含更多的细化数据，涉及大量过程性数据以及结果性数据。此外，随着物联感知、视频录制、图像识别、平台采集[②]等大数据采集技术的不断发展，半结构化与非结构化数据在教育数据中的比例亦随之不断增加。大数据时代教育领域内数据类型的不断丰富与数量的不断增加使教育数据开放的数据体系呈现出更高的复杂性。

第二，教育数据开放的价值转化周期更长。

金融、交通、医疗等行业具有明晰的数据应用模式、流程，能够快速将拥有的数据应用于实践，实现从数据到经济效益的转化。与金融、交通、医疗等行业不同，我国教育数据开放正处于起步阶段，教育领域包含的数据纷繁复杂，对各类开放数据尚未形成明晰的应用模式与流程，难以在短期内看到开放数据带来的经济效益。此外，教育领域的开放数据增值具有隐形化特征，不能在短期内以直观的形式显现出来。如教育数据开放能够催生新的产业模式，增强经济市场活力；能够打破数据壁垒，汇聚数据，为政府、学校以及企业等管理水平的提升提供数据支持，减少其在人力、物力方面的投入等。教育数据开放价值的非短期可见与隐形化特征使教育数据开放的价值转化周期更长。

第三，教育数据开放的隐私问题具有更高的敏感性。

学习者、教师以及教育管理者是教育活动的核心参与元素，其学习、教学、管理活动是教育数据的重要来源。随着信息技术的不断发展，越来越多的关于学习者、教师以及教育管理者的数据被各种系统、

---

① 杨现民、王榴卉、唐斯斯：《教育大数据的应用模式与政策建议》，《电化教育研究》2015年第9期。

② 邢蓓蓓、杨现民、李勤生：《教育大数据的来源与采集技术》，《现代教育技术》2016年第8期。

设备所获取和利用，其中包含了大量的隐私数据。不同于其他领域，数据隐私在教育领域更加重要，不仅涉及学生成长、教师发展、家庭希望，也关系到社会发展甚至国家安全，其影响不可小觑。[①] 教育数据在各教育系统之间开放共享、对社会各方开放将涉及大量学生、教师以及教育管理者等的隐私数据，导致教育数据开放中的数据隐私变得更加敏感。

（三）教育数据开放的层次

根据数据开放的程度，可以将教育数据开放划分为三个层次，分别是教育系统内部业务数据横纵贯通开放共享、教育系统与外部系统之间的数据开放共享以及中国教育与世界教育之间的数据开放共享（见图1－1）。

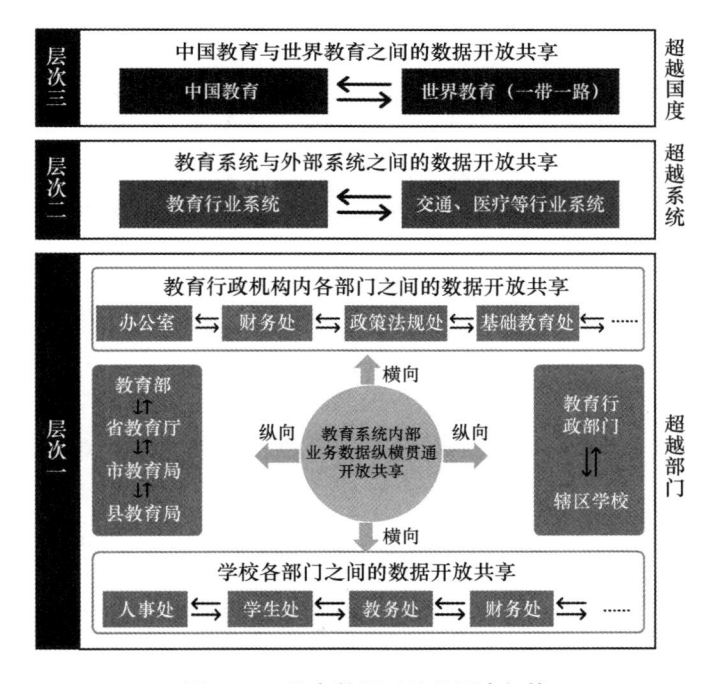

图1－1 教育数据开放的层次架构

---

① 李青、李莹莹：《大数据时代学习者隐私保护问题及策略》，《中国远程教育》2018年第1期。

教育系统内部业务数据开放共享包含纵向开放共享和横向开放共享。纵向的数据开放共享是指各级教育行政部门（国家、省、市、县）之间以及行政部门和其管辖范围内学校之间的数据开放共享。横向的数据开放共享是指教育行政机构各部门（如省教育厅的办公室、财务处、政策法规处、基础教育处等）之间和学校各部门（人事处、学生处、教务处、财务处等）之间的数据开放共享。随着互联网、云计算等技术的普及应用，各级各类信息化业务系统（如人事管理系统、学籍管理系统、资源管理系统等）主要采用提供标准化数据接口（HTTP 协议接口或 Web Service 接口）的方式公开数据，以供其他业务系统获取数据。我国正推进的"三通两平台"建设工程，旨在通过纵向的数据互联互通构建一体化的国家教育管理信息化体系和国家教育资源公共服务体系。2018 年 4 月教育部发布《中小学数字校园建设规范（试行）》，该规范在信息化应用系统建设方面明确提出，"应用服务之间应实现基础数据共享，避免出现'信息孤岛'"。

教育系统与外部系统之间的数据开放共享是指教育行政部门、学校以及教育培训机构所持有的数据向交通、医疗、金融等行业以及社会组织与公众开放共享，以促进教育数据在整个社会规范中有序流通，激发教育数据市场活力，推动教育行业繁荣发展。进入"互联网+"时代，行业数据的开放共享以及产业效率的快速提升，正推动一体化、联动式现代产业体系的形成。比如，宁波市推出"智慧校园卡"①，集成了学生组织管理、在校情况推送以及学生校园内外乘车、消费等功能，初步实现了教育系统与金融、交通等行业系统数据的开放共享，对打造宁波智慧教育与智慧城市起到了很好的支撑作用。

中国教育与世界教育之间的数据开放共享是指中国教育领域的数据向其他国家适度开放共享，特别是"一带一路"沿线国家，实现全球教育信息与资源的合理规范开放，促进世界教育均衡与公平。超越国度的教育数据开放共享能够推动各国教育领域的深度合作，解决世界教育的基本矛盾，促进教育国际化，打造人类教育共同体。目前，美国、英国、

---

① 陈捷：《宁波推出"智慧校园卡"可考勤可消费》，中国宁波网（http：//news.cnnb.com.cn/system/2015/08/27/008387387.shtml），2015 年 8 月 27 日。

法国等国已经通过本国统一数据开放平台,如 Data. gov、Data. gov. uk、Data. gouv. fr 等对外开放教育相关数据集,促进全球教育领域的数据流转。

四 与教育开放的内在联系

教育数据开放是教育开放的一个重要组成部分,是大数据时代教育开放的一种新形式、新趋向,其与教育开放的关系如图 1-2 所示。

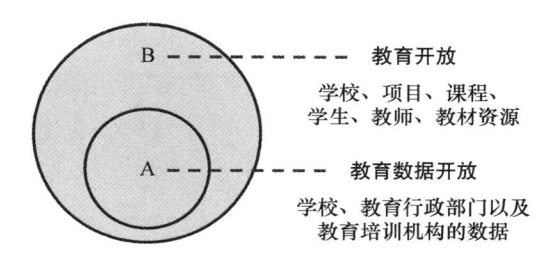

图 1-2 教育数据开放与教育开放的关系

目前我国教育开放主要涉及学校、项目、课程、学生、教师、教材资源的开放等。其中学校的开放是指中外合资办学以及在国际上创办孔子学院等;项目的开放是指中外合作完成各类科研项目;课程的开放是指以 MOOC 等形式引进国际优质课程以及开放我国的高质量课程;学生的开放是指允许并吸引其他国家学生来华留学以及允许我国学生出国留学;教师的开放是指优秀教师的引进与输出;教材资源的开放是指引进国外的优秀教材资源为我国教育所用。

教育数据开放的数据主要来源于学校、教育行政部门和教育培训机构。教育行政部门的数据包含财务情况、院校分布情况、区域的辍学率与入学率等;学校的数据包含师生的基础信息数据、财务数据、学习数据、教学数据等;教育培训机构的数据包含培训课程数据、培训参加人数、培训教师信息、培训安排等。

教育数据开放是教育开放的一个子集,但目前并不是所有教育数据均对外开放,涉及个人隐私、部门机密、商业机密和国家安全的数据是坚决不能对外开放与共享的。随着各类科学技术和我国教育开放事业的不断发展，对外开放的数据类型与数量也会不断增加，教育数据的开放将会推动教育开放向更深层次发展。

第三节　教育数据开放的国际审视

目前全球教育数据开放正处于起步阶段，其作为数据开放运动的一部分，受到了众多国家的关注。美国、英国、法国、澳大利亚等国纷纷制定教育数据开放战略，以指导本国的教育数据开放。

美国教育部为响应美国的开放政府计划，从 2010 年开始，每两年发布一版《美国教育部开放政府计划》，每个版本在上个版本的基础上进行补充和扩展，目前已经发布了五个版本。该计划提出要建立 ED Data Express 网站，提高公众访问和探索教育部中小学教育办公室（OESE）以收集高价值国家级数据的能力；在 Data. gov、Recovery. gov、National Center for Education Statistics（NCES）等网站上及时发布教育领域的电子数据；在保护机密的同时提供数据发布和共享方面的技术支持；组织数据战略小组（Data Strategy Team，DST）协调不同部门之间的数据战略问题；设立首席隐私官（Chief Privacy Officer，CPO）协调各部门工作并负责指导隐私政策的制定。此外，美国政府在 2014 年 4 月 9 日发布的《开放数据行动计划》中指出，将进一步发布教育等高优先级别的数据，并在政府数据开放平台 Data. gov 上开放教育领域数据集。到目前为止，共有 393 个数据集供社会公众免费获取和利用，涵盖了学生、学校、教师、中学教育、特殊教育等众多方面。①

英国教育部于 2012 年 6 月发布了《教育部开放数据战略》，对英国教育部开放数据的目标、开放数据的价值以及截至 2012 年 6 月的教育数据开放所取得的成绩进行了说明与总结，并提出了教育部未来的教育数据开放计划，即采集和发布大型常规数据集（开放全国学生数据库的匿名数据的访问权限、提供更多的学校数据和学生表现数据、开放学生就读学校和就业机构数据、开放更多有关儿童服务的数据、注重用户反馈、

---

① DATA. GOV：EDUCATION—DATA CATALOG，https：//catalog. data. gov/dataset? groups = education2168，2023 - 3 - 10.

向企业开放数据从而为学校提供更好的服务、不断提高发布的数据质量等)。① 2013 年 11 月，英国政府颁布了《G8 开放数据宪章英国行动计划 2013》，提出要开放教育等 12 个领域的高价值数据集。目前英国数据开放平台 Data. gov. uk 已公开 1383 个教育领域内的数据集，涵盖了学习者、教育培训、国家课程等多方面的数据。②

法国的《透明和协作的政府：法国国家计划》指出，作为教育数字计划的一部分，教师、学生和家长之间的数字生态系统的发展需要遵循政府数据开放平台战略原则，并对所有数字内容和服务供应商公平开放，同时注重学生个人数据的保护以及数据的可移植性③；澳大利亚的《国家政府信息共享策略》对澳大利亚目前的教育数据开放情况进行了总结，如建立 MySchool 网站，其包含澳大利亚近 1 万所学校的简介、每所学校规模、人员配备比、学生背景和国家评估计划中识字和数学测试结果等数据，并向社会公众开放④；新西兰的《高价值公共数据重用的优先级与开放——流程与指南》指出，政府将通过主动发布纳税人资助的数据，协助教育领域、研究领域、科学界和公众共同构建现有数据体系，以获取并应用新知识。此外，法国、澳大利亚、新西兰已在各自的数据开放平台（Data. gouv. fr、data. gov. au、data. govt. nz）开放教育领域的相关数据。

目前我国教育数据开放工作大部分停留在信息公开层面，教育数据开放正处于起步阶段。国家已经出台一些政策文件，对教育数据开放进行了初步规定。如《教育信息化"十三五"规划》指出要制定出台教育

---

① Department for Education. Department for Education open data strategy：June 2012. https：//assets. publishing. service. gov. uk/government/uploads/system/uploads/attachment _ data/file/320216/DfE_Open_Data_Strategy_0_10. pdf.

② data. gov. uk. Find open data，https：//data. gov. uk/search? filters%5Btopic%5D = Education，2018 – 9 – 3.

③ French Republic. For a transparent and collaborative government：France national Action Plan，https：//joinup. ec. europa. eu/sites/default/files/document/2015 – 08/2015_07_09_plan_gouvernement_ouvert_en_version_finale_0. pdf.

④ Office of the Australian Information Commissioner. Towards an Australian Government Information Policy. 2018https：//www. oaic. gov. au/information – policy – issues – papers/issues – paper – 1 – towards – an – australian – government – information – policy，2010 – 11.

数据管理办法，规范数据的采集、存储、处理、使用、共享等全生命周期管理，保证数据的真实、完整、准确、安全及可用，实现教育基础数据的有序开放共享；《教育部机关及直属事业单位教育数据管理办法》中提出要推进教育数据的共享，以共享为原则、不共享为例外公开教育数据，此外还提出公开教育数据要依照相关法律法规，在满足社会公众知情权的前提下，有序开放公共教育数据资源。在数据开放平台建设方面，上海市政府数据服务网、深圳市政府数据开放平台等一些发达城市的数据开放平台已经率先公开教育领域的相关数据，并提供了数据接口供第三方直接获取、应用数据。

第四节　教育数据开放的战略价值

一　教育数据开放是推进新时代更高质量、更高层次教育开放的重要动力

教育数据开放是教育开放的新特征、新的组成元素。随着我国教育开放事业的不断发展，教育对外开放的数据类型和数据量亦不断丰富，教育数据开放将会推动新时代我国教育走向更高层次、更高质量的开放。主要表现为以下三个方面。

第一，教育数据开放提升中外合作办学质量。将学校甚至所在区域内的教育数据与境外合作方开放共享，有利于境外合作方了解学校情况，根据学校需求合理部署教师、设备等教育资源，提高办学水平；办学双方数据融通共享能够进一步提高各项评估的科学性，提高教学与管理水平，完善中外合作办学质量保障体系，提升合作办学质量。

第二，教育数据开放推进我国与其他国家的学分互认。中外双方将其所持有的教育数据开放共享能够使双方更加清晰地了解彼此学校的发展情况、教学计划、课程设置、人才培养、教师的教学情况等，为学生的学分互认提供更多的选择与评估依据，促进我国与其他国家的学分互认。

第三，教育数据开放推动我国积极参与全球教育治理。向其他国家开放我国教育数据一定程度上能够在国际上推广我国教育教学改革发展的经验，强化我国在国际教育治理中负责任的大国形象，深度参与国际教育规则制定。

二 教育数据开放是实现教育数据资产增值的基本保障

大数据时代，教育数据的价值正在被广大教育者重新认识和评估。教育数据不再仅仅是一堆用作统计的简单"数字"，其正在成为一种变革教育的战略资产和科学力量。[1] 教育数据资产作为大数据时代资产的新形式，指的是在学校教育活动中产生的并根据教育需要采集、积累的，为学校拥有和控制的，所有为教育发展服务并能够创造巨大价值的数据资源[2]，拥有着巨大价值。

教育数据开放能够实现教育数据资产增值主要表现在两个方面：第一，教育行政部门各部门内数据开放促进教育行政数据价值的最大化。教育行政部门掌握着大量的数据资源，行政部门内部数据开放，能够汇聚各部门数据，便于数据的整合、分析，发挥数据的价值，从而促进决策的科学化与教育资源的合理配置等，实现教育行政部门内的数据流转与价值创造。第二，学校各部门内数据开放促进学校数据价值的最大化。学校作为教育活动的主要发生场所，每时每刻都产生、汇聚着大量的教育数据，学校各部门之间开放彼此拥有的数据能够汇聚学习类数据、教学类数据、管理类数据、科研类数据以及服务类数据等，为发挥教育大数据在教育管理、教学模式、个性化学习、教育评价等方面的重要价值奠定基础，实现学校教育数据资产的增值。

三 教育数据开放是提升政府教育治理能力的有力举措

教育行政部门负责制定并指导、督促、检查和组织实施我国教育事业的各项中长期计划，全国各区域、各阶段教育的方针政策、法律法规等，协调其他政府部门共同推动我国教育事业高效、和谐、平衡、可持

---

[1] 杨现民、唐斯斯、李冀红：《发展教育大数据：内涵、价值和挑战》，《现代远程教育研究》2016年第1期。

[2] 潘青青、田雪松、杨现民：《大数据时代中小学数据资产的建设与管理》，《电化教育研究》2018年第3期。

续发展。合理开放政府各部门数据能够提高政府的整体治理能力[1],教育行政部门作为政府机构的重要组成部分,适度有序地开放其持有的数据同样有利于提高教育治理体系和能力的现代化水平。

第一,开放教育行政部门数据能够促进社会各方参与教育治理,发挥社会各方对教育部门事务处理的协助作用,推动社会共同治理。教育治理是面向教育领域的一个行动过程,是政府、企业和学校等多社会主体依托正式或非正式制度在主体间进行协调及持续互动的行动过程。[2] 社会参与能够提高教育行政的回应性,保障教育公共服务公平性、补充公共教育服务供给力量[3],推进教育治理行动进程。

第二,开放教育行政部门数据可以提升部门透明度,提高公信力,保障公众的知情权、监督权和公共数据的使用权。公众可以通过教育部门开放的数据了解目前国家教育领域的重要决策、重要事务以及教育领域当前发生的与公民权利和利益密切相关的事件,并对行政部门的各种决策进行监督,保护自身权益,从而起到稳定社会秩序、促进教育行业和谐、可持续发展的作用。

第三,开放教育行政部门数据可以为教育管理与决策提供科学的数据支持,促进教育决策的科学化。数据开放能够汇聚、整合不同部门的数据,为教育管理者提供更加多元、高质量的数据,通过科学的数据统计与分析能够使教育决策更加贴近现实问题,从而"对症下药"。

四 教育数据开放是推动教育行业发展的关键力量

教育数据开放能够促进教育领域内、教育领域与其他领域的数据流转与融合,为整个教育行业带来巨大的经济利益,推动整个教育行业发展。

第一,教育行政部门数据对外开放推动教育行业发展。

政府开放其拥有的数据供社会增值开发和创新应用,为生产、生活

---

[1] 司林波、刘畅、孟卫东:《政府数据开放的价值及面临的问题与路径选择》,《图书馆学研究》2017 年第 14 期。

[2] 刘来兵、张慕文:《大数据时代教育治理现代化的内涵、愿景及体系构建》,《教育研究与实验》2017 年第 2 期。

[3] 蒲蕊:《论教育治理中的社会参与》,《中国教育学刊》2015 年第 7 期。

和经济社会活动服务，可助推经济增长和社会发展，激发大众创业、万众创新。① 教育行政部门将其拥有的数据向社会组织、各类教育机构、教育服务公司开放，能够最大限度地实现社会数据资源有效配置和充分再利用，融合教育、金融、交通、医疗等数据，带动大数据、数据服务等新兴产业的发展。此外还可以催生新的教育产业模式，如以教育行政部门的开放数据为基础提供数据服务等，促进教育行业新的经济增长点的形成。

第二，学校教育数据对外开放推动教育行业发展。

我国的教育大数据产业正在兴起，随着信息技术的不断发展，将创造出巨大的商业价值。一方面，学校将其所拥有的数据对各类教育机构、教育服务公司开放，可以为后者提供多元、高质量、高密度的数据集，减少后者在数据采集、整合等方面所投入的人力和物力，从而将更多的人力和物力投入经营管理、人才培养与创新应用等方面，促进教育市场的良性发展。另一方面，拥有了学校开放的学生学习、教师教学、教学管理、设备运转等真实数据，各类教育机构与教育服务公司通过数据分析与挖掘，为学校以及社会提供的服务种类及质量不断增多与提升，从而促进整个教育大数据产业迅速发展，推动后者产生更大的经济价值。此外，学校将其拥有的数据向金融、交通、医疗等领域开放，使学校师生享有更加个性化的金融、交通、医疗服务的同时，也可以促进形成新的立体式的经济增长模式，推动教育行业快速发展。

五 教育数据开放是构建智慧教育新生态的基础条件

智慧教育是依托物联网、云计算、无线通信等新一代信息技术所打造的物联化、智能化、感知化、泛在化的教育信息生态系统。② 信息生态强调人与所处信息环境的互动统一，通过彼此间信息交换，促进要素发生改变，进而促进信息生态系统自我组织、自我适应。③ 数据则是人与信

---

① 郑磊：《开放政府数据的价值创造机理：生态系统的视角》，《电子政务》2015 年第 7 期。
② 杨现民：《信息时代智慧教育的内涵与特征》，《中国电化教育》2014 年第 1 期。
③ 刘智明、武法提、殷宝媛：《信息生态观视域下的未来课堂——概念内涵及教学体系构建》，《电化教育研究》2018 年第 5 期。

息环境交互的媒介，是信息生态系统中的新要素。大数据时代，信息生态强调开放性，系统开放性是影响和改变信息生态系统的重要因素①，教育数据的开放共享能够汇聚学校各部门、各系统所持有的数据，推动整个生态中的数据流转，促进智慧教育"智慧"的实现。

教育数据开放能够促进新时代智慧管理、智慧评价与智慧服务的发展，从而为构建智慧教育新生态奠定基础。智慧管理方面，跨部门的数据开放共享能够极大地丰富决策系统所拥有的数据量与数据类型，经过多元数据分析可以更加智能地识别各系统的需求，精简处理流程，科学统筹决策，使各个系统更加智能地运行，推动整个学校的智慧管理水平。智慧评价方面，利用跨部门的数据从多个维度、多个层面对教师的教学质量、学生的学习效果等进行评价，可以打破传统的以经验为主的、较片面的评价方式，真正实现"用数据说话"的全面的智慧评价。智慧服务方面，教育系统与外部系统（金融、交通、医疗、能源等）的数据互联共享能够使学校、企业、政府形成一个良好的数据开放生态，从而使教育行业为全社会提供更加个性化的学习与培训服务。

第五节 推进我国教育数据开放的实施路径

一 制定完备的教育数据开放政策

政策保障是推动教育数据开放的有效力量。我国已经发布了一些政策文件如《教育信息化"十三五"规划》《教育管理信息化建设与应用指南》《教育部关于推进中小学信息公开工作的意见》等，对我国教育数据开放工作进行了初步规范与指导。但是，我国仍需制定专门的教育数据开放政策，从而更加全面、细致地指导我国教育数据开放工作。参照国际上其他国家数据开放政策的内容，并结合我国教育领域的实际情况，本研究认为当前我国教育数据开放政策应涵盖管理规划、机构问责、内容范围、标准规范、人才培养五方面内容，并根据我国教育数据开放进展情况适时调整，不断修改完善。

---

① 陈茫：《基于大数据的信息生态系统演变与建设研究》，《情报理论与实践》2015年第3期。

管理规划类政策主要是做好教育数据开放的顶层设计，通过制定教育数据开放路线图、行动计划，从宏观层面指导和规范整个教育数据开放进程。如美国的《开放数据行动计划》、英国的《开放政府伙伴关系英国国家行动计划》和《英国开放数据路线图 2015》等。

机构问责类政策主要是构建统一协调的教育数据开放组织架构。我国需设立教育数据开放相关责任机构、科研院所，并协调目前已有的部门机构，明确机构责任，促进教育数据开放工作的顺利开展，保障我国教育数据开放政策的切实执行与落实效果，推动教育数据开放相关研究等。如法国设立了"国家首席数据官"，创立了 Etalab 工作组，共同促进法国的政府数据开放；澳大利亚通过设置政府信息管理办公室、总理内阁部、国家档案馆等众多机构，不断提升数据开放工作质量。

内容范围类政策主要是厘清教育领域数据开放的范围，教育系统内部、教育系统向其他行业系统、中国教育向世界教育开放什么数据，不开放什么数据。如英国在《G8 开放数据宪章英国行动计划 2013》中明确指出政府须向公众开放教育、犯罪、交通、财务等 14 类数据集[1]，为英国的数据开放奠定了基础。

标准规范类政策主要是对教育数据开放的数据标准、数据存储格式、接口标准、数据发布的流程、遵循的数据协议等做出规定与指导。如加拿大政府根据阳光基金会"开放政府信息的十项原则"制定了完整性、及时性、机器可读性、非歧视性等十项数据开放原则。[2] 此外，加拿大还制定了《元数据标准》，定义和描述了数据资源的结构、含义、内容等。[3]

人才培养类政策是对培养教育大数据专业人才作出相关规定。人才是 21 世纪的核心竞争力，大数据时代国家需培养具有数据素养的高水平人才，设置相关专业、相关课程，推进教育数据开放培训工作，加强教

---

[1] The Cabinet Office G8 Open Data Charter UK Action Plan, 2013, https：//assets. publishing. service. gov. uk/government/uploads/system/uploads/attachment_data/file/254518/G8_National_Action_Plan. pdf.

[2] Government of Canada. Open Data 101, 2017, https：//open. canada. ca/en/open-data-principles#toc95.

[3] 胡逸芳、林焱：《加拿大政府数据开放政策法规保障及对中国的启示》，《电子政务》2017 年第 5 期。

育数据开放方面的人才储备，并根据我国不同地区的教育数据开放情况合理配置人才，促进我国教育数据开放工作的高效开展。

二 建立统一的教育数据开放平台

我国目前尚未建立国家层面的教育数据开放平台，但国际上已有不少国家建立了国家层面的数据开放平台用于开放教育数据，如美国的Data.gov、英国的Data.gov.uk、法国的Data.gouv.fr等。因此，我国应加紧建立统一的教育数据开放平台以供民众获取和利用相关数据。结合习近平总书记在全国网络安全和信息化工作会议上强调的加强信息基础设施网络安全防护，加强网络安全信息统筹机制、手段、平台建设等关于建设网络强国的指导思想[①]，教育数据开放平台应注重数据管理、应用服务、管理运行三方面的建设。

数据管理主要包含数据来源、数据质量以及数据安全三方面内容。教育数据开放平台的数据要全面广泛，其主要来源于教育行政部门、学校以及教育培训机构三部分。教育行政部门的数据纵向上需包含国家、省、市、县持有的数据集，横向上需包含教育部门、财政部门、工信部门等发布的和教育相关的数据集，学校的数据应包含学习、教学、管理等数据，教育培训机构的数据需包含培训课程、课程安排、培训教师信息等数据；数据质量方面要求平台对数据的精确性、完整性、一致性、时效性和实体同一性[②]以及内容的可靠性与可信度等方面进行初步筛选，提升开放数据的整体质量；数据安全方面要求平台利用新型的加密技术保障数据安全，此外对涉及个人隐私、部门机密以及国家安全等的数据要不予开放，或利用数据脱敏技术保障数据隐私不受侵犯，通过申请审核制对数据开放的权限给予控制。

应用服务要求平台提供数据检索、数据下载等服务，此外，还需提供数据接口以及数据分析工具等。数据检索需提供关键词检索、高级检

[①] 张晓松：《敏锐抓住信息化发展历史机遇 自主创新推进网络强国建设》，《人民日报》2018年4月22日第1版。

[②] Department for Education，*Department for Education open data strategy*：June，https：//assets.publishing.service.gov.uk/government/uploads/system/uploads/attachment_data/file/320216/DfE_Open_Data_Strategy_0_10.pdf，2021-6-28.

索、专业检索等多种检索方式，并根据我国教育领域的实际情况提供数据目录；数据下载要求平台提供多种格式的数据类型，如 DOC、XLS、CSV、ODS、RDF 等，此外还需提供数据接口以便于第三方基于已有数据进行开发，提供相关工具便于访问者进行数据分析等。

管理运行包含用户的注册登录、订阅、反馈以及平台的安全防护等。对于有管理需求的用户，平台需提供注册登录功能，对账户进行管理，并向用户推送其所关注的信息；此外，平台需注重用户反馈，提供反馈渠道并根据反馈意见及时调整，以保障平台高效运行、提供更好的服务；最后，平台的管理者需注重平台本身的安全防护，从基础设施建设、管理机制以及管理维护技术等方面保证平台的安全运行。

三 规划具有中国特色的教育数据开放路线

改革开放以来，中国教育不断发展，在教育思想、战略规划、教育结构、教育体制等方面发生了根本性的变革，形成了具有中国特色教育体系的基本框架和发展模式。① 中国特有的社会体制、教育体制和文化体制，以及经济发展、教育发展情况等使中国的教育数据开放具有中国特色。为推动教育数据开放进程，我国应规划具有中国特色的教育数据开放路线。

第一，"自上而下"开展教育数据开放工作。我国的教育数据开放应以"国家→省→市→县"的路线实施教育数据开放。国家制定总体规划政策，每个省份根据自己省内的发展情况在国家的总体规划政策指导下确定符合自己省情的教育数据开放政策（开放范围、开放目标、实施步骤等），下层机构在上层机构的指导下依次严格实施教育数据开放。此外还应多鼓励省、市根据自己的情况积极探索教育数据开放新的路线、新的模式等，发挥省、市的灵动作用。

第二，从"信息公开"过渡到"数据开放"，从开放"基础数据"到开放"关键数据"，并逐步开放教育数据。首先是从"信息公开"过渡到"数据开放"，目前各教育行政部门和学校在《教育部政府信息公开指

---

① 范文曜、王建：《优先发展　奠基未来——改革开放 30 年的中国教育》，《教育研究》2008 年第 8 期。

南（试行）》《高等学校信息公开办法》等文件的指导下已经逐步公开相关信息，接下来的工作主要是继续推进教育信息公开进程，并逐渐向教育数据开放过渡，有序规范开放其所持有的数据，供公众获取使用。其次是从开放"基础数据"到开放"关键数据"，各教育行政部门、学校、培训机构应首先公开在读人数、性别比、师生比、培训课程等基础数据，然后再开放行政部门和学校的管理数据、学生的学习数据、教师的教学数据等关键数据。此外，对于涉及未成年人的相关数据应特别注重其开放的程度。

第三，试点先行，带动整个教育领域数据开放。依据"试点先行，以点带面，逐步推广"的原则，选择信息化条件比较好的地区和学校，建立教育数据开放示范点，探索基于开放数据的数据应用模式，教育行政部门、学校和企业之间的协作模式等，并逐渐向全国推广。此外，教育数据开放示范点的地区应给予其他地区相关帮助，建立"一对一"帮扶模式等。

第四，主动开放与申请开放并行。首先，各教育数据开放主体应依照法律法规和国家有关规定主动开放教育部门统一规定的数据项。其次，各教育数据开放主体应依据自身情况，并结合申请者的身份信息、数据描述、数据用途等做好教育数据申请开放工作。主动开放与申请开放并行，保证我国教育数据的合理、规范化开放。

第五，培育教育数据开放文化。教育行政部门、学校、企业、社会民众等需明确自身角色定位，创造良好的教育数据开放文化。教育行政部门应发挥其作为政府部门的影响力与执行力，加强推广、宣传教育数据开放，营造良好的数据开放文化氛围，提高教育数据开放主体对教育数据开放的认识，提升教育数据开放的社会认知度。学校、企业、社会民众等需转变固有的思想观念，使数据采集、开放、应用等形成一种习惯，做到人人共享、行业自律。此外，国家应建立相关奖励机制，对开放数据的相关部门和学校给予一定奖励，解决由"囚徒困境"[①]导致的相关部门和学校不愿开放教育数据的问题。

---

① 吴样平、丁乃鹏：《从"囚徒困境"看教育信息孤岛的形成》，《情报科学》2005年第2期。

四 建立健全教育数据开放法律法规

我国目前主要颁布了《政府信息公开条例》《政务信息资源共享管理暂行办法》《中华人民共和国网络安全法》等法规用以保证国家数据开放工作的开展。何渊从中央与地方、政府与市场、国家与社会等方面提出了我国政府数据开放的整体法律框架[1]，为我国教育数据开放的法律法规修订提供了借鉴。教育数据开放法律法规应包含中央与地方，主体（教育行政部门、学校、教育培训机构等）与市场，主体与社会，国家与国家四方面内容。

第一，中央与地方。首先，中央需提供顶层的制度设计，修订已有的《政府信息公开条例》，制定专门的《教育数据公开法》指导地方政府制定相关法律法规。其次，中央需构建法律监管机制，对地方政府教育数据开放相关法律法规的制定以及执行方面进行监督。

第二，主体与市场。一方面加强对教育行政部门、学校、教育培训机构等教育数据开放主体和企业合作在数据采集、存储、应用等数据层面的规范保障；另一方面加强教育企业等的数据责任认定、引导与监督。"规范与监督"双管齐下，既保证了教育市场的活力，又避免了数据垄断、数据独裁、数据伦理、隐私泄露等问题。

第三，主体与社会。一方面对教育行政部门、学校、教育培训机构等教育数据开放主体的权利与义务进行规定；另一方面对社会各组织机构、企业、社会民众等的权利与义务进行规定。在整个教育数据的生命周期内，明确双方义务，推动教育开放主体与社会各层面关系的和谐发展。

第四，国家与国家。教育是民生大计，教育数据亦是国家重要的保密内容之一。我国应修改并完善《中华人民共和国保守国家秘密法》，制定《教育数据安全法》等相关法律法规，厘清我国向其他国家开放的教育数据内容，明确个人、学校、企业等利益相关者的保密责任。

五 设计高效、透明的教育数据开放运行机制

一个良好的运行机制是一项工作高效开展的保障，为保证国家教育

---

[1] 何渊：《政府数据开放的整体法律框架》，《行政法学研究》2017年第6期。

数据开放工作的顺利开展，我国急需设计一套高效的教育数据开放运行机制。相丽玲等对我国和其他国家的政府数据开放运行机制中的基本原则、质量控制、整合利用、开放协作及评估机制、监督与问责机制等进行了分析与总结[①]，对我国教育数据开放的运行机制设计具有借鉴意义。结合我国教育领域的实际情况，教育数据开放运行机制应包括数据整合利用机制、多方协作机制、评价反馈机制以及监督机制四方面内容。

第一，数据整合利用机制。数据整合机制包括数据集中、数据整理、数据共享三部分内容。数据集中将教育行政部门、学校、教育培训机构等的数据进行集聚；数据整理将数据统一处理，提供多种数据格式，形成统一的教育数据目录和教育信息资源库；数据共享将集中整合处理后的数据通过数据开放平台发布，并提供数据接口与分析工具供各方获取和应用。

第二，多方协作机制。多方协作机制涵盖教育系统各部门之间协作、教育系统和外部系统协作两方面内容。参与教育数据开放工作的各方之间需建立合作制度，明确合作目的、合作内容、合作流程、合作形式以及自身责任，并提供合作协商渠道，必要的情况下作统一管理等。

第三，评价反馈机制。教育数据开放评价反馈机制的作用是对数据开放工作实施评价、作出诊断、提出改进建议。首先，设置独立机构或专职人员负责教育数据开放工作的评价反馈；其次，需要建立合适的沟通渠道，加强信息反馈；最后，对评价的内容作出规范，内容包含更新数据的及时性，数据本身的完整性、准确性、可获取性、可操作性等。

第四，监督机制。监督机制由专员监督和公众监督两部分构成。专员监督指设立独立的机构负责监督教育行政部门、学校以及教育培训机构的教育数据开放工作的开展；公众监督指利用社会舆论（网络、电视、报刊等）监督教育领域的数据开放工作。此外还需根据监督对象的不同界定监督的内容，使监督更具有针对性。

---

① 相丽玲、陈梦婕：《中外政府数据开放的运行机制比较》，《情报科学》2017年第4期。

第 二 章

教育政务数据开放的体系框架

　　教育政务数据开放是实现教育电子政务高水平运行、高质量发展的必然要求，是实现教育治理体系与能力现代化的重要途径。本章分析了大数据时代背景下教育电子政务的发展趋势，阐释了教育政务数据开放共享的多维价值与基本原则，构建了教育政务数据开放共享体系的基本框架，包含三项核心要素（教育政务数据、利益相关者、教育政务数据开放共享平台）、两类影响因子（动力因子、阻力因子）以及四套关键机制（保障机制、运行机制、监管机制、风控机制）；最后，本章提出教育政务数据开放共享的五条实施建议，期望能为我国教育政务数据的开放共享提供参考。

第一节　大数据时代教育电子政务新发展

一　大数据与大数据技术

　　随着移动通信、云计算、物联网等新一代信息技术的快速发展和应用，大规模数据正在急速产生和流通。[①] 2012 年，联合国全球脉动项目发布的《大数据促发展：挑战与机遇》白皮书指出："大数据时代已经到来，大数据的出现将会对社会各个领域产生深刻影响。"自此之后，大数据引起国际社会的高度重视，世界各国都在加快推进大数据战略布局，大力发展大数据产业，以抢占新一轮科技革命的制高点。历经十年发展，

---

　　① 杨现民、陈耀华：《信息时代智慧教育研究》，上海交通大学出版社 2013 年版，第 16 页。

大数据已经从"青涩"走向了"成熟",与社会各行各业的融合度快速提升,数据爆炸式增长态势持续高位运行,成为全球数字经济发展的核心推动力量。

对数据核心价值的再挖掘是"大数据"技术的本质。很多IT专业人士认为,大数据技术是继云计算、物联网之后的又一项颠覆性技术。① 大数据是以容量大、类型多、存取速度快、应用价值高为主要特征的数据集合,正快速发展为对数量巨大、来源分散、格式多样的数据进行采集、存储和关联分析,从中发现新知识、创造新价值、提升新能力的新一代信息技术和服务业态。② IT界一般认为,大数据是指体量在TB级别以上,或者条目在百万级别以上的数据。实际上,大数据是一个相对概念,是相对于小数据而言的。数据量和数据价值之间并不存在绝对的正向相关关系,小体量的数据经过科学合理的分析依然能够创造出大的价值。

大数据技术的优势主要体现在:通过对海量数据进行模型构建,挖掘事物的变化规律,准确预测事物的发展趋势,并进行及时有效的干预。例如,谷歌工程师成功预测2009年的甲型H1N1流感暴发,便是利用大数据技术应用及其价值发挥的典型成功案例之一。大数据技术几乎在所有领域都拥有非常广阔的应用前景,目前已在零售、电子商务、社交网站、医疗等领域取得较好的应用效果。随着大数据理念的传播及其应用的逐步深入,大数据的内涵也在不断变化和拓展。大数据不仅是一种技术,还是一种能力,即从海量复杂的数据中寻找有意义关联、挖掘事物变化规律、准确预测事物发展趋势的能力。大数据更是一种思维方式,即让数据开口说话,让数据成为人类思考问题、行为决策的基本出发点。大数据正在演变为一种"人人生产数据、人人共享数据、人人热爱数据、人人管理数据"的社会文化。③

二 教育数据价值发挥的基本逻辑

2020年4月,中共中央、国务院发布《关于构建更加完善的要素市

---

① 孟薇薇:《信息爆炸时代的新概念——大数据》,《商品与质量》2012年第9期。
② 《国务院关于印发促进大数据发展行动纲要的通知》(国发〔2015〕50号)。
③ 杨现民、田雪松等:《互联网+教育:中国基础教育大数据》,电子工业出版社2016年版,第30页。

场化配置体制机制的意见》，首次将"数据要素"增设为继土地、劳动力、资本、技术之后的第五大生产要素，并通过单独一章对"加快培育数据要素市场"进行了总体设计，明确提出要支持构建教育领域规范化数据开发利用的场景，提升教育数据要素价值。[1] 数据是一种虚拟性资源，原始数据本身是没有价值的，只有经过采集、整理、融合、分析、运用等加工处理才能实现"要素化"，产出可在市场交易流通的数据产品和服务，进而转变为生产力，作用于现实世界的社会生产和经营活动。[2]

数据要素化意义重大，主要体现在三个方面：一是赋予数据进行市场交换的合法性，可以加速数据要素在不同场景、平台、组织之间的跨界自由流通，进而充分释放数据价值；二是为国家数字经济的健康快速发展提供更庞大、更灵活、更强劲的数据资源支撑，带动更多传统产业实现数字转型、智能升级；三是更好地服务数字社会建设，增强人们的数据资产意识，提升人们使用数据产品与服务带来的获得感。

理解了数据要素化的内涵及意义，接下来需要深入教育领域洞悉教育数据要素价值发挥的逻辑。新一轮的教育数字化转型一定是高度数据化的，数据要素在转型过程中将承担"动力引擎"的重要角色。为此，本研究通过梳理教育数据要素交换、开发、应用的一般流程，设计了教育数据要素价值发挥的逻辑框架，如图2-1所示。该框架显示，通过搭建教育数据共享交换平台，可以有效联通数据供需双方，结合完备的数据交换与开发利用规范等机制设计，能够让更多机构和个人合法、合规地获取教育数据，并加以深度开发加工，产出高品质的教育数据产品和服务，再反馈应用到不同的教育场景，进而实现教育生产力的提升。

其中，数据要素驱动的教育生产力提升可以概括为"显著增强五个变革力"：一是通过客观数据观测分析教育教学现象、透视教育教学规律，揭开教育教学的过程"黑箱"，还原教育教学过程的全貌，显著增强教育解释力；二是通过多维数据的关联交叉分析，识别以往单凭经验分

---

[1] 《中共中央 国务院关于构建更加完善的要素市场化配置体制机制的意见》，新华社，http://kz.mofcom.gov.cn/article/zwnsjg/202004/20200402954393.shtml，2020年4月11日。

[2] 段尧清、郑卓闻、汪银霞等：《基于DEMATEL的数据要素属性结构关系分析》，《情报理论与实践》2022年第7期。

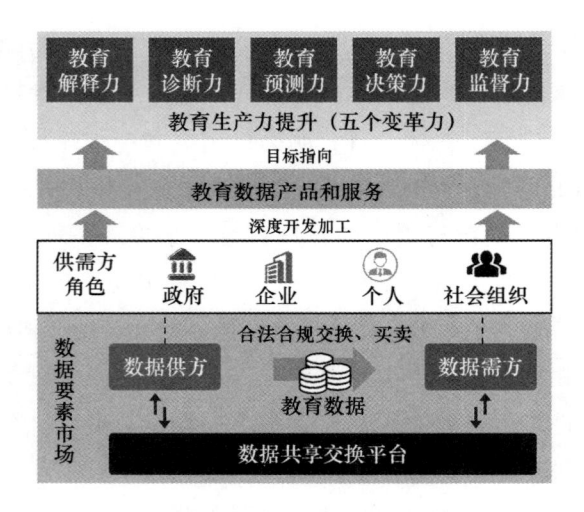

图 2-1　教育数据要素价值发挥的逻辑框架

析难以发现的教育教学问题和短板，显著增强教育诊断力；三是结合教育场景和业务需求，利用教育教学与管理历史数据构建预测模型，显著增强教育预测力；四是通过全样本数据采集与全方位、多层次的数据分析研判，以及基于大数据的教育计算实验，实现基于多维证据的教育科学决策，显著增强教育决策力；五是通过教育业务进程隐藏的"数据流"对教育政策实施过程与成效进行实时监控，显著增强教育监督力。

需要说明的是，数据要素的教育变革力价值发挥依赖必要的外部条件，集中体现为"五个依赖"。一是依赖教育数据的规模与质量。教育数据的大规模化和高质量化是激发教育变革力的基础条件，小规模且低质量的教育数据难以满足教育数据要素市场需求，其不仅无益于教育教学质量改进，反而会影响教育科学决策，对教育发展起到负作用。二是依赖数据要素市场的制度保障。建立健全数据要素市场交易规则、数据权属确认机制、数据价值评估机制等，才能支撑教育数据供需方有效联通、高效供给，促进教育数据要素规范、稳定、安全的交易流通。三是依赖教育数据加工的技术水平。唯有运用先进、安全、适用的数据采集、处理与分析挖掘技术对教育数据进行深度加工，才能从海量的教育数据中挖掘到高价值信息，供给更高品质的教育数据产品和服务。四是依赖教育用户的数据素养水平。高水平的数据素养能够帮助教育用户高效开展精准教学与教研、教育科学决策与管理、教育风险分析与预警等，进而整体提升数字化教育教学与教育治理现代化水平。五是依赖教育数据产品和服务品质。唯有好用、易用、有用、耐用的教育数据产品与服务才能得到市场认可，才易被广大教育用户所使用，进而才能转化为教育生产力，推动教育变革与创新发展。

三 数据赋能教育电子政务进入新发展阶段

电子政务是国家机关在政务活动中，利用信息技术、网络技术和自动化办公技术等进行办公、管理和为社会提供公共服务的一种管理模式。① 教育电子政务是国家电子政务体系的重要组成部分，能够帮助各级教育行政部门和各类学校转变管理职能和工作方式，提升教育治理体系和治理能力现代化水平。自 2001 年国务院颁布《国务院办公厅关于印发全国政府系统政务信息化建设 2001—2005 年规划纲要的通知》至今，我国教育电子政务已经历 20 多年的发展，可以大体划分为起步建设、全面建设与创新发展三个阶段，不同阶段的建设目标和建设任务各有侧重，如图 2-2 所示。

2018 年之后，随着云计算、大数据、物联网、移动通信、人工智能等新一代信息技术与教育政务的深度融合，特别是在大数据技术的强力支撑和推动下，教育电子政务进入以"数据智能化"为核心特征的创新发展阶段。该阶段教育电子政务有三个发展趋向，分别是一体化、标准化和精准化。

一是教育电子政务走向"一体化"。教育电子政务建设作为国家电子政务建设的重要组成部分，也须遵循"只进一扇门，最多跑一次"的建设理念。当前，教育电子政务运行中出现的服务功能分散化、信息共享不及时、用户体验感差等问题的主要原因之一便是缺少"一体化设计"。单纯的用户层面的单点登录已经无法满足教育政务发展需求，基于底层基础数据的交换共享而构建全网联通、无缝衔接的一体化电子政务服务体系，成为新时代各级教育行政部门推进高质量政务服务的必然选择。唯有一体化的设计，教育电子政务才能实现"让数据多跑路，群众少跑

---

① 来自百度百科，https://baike.baidu.com。

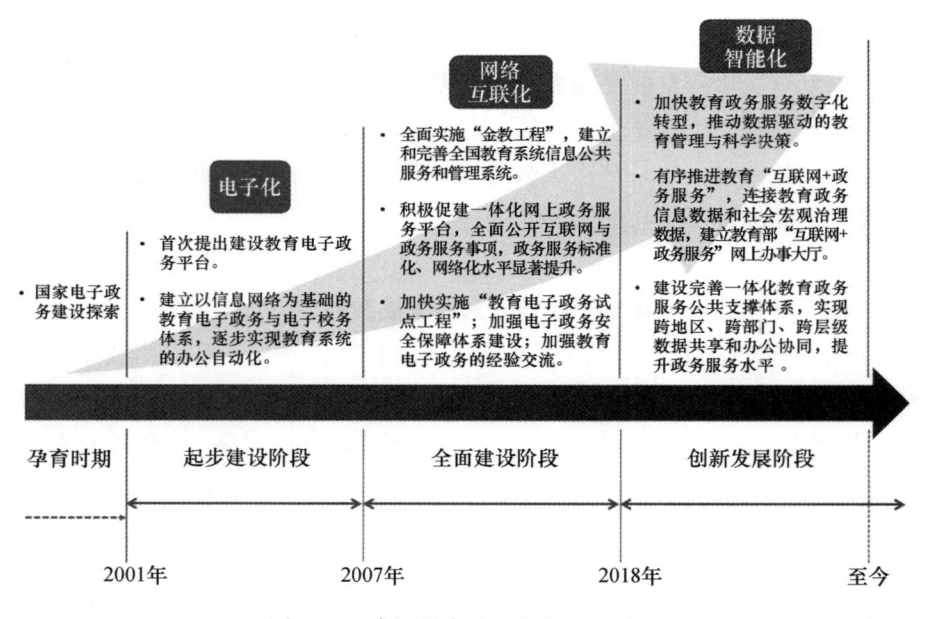

图 2-2 中国教育电子政务发展历程

孕育时期（2001年前）
- 国家电子政务建设探索

起步建设阶段（2001年—）
电子化
- 首次提出建设教育电子政务平台。
- 建立以信息网络为基础的教育电子政务与电子校务体系，逐步实现教育系统的办公自动化。

全面建设阶段（2007年—）
网络互联化
- 全面实施"金教工程"，建立和完善全国教育系统信息公共服务和管理系统。
- 积极促建一体化网上政务服务平台，全面公开互联网与政务服务事项，政务服务标准化、网络化水平显著提升。
- 加快实施"教育电子政务试点工程"；加强电子政务安全保障体系建设；加强教育电子政务的经验交流。

创新发展阶段（2018年至今）
数据智能化
- 加快教育政务服务数字化转型，推动数据驱动的教育管理与科学决策。
- 有序推进教育"互联网+政务服务"，连接教育政务信息数据和社会宏观治理数据，建立教育部"互联网+政务服务"网上办事大厅。
- 建立完善一体化教育政务服务公共支撑体系，实现跨地区、跨部门、跨层级数据共享和办公协同，提升政务服务水平。

腿"的目标。

二是教育电子政务走向"标准化"。2020年6月，《国家电子政务标准体系建设指南》正式发布，文件从总体标准、基础设施标准、数据标准、业务标准、服务标准、管理标准、安全标准七个方面对国家电子政务标准体系进行了总体架构设计，为新时代全国各级各类电子政务的标准化建设提供了重要指导。可以预见，未来很长一段时间的各级教育行政部门将坚持用标准化思维推进教育电子政务建设与升级工作。其中，数据的标准化仍是建设的难点所在，虽然国家与地方教育行政部门已经围绕教育数据标准研制、教育数据管理办法制定等开展了诸多前期工作，但仍缺少系统、清晰、可定义的教育政务数据标准。教育电子政务的数据标准化建设既是当务之急，也是未来重要的发展趋向。

三是教育电子政务走向"精准化"。电子政务建设的目的之一是通过数字技术的应用，以更加便捷、高效的方式，向有业务办理需求的公众提供服务。教育行政事务繁杂多样，包括证书查询、考试报名、学籍调动、学历验证、费用缴纳、就业管理、专业审批等。传统的基于信息浏览查找的服务获取模式与多步线性的办理模式，既不适应行政办公现代化发展需要，也难以满足民众享受高品质教育服务的基本需求。随着教育政务数据目录体系的逐步建立和完善，教育电子政务服务平台将汇聚越来越多标准化的业务流数据，一方面有助于推进跨层级、跨地区、跨系统、跨部门、跨业务的行政服务共享和协同，另一方面可以借助大数据技术预测公众服务需求，进而以智能化的方式提醒用户办理业务或推送服务清单，让教育行政服务变得更加精准化、更有"温度"。

第二节　教育政务数据开放的价值与原则

一　教育政务数据开放的多维价值

调研发现，目前尚未有学者或相关组织机构对教育政务数据开放进行明确的内涵界定。本研究认为，教育政务数据开放是指教育行政部门（信息生态中的主体：生产者）将不涉及个人隐私、部门机密和国家安全的教育政务相关数据（信息生态中的客体）通过数据门户网站、数据开放接口等载体向社会公众、社会组织等用户（信息生态中的主体：消费者）免费、合理、规范地公开共享。其目的在于促进教育政务数据的融通共享，推动教育政务数据的创新应用与价值增值，实现教育行政管理的高质量发展。[1]

教育政务数据开放共享不仅符合教育发展的时代趋势，更是大数据时代实现更高质量的教育公平与教育创新的基础条件，具有重要价值。[2]从政治价值维度来说，教育政务数据开放共享有助于加快教育行政部门的透明化办公进程，推动教育行政部门的体制变革，提升教育行政部门的执行能力，实现管理部门向公共服务型部门的转变；从经济价值维度来说，企业通过收集、整理、分析与挖掘教育政务开放数据，可以更加精准地研判用户需求与产品研发方向，将潜在的数据价值转化为经济价值，进而推动教育信息化行业发展；从社会价值维度来说，教育政务数

---

[1] 杨现民、周宝等：《教育信息化2.0时代教育数据开放的战略价值与实施路径》，《现代远程教育》2018年第5期。
[2] 陈传夫、邓支青：《完善政府数据开放主体制度的路径研究》，《情报科学》2019年第1期。

据开放共享有助于提高公众对教育事业发展的认知度、关注度、参与度与满意度，提升教育公共服务的品质与效能，增强广大人民群众的教育获得感。

二 教育政务数据开放的基本原则

教育政务数据开放共享除了遵循国际上开放数据的通用原则（原始性、及时性、完整性、可获取性、非专有性、机器可读性、非歧视性、免许可性）外，还需特别关注如下四项基本原则。

一是安全原则。教育政务数据开放的首要前提是保护好数据主体权益和数据安全，避免个人隐私、部门机密、商业机密与国家机密的泄露。也就是说，教育政务数据的开放是有充分安全保障的数据开放，在忽略数据安全要素以及安全保护工作准备不足的条件下实施的教育政务数据开放，是极其危险的，应该被严令禁止。

二是真实原则。教育政务数据开放要确保数据的真实性和准确性，浮夸的、虚假的教育数据需要通过数据核验、数据监管等方式进行筛查和剔除，避免由于数据不实导致教育政策的误判、误导与误伤，实现流程可控和责任可追溯。

三是动态原则。教育政务数据开放应保证数据更新的及时性，通过建立动态更新机制对符合公开要求的政务数据在规定时间内及时发布，减少开放数据价值的衰减度，增强教育政务数据生态系统的活力。

四是持续原则。教育政务数据开放不是一朝一夕之事，而是一项长期的、基础性的工作，唯有持续的、有计划地开放数据，才能累积形成教育政务大数据，进而释放政务数据的"大价值"。

第三节 教育政务数据开放的体系框架

以上述四项基本原则为指导，结合教育政务数据开放的基本流程，本研究构建了教育政务数据开放体系的基本框架（见图2-3）。该框架包括教育政务数据、利益相关者、教育政务数据开放平台、教育政务数据开放的动阻力因子以及教育政务数据开放的关键机制，其核心目标是实现教育政务数据安全、适度、持续、有序地开放共享。

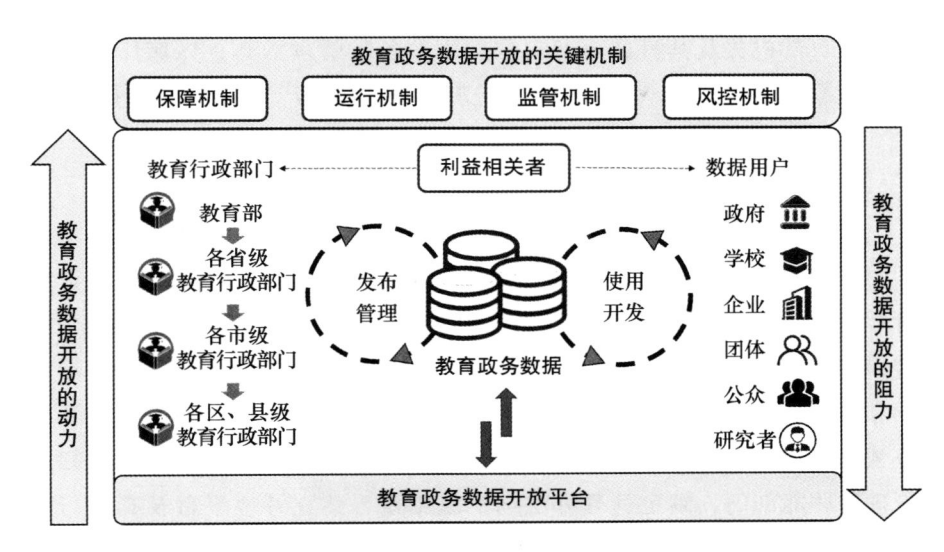

图 2-3　教育政务数据开放体系的基本框架

一　教育政务数据开放体系的核心要素

教育政务数据开放体系包括教育政务数据、利益相关者（教育行政部门、数据用户）、教育政务数据开放平台三个核心要素。其中，教育政务数据是整个数据生态中的"客体"，是被发布、使用和管理的对象；教育行政部门是开放数据的发布者和管理者，数据用户是教育政务开放数据的直接使用者和数据加工者（数据产品的开发者）；教育政务数据开放平台则是发布、获取与管理政务数据的重要媒体。

（一）教育政务数据

全球约有八成的社会数据资源掌握在政府手里，因此，政府部门是最大的数据生产者、收集者、发布者和使用者。[1] 教育政务数据是政府数据的子集，随着国家教育政务数据开放进程的推进，逐步呈现出大体量、多元、异构、分散的特点。[2] 教育政务数据总体上可以分为国家层级的教育政务数据和区域层级的教育政务数据。其中，国家层级教育政务数据

---

[1] 周林兴、周丽：《政府数据开放中的隐私信息治理研究》，《图书馆学研究》2019 年第 12 期。

[2] 徐丽新、袁莉：《地方政府数据开放门户的成熟度评估研究》，《图书情报工作》2019 年第 12 期。

是指教育部机关及其直属事业单位产生的各种管理数据；区域层级教育政务数据是指各省级、市级和区县级教育行政部门产生的各种管理数据。

（二）利益相关者

1. 教育行政部门

教育行政部门是教育政务数据的发布者、管理者和数据风险的承担者，呈现自上而下的四级架构，即教育部、省级教育行政部门（各省教育厅、各直辖市教委）、市级教育行政部门和区县级教育行政部门。一个健康的教育政务数据生态，应该是以教育行政部门主导、多元用户参与的和谐共生系统。各级教育行政部门全面负责所辖区域范围内的教育政务数据开放共享的组织、指导、推进、监督与协调工作，包括设定归口管理的职能部门，制定管理办法与实施细则，建立开放平台及其运行机制，开展数据审查、过程监督与绩效评价等。

2. 数据用户

教育政务数据用户主要包括政府、学校、企业（教育培训机构、留学机构、数据开发企业等）、社会团体、公众和研究者。这些用户可以根据各自不同的需求，比如基于决策目的、研究目的、商业目的等，通过数据开放共享平台自由获取教育政务数据，或通过提交开放数据申请来获得所需教育政务数据。数据用户除了可以对获取到的政务数据进行读取、分析外，还可以承担开发者角色，即基于政务数据开发满足特定需求的数据产品，而这些产品又可以为政府、学校、公众等提供更好的应用服务。任何用户都必须合规、合法地使用教育政务数据，严禁利用数据做侵害他人隐私和危害公共安全的事情。

（三）教育政务数据开放平台

教育政务数据开放的主渠道包括数据门户网站、移动端应用、数据开放接口（API）等。其中，数据门户网站是各级教育行政部门发布数据、用户获取数据最常用的渠道。调研发现，目前国内教育政务数据大多通过省级、市级或区级公共数据开放平台（各地名称不同，有的叫作数据门户网站，有的叫作数据资源网）对外开放共享。虽然各地数据开放平台的功能有所区别，但大多数的政务数据开放平台都提供了个人信息管理、开放数据集下载、数据查询、数据申请、交流反馈等功能，部分平台还提供了基于数据的应用开发接口，比如北京、贵阳、青岛的政府数据开放平台设有专门的应用开发渠道，鼓励社会公众利用开放政务数据开发多样化、实用化的数据应用产品。除了常规功能外，政务数据开放平台还可以提供数据分析、数据咨询、数据追踪、数据定制等拓展性高级功能。[①]

二 教育政务数据开放的动阻力因子

教育政务数据开放受多种复杂因素影响，本研究从技术、管理与用户三个层面构建了教育政务数据开放体系的动阻力因子框架（见图2-4）。

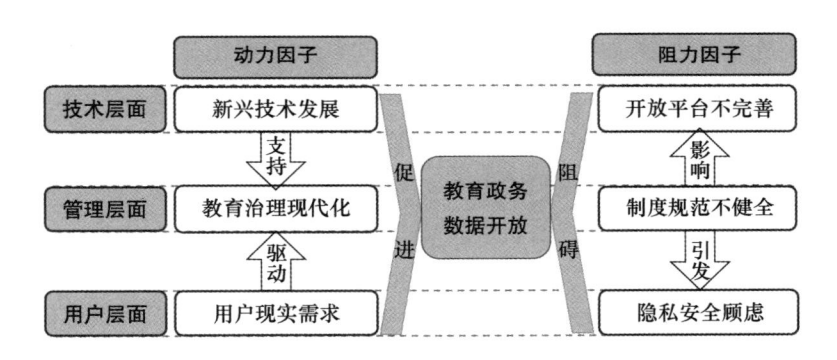

图2-4 教育政务数据开放体系的动阻力因子框架

（一）教育政务数据开放的动力因子

在大数据的时代背景以及开放型政府建设的大趋势下，教育政务数据走向开放共享已是大势所趋，其发展动力主要来自政府推进教育治理现代化的内在需求、新兴技术的推动以及社会公众与机构对共同参与教育事业发展的现实需求。技术层面，云计算、大数据、区块链、人工智能以及5G移动通信的快速发展，为教育政务数据的按需存储、快速处理、安全共享、智能管理与高速传输提供了技术支撑。管理层面，政府大力倡导并推进教育政务数据开放共享，根本上是要通过数据资源的联结与流动为教育赋能，建立数据驱动的政府管理新模式与新机制，最终

---

① 王翔、刘冬梅等：《我国公共数据开放的促进与阻碍因素——基于交通运输部"出行云"平台的案例研究》，《电子政务》2018年第9期。

实现我国教育治理现代化。用户层面,社会公众和机构期望参与到教育事业的管理中来,对获取、了解和使用教育政务数据具有合理的现实需求,这种期望和需求的力量也在不断驱动着教育政务数据的开放共享进程。

(二)教育政务数据开放的阻力因子

制度规范不健全是当前教育政务数据大规模开放共享面临的最大阻力。近年来,国家相继出台了《促进大数据发展行动纲要》《关于组织实施促进大数据发展重大工程的通知》《政务信息资源共享管理暂行办法》《教育部机关及直属事业单位教育数据管理办法》《科学数据管理办法》《中华人民共和国政府信息公开条例(2019年修订)》等政策文件,虽然这对促进政务数据开放共享起到了极大的推动和规范作用,但在数据监管、数据标准化以及数据隐私保护等方面的政策法规依然存在短板。

一方面,这种"短板"会影响教育政务数据开放平台的建设与运行,因为政策法规的模糊与缺位会让平台建设方和管理方都面临较大的不确定性风险和压力;另一方面,这种"短板"还会造成用户对开放数据的不当使用,容易引起数据安全与隐私泄露问题,导致民众对数据开放使用产生顾虑。[①] 此外,区块链、人工智能等关键技术仍处于发展完善期和应用探索期,同样可能存在不可预知的技术漏洞,会导致教育政务开放数据的质量与安全难以得到保障,进而引起负面效应的连锁反应,延缓我国教育政务数据开放共享的进程。

三 教育政务数据开放的关键机制

教育政务数据开放是一项复杂的系统工程。相较于技术问题,相关机制的不健全、不畅通、不得力是当前国内推进教育政务数据开放共享面临的最大挑战。图2-1呈现的基本框架的有效运行,除了需要关注数据本身、开放共享平台、利益相关者以及动阻力因子外,还需要加强教育政务数据开放共享的保障机制、运行机制、监管机制以及风控机制(风险防控机制)的设计与协同。这里的风控机制主要指向因开放而引起

[①] 黄如花、赖彤:《数据生命周期视角下我国政府数据开放的障碍研究》,《情报理论与实践》2018年第2期。

的政务数据安全和隐私保护问题。

（一）保障机制

第一，政策规章。系统性、连贯性的政策缺位与规章制度的执行不力，是当前各级政府在推进教育政务数据开放过程中面临的主要问题。教育行政部门可借鉴英国政府数据开放政策的相关内容①，从政务数据开放原则、开放标准、数据访问路径、开放许可协议以及未来发展计划等方面逐步完善教育政务数据开放政策，结合各地实情制定更加切实可行的规章制度，同时强化制度执行的力度与效度。

第二，法律法规。从立法层面加强对政府数据开放共享工作的支持和监管，是建设数据强国、实现国家治理现代化的重要保障。《促进大数据发展行动纲要》提出要"推动政府数据开放共享，稳步推动公共数据资源开放，加快法规制度建设"，明确了数据开放共享法规建设的重要性和必要性。有学者提出先由全国人大常委会制定《政府数据开放法》，再由国务院颁布《政府数据开放条例》，最后由地方政府制定相应的《政府数据开放实施办法》等规范。② 教育政务数据开放共享的法律法规可在国家政府数据开放的相关法律法规框架下，结合教育事业发展规律与实际需求，在大范围的调研和严密论证基础上进行科学研制。

第三，安全保密。教育政务数据可能涉及个人隐私数据，包括识别型的个人数据（如姓名、性别、出生年月、个人照片、身份证号码、学历、毕业院校、职业、手机号码、机动车车牌号等）和私密型的个人数据（如学业经历、工作经历、财产、婚姻状况、社会关系、个人声誉、信用评估数据、医疗数据、生理数据、心理特征等）。③ 安全保密制度是实现教育政务数据安全开放共享的基础保障。在实践过程中，需要尽快规范教育政务数据开放的安全标准与原则，指导教育行政部门对其所掌控的数据进行严格审查，对隐私数据进行"脱敏"处理，并按照隐私数据的不同类型与保密要求实行差别化开放。此外，教育政务数据开放

---

① 朱贝、盛小平：《英国政府开放数据政策研究》，《图书馆论坛》2016年第3期。
② 宋华琳：《中国政府数据开放法制的发展与建构》，《行政法学研究》2018年第2期。
③ 黄如花、刘龙：《我国政府数据开放中的个人隐私保护问题与对策》，《图书馆》2017年第10期。

平台的设计也应坚决贯彻"保护隐私"的基本原则，采用匿名化处理、多重加密等技术，将隐私保护纳入平台设计、开发与运维的全生命周期。

（二）运行机制

第一，质量管控机制。我国大数据产业存在"数据质量不高、数据资源开放共享度偏低、数据资源流通不畅、管理能力弱、数据价值难以发挥"等现实问题。① 数据开放过程中首先要保障开放数据的质量，因为只有规范采集、可信可靠的高质量教育政务数据才能有效支撑各级政府的教育治理体系与治理能力的现代化建设。首先，教育行政部门需要树立"质量意识"，从政务数据供给的源头上把好质量关。其次，可以从管理流程、组织机构、质控技术与质控方法四个方面着手，落实教育政务数据的质量管控。② 此外，教育政务数据的标准化程度，直接影响乃至决定数据质量，因此，完备的教育政务数据标准体系的建立也是当务之急。

第二，数据开放机制。教育政务数据应采用分层分级开放模式，一方面通过建设国家级与省级教育政务数据开放平台，汇聚与联通国家、省、地市、区县与学校五级政务数据，形成全国一体化的教育政务数据开放共享网络；另一方面建立教育政务数据开放级别认定与管理机制，针对不同保密程度、不同应用需求与价值的政务数据设立多级开放标准，数据开放的程度和范围逐级提高，相应的数据安保级别也随之提高。此外，还可以利用"政府数据开放指数"③，从可访问性、可用性和再利用性三方面，定期评估各地教育政务数据开放共享水平，以评促发展。

第三，用户参与机制。国务院印发的《新一代人工智能发展规划》提出"加强政务信息资源整合和公共需求精准预测，畅通政府与公众的交互渠道"。教育行政部门与用户之间要建立起"双向互动、交流畅通"

---

① 吕红：《我国教育数据开放现状分析与评价——以23个地方政府数据开放平台教育数据为例》，《中国教育信息化》2019年第15期。
② 童楠楠：《我国政府开放数据的质量控制机制研究》，《情报杂志》2019年第1期。
③ 沈晶、韩磊等：《政府数据开放发展速度指数研究——基于我国省级政府数据开放平台的评估》，《情报杂志》2018年第11期。

的多元化渠道，加强政务开放数据的精准供给，避免供需关系走向"错配"。用户参与机制的构建可以从以下几个方面入手：（1）就拟开放的教育政务数据领域听取用户意见，根据用户反馈进行迭代优化；（2）在线实时公布教育政务开放数据的使用情况；（3）通过发布指南、征集案例等方式引导社会公众和机构对教育政务开放数据进行创新应用与产品开发；（4）举办与教育政务数据开放共享相关的竞赛、展演等活动，创设"人人关心教育事业，人人关注教育数据"的良好社会氛围。

（三）监管机制

第一，电子监察。电子监察系统通过实时监控教育政务平台开放的数据集，能够及时发现涉及个人隐私的数据并报警，具有实时监控、预警纠错、绩效评估和信息服务等功能。[①] 电子监察系统一方面通过对教育政务数据开放过程的追溯、重现与展示，监控数据质量、保障数据安全；另一方面通过收集文件和进程之间的依赖关系，追踪数据的演变过程，保障数据安全。[②] 此外，电子监察系统还可以通过数据监控溯源技术对发布者和用户进行溯源，本着"谁发布谁负责，谁使用谁负责"的原则，发布者要对数据的准确性负责，用户则要对数据的合理使用负责。

第二，法制监督。教育政务数据开放涉及各级教育行政部门，是一项系统性工程，需要各级教育行政部门对数据开放的过程、结果等进行法制监督。法制监督主要包括各级教育部门依法规范、约束下级行政部门的数据开放活动，督促各级教育行政部门按照法律规定开展教育政务数据开放工作，保证教育政务数据开放共享的合理性、合法性以及安全性。

第三，行政监管与社会监督。各级教育行政部门需要对其所承担的各项行政事务的数据开放共享过程进行有效监管。监管范围覆盖教育政务数据开放共享的全过程，包括事前审批和备案（履行数据开放前的申请、报批、备案程序）、事中预警与管控（数据开放过程中进行风险预警、数据应用监管等）、事后跟踪和监督（数据开放结束后进行原始数据

[①] 黎军：《行政审批改革的地方创新及困境破解》，《广东社会科学》2015年第4期。
[②] 郝世博、邓雨亭：《融合数据监管与数据溯源的科学数据共享管理研究》，《情报理论与实践》2018年第3期。

的应用情况持续跟踪和监督）等。此外，教育行政部门还需要畅通社会监督渠道，比如在其数据开放平台上开通互动交流通道，接受社会公众的反馈、建议、投诉等；也可以委托或接受第三方组织对其数据开放工作的成效进行客观评估，并将结果及时对外公布。[①]

（四）风控机制

第一，制度防控。"三分技术，七分管理"是教育信息化工作开展的重要原则，管理制度与机制的建立与优化是教育政务数据安全防护的重中之重。教育行政部门应依据国家的《网络安全法》《数据安全法》《个人信息保护法》，对政务数据交换、共享、访问、使用等关键环节存在的重大安全隐患和风险挑战进行系统分析研判，制定教育政务数据安全管理与隐私保护相关办法，对数据收集、存储、处理、应用等关键环节的操作规范、管理部门职责分工、应急管理与安全检查机制、责任追究等进行全方位规定，夯实制度基础，统筹开展数据安全防范、风险评估、应急处置等各项工作。

第二，技术防控。数据安全防护技术没有完成时，只有进行时，教育政务数据安全防护技术需要与时俱进、动态升级。综合运用数据访问控制、数据加密、数据脱敏、区块链、云访问安全代理等安全技术，构建覆盖数据全流程的安防技术体系，全天候实时监测数据泄露、数据侵权、数据误读、数据操纵等，发现异常立即依法启动应急处理预案。基于区块链技术探索构建安全可信的教育政务数据网络，有效防止数据被伪造和篡改，为政务数据大范围、长周期、规范化的开放共享提供安全保障。利用深度学习技术，构建政务数据安全预警模型，对视频、图像、语音等多媒体数据进行智能检测，精准识别非法数据、被篡改数据等，提高教育政务数据安全管理的智能化水平。

第三，用户防控。发挥群众力量，是破解教育政务数据安全难题的"关键一招"。没有用户数据安全意识的觉醒和数据安全技能的提升，单靠管理侧、技术侧的防护难以达成数据安全目标。教育行政部门一方面应强化数据安全专题培训，将数据安全作为必修内容纳入行政人员岗位

---

① 张涛：《藏智于民：开放政府数据的法理基础与规范重塑》，《电子政务》2019 年第 8 期。

能力考核体系，同时强化过程与结果考核；另一方面，应利用国家安全教育日等开展多样化的数据安全教育活动，加强教育数据安全正反两方面案例的宣传，推动形成全教育系统数据安全文化，增强广大师生和社会公众在数据安全与隐私保护方面的综合素养。

第四，应用防控。数据安全是全过程的，涉及数据采集、存储、处理、分析、展示、应用等环节。数据分析结果的准确性、可信度，直接影响数据应用的成效，也是当前教育政务数据安全较为薄弱的环节。低可信、低可靠的数据分析结果，往往会误导教育决策，带来安全风险。为激活教育政务数据价值，提高数据应用的精准性和科学性，需要加快建立教育政务数据"分析—应用—评价—反馈"的运行闭环，比如由办公室、组织人事、财务等业务部门牵头，结合工作场景提出数据应用需求，信息化部门组织专业力量协同研发数据分析模型，开展试用测试，最后再由业务部门进行效果评估与反馈，以实现数据分析结果与应用绩效的持续改进。

第四节 教育政务数据开放的实施建议

为进一步加快教育政务数据开放进程，增强教育政务数据的透明度与价值彰显度，进而实现教育行政工作的公开化、高效化与科学化，本研究在上述体系框架的指导下，结合国内教育政务数据开放现状与问题，提出五条实施建议。

一 构建教育政务数据开放的政策体系

教育政务数据开放相关政策的颁布，有利于提高社会公众与组织对教育政务数据的关注度，增强政府部门的教育政务数据开放共享意识与责任担当。有学者利用循证决策的研究方法设计了政府数据开放的政策体系框架，包括基础设施、数据管理和政府治理三个层次，其中，基础设施层主要规定数据中心、数据仓库、数据平台等相关标准与政策；数据管理层主要规定数据汇聚、保存、处理、共享、获取等相关政策；政府治理层则主要规定数据权益、数据安全、数据能力、组织支持等相关政策。① 教育政务数据开放政策体系的建立，首先需要以政策法规的形式明确教育政务数据开放的基本目标与方向、主要内容与途径、相关主体义务与责任等基本问题；其次，可借鉴政府数据开放的政策体系框架，将其划分为不同的层次结构，分类制定更加细化、更加明确的政策文件并强化政策执行力度。此外，考虑到教育政务数据涉及较多的个人隐私信息，关系到每个家庭、每个学生的未来，因此，相关伦理道德及隐私保护政策应成为教育政务数据开放政策体系的核心要件。

二 解决教育政务数据开放的实践问题

从数据开放途径来看，当前我国教育政务数据的开放大多依托地方政府建设的数据开放平台进行数据发布和管理。笔者团队于2020年4月调查了全国31个省、自治区、直辖市的95个政府数据开放平台，对其中的教育政务开放数据的数量、质量、用户关注度、应用开发等情况进行了较为全面的分析。本研究发现，当前我国教育政务数据的开放共享存在数据集规模偏小、数据集质量不佳、数据类型少、数据更新频率低、条目分类不清晰等现实问题。下一步，一方面可以加大调查力度，深入了解各级教育行政部门、相关企业、社会公众等利益相关者对教育政务数据开放共享工作的态度、需求、问题与建议，基于系统思维综合考量多方因素，制定切实可行的、有针对性的问题解决方案；另一方面可以继续扩大政府数据开放平台的规模与数量，利用大数据、人工智能、区块链等新兴技术优化政府数据开放平台的功能，完善平台运行机制，提高教育政务数据开放的质量、安全性与管理效能。

三 完善教育政务数据开放的管理机制

从各地实践来看，教育政务数据开放管理机制的完备度和成熟度还远远不够，存在归口单位不明确、权责不清晰、重视度不够等短板。根据《国务院关于印发政务信息资源共享管理暂行办法的通知》要求，各地政府要明确政务数据资源的主管部门及其具体职责。教育系统应严格

---

① 黄如花、温芳芳等：《我国政府数据开放共享政策体系构建》，《图书馆情报工作》2018年第9期。

落实《教育部办公厅关于全面推进政务公开工作的实施意见》，遵守《教育部机关及直属事业单位教育数据管理办法》。同时，各省市可以根据本地教育发展实际情况与需求，制定具体的教育政务数据开放共享工作的实施细则，由教育厅办公室、教育局办公室作为归口职能部门进行统筹管理，各级电教部门提供技术支持与服务。职能部门依法依规承担数据开放平台建设、利益主体关系协调、管理流程与制度制定、数据质量与应用监控等职责，核心是要建立一套多部门协同（数据管理部门、数据提供部门、数据使用部门）、透明公开、权责清晰、高效运转的教育政务数据开放共享管理制度，避免数据开放共享过程中出现推卸责任、问题处理不及时、找不到责任主体等问题。

四 创新教育政务开放数据的应用模式

开放数据的价值大小与其应用程度密切相关，唯有被用户"用起来"才能激活自身价值。目前，虽然各地政府相继开发了部分教育政务数据，但是这些数据的总体应用情况不容乐观，比如下载量、浏览量都比较少。现阶段，各地教育政务数据的开放共享工作可以坚持"两手抓"的工作思路，一是抓管理、上规模，二是抓应用、看实效。为促进教育政务开放数据的创新应用，一方面，各级教育行政部门可以协同教育大数据与电子政务领域的专业研究机构，编制面向不同利益主体（政府、企业、公众等）的开放数据应用指南；另一方面，可以通过教育政务开放数据应用优秀案例征集、示范区创建等多种举措，激发数据用户的兴趣与实践智慧，进而建立起"鼓励创新、持续探索"的教育政务开放数据持续应用的良性生态。

五 开展教育政务数据开放的绩效评估

教育政务数据开放的实效如何，目前还是一个未知数，需要建立一套绩效评估的机制。现阶段绩效评估的重点是教育政务数据的有用性和易用性。数据有用性评估包括数据格式、数据类别、数据量、数据时效性、数据更新度、数据接口等指标，可以通过与用户交流的方式，调查这些指标是否达到了用户的期望和要求，进而判断其价值程度。数据易用性主要用于衡量政府数据开放平台提供的教育政务数据是否容易获取和使用，主要评估指标包括检索便利性、数据集可视化、授权、限制区域、个性化定制、互动分享、移动终端适配性等。[①] 此外，还可以通过问卷调查、用户反馈、实地调研、案例分析等方法，综合评估教育政务数据开放共享所带来的经济价值与社会价值，以更好地回应社会各界对教育政务数据开放共享效益的关切。

[①] 徐慧娜、郑磊：《面向用户利用的开放政府数据平台：纽约与上海比较研究》，《电子政务》2015 年第 7 期。

第 三 章

教育政务数据开放的现状调查

大数据时代，各级政府正逐步加大政务数据开放共享的力度，积极打造更加透明、更加高效的数字政府。跟踪学习国际上政府数据开放运动先驱者的经验做法，摸清当前我国教育政务数据开放的实际情况，对于指导新时代中国教育政务数据高质量开放具有重要意义。本章首先对美国教育政务数据开放的保障体系进行了全面分析，调查了美国主要平台中教育政务开放数据集的整体情况，探讨了对我国的启示；其次，对英国、新西兰、新加坡三个代表性国家的教育政务数据开放情况进行了概要介绍；最后，采用网络调查法对我国 34 个省级行政区的 96 个政府数据开放平台中的教育主题数据进行了多维分析，并提出了相应的优化策略。

第一节 美国教育政务数据开放现状

美国是最早提倡开放政府数据的国家，2009 年美国率先建立联邦政府数据开放平台 www.data.gov，并提出"开放政府指令"（Open Government Directive），要求开放独立于平台、机器可读的数据格式，并向公众提供[①]。美国教育部积极响应，并于 2010 年启动了一系列数据开放计划，开放了大量包括学前教育、高等教育、职业教育以及成人教育等多个领域在内的教育统计分析数据。这一举措不仅提升了本国教育发展情况的

---

① White House, Open Government Directive, https://obamawhitehouse.archives.gov/open/documents/open-government-directive，2019-11-08.

公众知晓度，还进一步提升了美国政府的透明度。万维网基金会发布的全球权威开放数据评估《开放数据晴雨表全球报告》（*Open Data Barometer Global Report*）中，美国分别在 2016 年[①]、2017 年[②]、2018[③] 年的报告中排名第二名、第四名和第九名，数据开放水平均位于世界前列。其中 2016 年的报告中，美国政府数据开放的政府政策评分是 94 分，政府行动评分是 100 分。值得注意的是，美国在此之前就针对开放政府数据颁布了多项政策法规。由此可见，美国连续三年取得如此优异的成绩与其对开放政府数据的重视密切相关。

本节旨在通过对美国教育政务数据开放情况进行全面调查，以归纳美国教育政务数据开放模式，总结有效的数据开放经验与措施，进而为我国教育政务数据开放提供参考与借鉴。

一 美国教育政务数据开放的保障体系

美国作为数据开放运动的先行者，其教育数据开放早在 2010 年就已在开放政府中得到实施，教育数据开放自此正式起步。到 2012 年，美国教育部实施了"教育数据计划"，并启动开放教育数据的专门社区http://www.data.gov/education[④]，标志着美国教育政务数据开放逐渐步入正轨。经过多年的建设与完善，美国现已建有全世界第一个国家级教育数据开放平台。此外，美国还在法律与政策、数据开放管理机构、个人隐私保护、数据开放平台建设方面加大投入和管理力度，为美国教育政务数据开放提供了有力保障。

（一）制定完善的法律与政策体系

为顺利推进政府数据开放，美国形成了完善的法律体系和规范的政

[①] Open Data Barometer, *ODB Global Report: Third Edition*, http://opendatabarometer.org/doc/3rdEdition/ODB-3rdEdition-Global Report.pdf, 2016-04-06.

[②] Open Data Barometer, *ODB Global Report: Four Edition*, https://opendatabarometer.org/4thedition/report/, 2017-05-10.

[③] Open Data Barometer, *ODB Global Report: Five Edition*, https://opendatabarometer.org/leadersedition/report/, 2018-09-01.

[④] White House, *Unlocking the Power of Education Data for All Americans*, https://obamawhitehouse.archives.gov/blog/2012/01/19/unlocking-power-education-data-all-americans, 2011-01-09.

策体系，为教育政务数据开放的顺利推进提供了坚实的保障。

1. 美国联邦政府的数据开放法律

美国联邦政府颁布了完善的法律与政策以保障数据开放工作的实施力度，现已形成较为完备的数据开放政策体系。美国的政策体系主要涉及权利保障、数据收集、数据发布、数据质量和隐私安全五个方面。[①]

第一，权利保障方面。美国于 1966 年颁布了《信息自由法》（*The Freedom of Information Act*，简称 FOIA），经历了多次修改，逐步完善后，规定了联邦政府在公开和获取信息资源时的基本要求，保障了公民获取利用政府信息资源的基本权利。1996 年，在 FOIA 的基础上，美国政府颁布《电子信息自由法》（*The Electronic Freedom of Information Act*，简称 E-FOIA），对公开电子信息资源出现的问题提出了针对性解决方案。2007 年，《开放政府法》出台，将政府公开信息的主体范围进一步扩大，拓宽了政府数据的来源途径。2009 年，奥巴马签署《信息自由法案备忘录》，再次强调公民获取政府数据的权利，为美国开放数据的发展奠定了坚实基础。一系列政策的出台，不仅切实保障了公民的获取政府数据的权利，也进一步推动了政府数据开放的进程。

第二，数据收集方面。数据收集作为数据开放的首要环节，受到了美国政府的高度重视。1980 年，美国国会颁布《文书削减法》，通过削减政府文书规范政府信息的收集程序，并成立信息与规划事务办公室（Office of Information and Regulatory Affairs，简称 OIRA），配合行政管理预算局（Office of Management and Budget，简称 OMB）一起管理政府信息收集工作。随后对《文书削减法》进行修订，在 1986 年发布了《文书削减法重新授权法》，对国会收集数据加强了管理。在这之后陆续出台《联邦信息资源管理法》《文书削减与联邦信息资源管理法》等法规以不断提高政府收集信息活动的效率。2013 年，奥巴马签署行政命令《政府信息的默认形式就是开放和机器可读》，简化了数据收集过程，提高了政府发布数据的执行力。

第三，数据发布方面。前文提到的美国《信息自由法》和《文书削减法》均对政府发布数据的方法、形式、途径等作出了规范性约束。此外，

[①] 白献阳：《美国政府数据开放政策体系研究》，《图书馆学研究》2018 年第 2 期。

美国政府还出台了《A-130：联邦信息资源管理政策》《版权法》《透明与开放政府》等相关法律，强调了数据公开的重要性。《开放数据政策——将信息作为资产进行管理》文件中，对政府开放数据行为作出了详细规定，指出要制定开放标准、建立开放数据目录以确保数据开放的有效性。

第四，数据质量方面。美国在《文书削减法》中提及了数据质量问题，此后一直持续开展对数据质量的探索。2000 年，《数据质量法》正式发布，要求联邦政府各部门在开放数据时需要明确职责，各部门需要建立数据质量的审核机制，保证高质量的开放数据。此外，在《政府信息的默认形式就是开放和机器可读》等文件中，也提到了不断提升开放数据质量的相关要求。

第五，隐私安全方面。隐私安全是开放数据过程中不可忽视的因素，处理不当往往会引发一系列的安全隐患。1974 年，美国出台了《隐私权法》来保障用户的个人隐私。1985 年，《电子交流隐私权法》规定政府在获取私人电子通信时需要得到允许，电子信息的隐私安全得到了一定的保障。随着计算机技术的迅速发展，隐私安全的保障越来越重要。美国自 1987 年陆续制定了《计算机安全法》《计算机比对和隐私保护法》《联邦信息安全管理法》《电子通信隐私修正法案（2015）》等多部法律文件，在数据开放过程中不断加强隐私保护体系建设。

为响应联邦政府开放数据的号召，美国各级地方政府纷纷制定地方数据开放法律文件。如纽约市在 2012 年 3 月颁布地方法律《开放数据法》，规定 2018 年底之前所有的公共数据必须通过网站 data.ny.gov 向公众开放。但由于各个州、市进展不一致，在数据开放立法方面也存在差异。

2. 美国教育部的开放政府计划

2002 年，美国推出包含改善政府服务、加强各国家机构合作、提升各国家机构 CIO 级别、保护隐私、加强信息安全五大措施的电子政府法 e-Government Act of 2002。[1] 2010 年 4 月，美国教育部颁布了开放政府计

---

[1] National Archives, *E-Government Act of* 2002, https：//caseguard.com/articles/the - e - government - act - of - 2002 - federal - privacy - law/#：~：text = The% 20E - Government% 20Act% 20of% 202002% 20is% 20a% 20Federal，government% 20information% 20and% 20services% 2C% 20and% 20for% 20other% 20purposes% E2% 80% 9D，2020 - 10 - 18。

划，历经五年共 31 次修订后，于 2016 年 9 月颁布 4.0 版本。此外，美国教育部积极开放政府网站 www.ed.gov/open，建设开放政府指导委员会，设立专门的开放政府电子邮箱 opengov@ed.gov，建成了世界上最先进的电子政府 E-Gov。这一系列举措表明美国教育部对开放政府的重视。但 2009 年 1 月奥巴马政府成立以后，其建设重点有所转变，逐渐由"开放政府"转向"开放数据"。

3. 美国教育政务数据开放的政策

美国教育部制定了教育政务数据开放的政策法规，提出了教育政务数据开放的目标和基本要求、用户使用数据开放网站的隐私保护政策等。美国教育部以透明、参与和协作作为开放政务数据的原则，于 2010 年 4 月公布了美国教育政务数据开放计划，指出了美国教育政务数据开放的目标：（1）向公众提供更多的数据和信息；（2）增加拨款申请和奖励过程的透明度；（3）提供部门网站上有关部门办公室和关键项目的最新信息；（4）促进更广泛的教育社区的教育透明度。同时声明开放的数据不能有法律纠纷，如版权、专利和许可证的限制。

美国教育部要求开放准确、及时、可靠的数据，旨在迅速、显著地改善教育体系。为此美国教育部强调，应针对不同教育主体的需求针对性地提供不同类型的开放数据：（1）为家长提供择校数据，包括所在学区学校的优势和劣势，以及孩子就读的学校与所在学区和邻近学区的其他学校的比较数据；（2）为教师提供学生学习数据，帮助其选择合适的教学方法和干预措施，进而解决教学问题和实现教学改进；（3）为学校管理者和政策制定者提供项目管理和进展数据，帮助其明确各项目的进展情况及实施效果，实现数据驱动的教育决策；（4）为研究人员提供更多相关领域的数据，以帮助其拓宽研究思路，实现想法的创新及研究成效的提升。此外，美国还利用数据开放共享助力推进学生助学金项目。如在"我的学生数据项目"，教育部将助学金免费申请表与联邦助学数据共享，使学生与资助人能够便捷地获取所需的数据资源。

（二）设有专门数据开放的管理机构

专门的管理和组织机构是保障教育数据开放战略成功实施的关键要素。美国联邦政府内部设有首席数据官办公室（Chief Data Officer Office，CDOO），由首席数据官（Chief Data Officer，CDO）管理联邦政府的数据开放工作。美国教育部首席数据官办公室中的数据开放管理人员包括首席数据官、评估官和统计官。首席数据官办公室的职责由《公开政府数据法案》规定，主要负责制订数据开放计划，管理数据基础设施和综合数据库，协调联邦政府、跨部门、公共部门和私营部门的数据，监督数据开放工作的进展和质量，利用数据进行科学管理和决策等。美国各州教育厅、各学区教育局中都有不同的机构管理数据开放工作，如怀俄明州教育厅的信息管理部、威斯康星州教育厅的公共教学部、华盛顿州教育厅的教育研究与数据中心、纽约市由市长数据分析办公室（Mayor's Office of Data Analytics，MODA）和信息技术与电信部（Department of Information Technology and Telecommunications，DoITT）组成的开放数据小组。利用专门的机构和专业的人才管理教育数据开放，在很大程度上保障了数据开放的专业性，能够更加准确地发现教育政务数据开放过程中的难点和问题，有利于教育政务数据开放进程的快速推进。

（三）建有各级各类政务数据开放平台

1. 美国教育部教育数据开放平台

2020年7月，美国教育部应联邦政府的《2018年循证政策制定基金会法案》要求，建立美国教育部开放教育数据门户网站 data.ed.gov。截至目前，平台的开放数据集达到226个，数据来自包含国家教育统计中心、公民权利办公室、职业、技术和成人教育办公室等在内的14个发布方（见表3-1），涵盖特殊教育、K-12、大学、学生人口、暂停/纪律等18个主题，数据集合171个。网站中不同部门的数据均整合在各自的版块中，与元数据、文档和API一起提供给公众使用。美国教育部开放数据网站使用方便，用户无须注册和登录即可浏览网站获取数据，注册和登录权限仅赋予数据管理员和网站维护人员。网站功能设计简洁，使美国教育部开放教育数据浏览获取更加便捷。

表3-1　　美国教育部数据开放平台中的数据发布者

序号	发布者名称（英文）	发布者名称（中文）	数据集数量
1	National Center for Education Statistics（NCES）	国家教育统计中心	10
2	Office for Civil Rights（OCR）	公民权利办公室	55

续表

序号	发布者名称（英文）	发布者名称（中文）	数据集数量
3	Office of Career, Technical and Adult Education (OCTAE)	职业、技术和成人教育办公室	11
4	Office of Communications and Outreach (OCO)	交流与推广办公室	7
5	Office of Elementary and Secondary Education (OESE)	初等及中等教育办公室	5
6	Office of English Language Acquisition (OELA)	英语语言习得办公室	1
7	Office of Federal Student Aid (FSA)	联邦学生援助办公室	20
8	Office of Finance and Operations (OFO)	财务及业务办公室	37
9	Office of Planning, Evaluation and Policy Development (OPEPD)	规划、评估及政策发展办公室	6
10	Office of Postsecondary Education (OPE)	高等教育办公室	47
11	Office of Special Education and Rehabilitative Services (OSERS)	特殊教育及康复服务办公室	22
12	Office of the Chief Financial Officer (OCFO)	首席财务官办公室	7
13	Office of the General Counsel (OGC)	总法律顾问办公室	1
14	Office of the Secretary (OS)	秘书办公室	4

表3-2　　　　　　　　教育部的其他数据开放平台

序号	平台名称	平台职能
1	大学计分卡 College Scorecard	大学记分卡是美国教育部的一项数据倡议，其提供可靠信息帮助学生找到最适合他们需要的大学，使更多美国青年能够接受高等教育。① 大学记分卡汇集了高等教育成本、毕业率、学生贷款债务、毕业后收入等信息。
2	FSA 数据中心 FSA Data Center	联邦学生援助数据中心是联邦财政援助计划相关信息的集中来源。数据中心中可用的信息分为以下四类：学生援助数据、学校数据、联邦家庭教育贷款项目贷方和担保机构报告，以及商业信息资源。
3	教育数据展示 ED Data Express	这是一个旨在提高公众获取和探索美国教育部收集的高价值州和地区教育数据的能力的网站。

---

① 蒋华林、金鑫：《美国高校计分卡：目的、内容及其启示》，《重庆大学学报》（社会科学版）2017年第1期。

续表

序号	平台名称	平台职能
4	教育数据清单 ED Data Inventory	教育部门的数据清单包括作为赠款活动的一部分收集的数据，以及为发表有关该国教育状况的有价值的统计数据而收集的统计数据。ED数据清单包括关于每个数据集合的描述性信息，以及关于各个集合中特定数据元素的信息。
5	NAEP数据浏览器 NAEP Data Explorer	使用NAEP数据浏览器，用户可以创建统计表、图表、地图来帮助您找到答案。探索几十年的评估结果，以及可能与学生学习有关的因素的信息。
6	公民权利数据收集 Civil Rights Data Collection	公民权利数据收集是美国教育部公民权利办公室自1968年起要求每两年（即每隔一学年）进行一次的调查。收集的信息包括全国公立学校广泛的教育机会和公平数据。
7	高等教育机构和课程数据库 The Database of Post secondary Institutions and Programs	数据库中包含了美国教育部认可的认证机构认证的高等教育（中学后）机构和项目，用户可以通过登录数据库网站进行查询。
8	校园安全数据分析切割工具 Campus Safety and Security Data Analysis Cutting Tool	该分析切割工具旨在为公众查询校园犯罪和火灾数据提供快速定制的报告。
9	田径公平性数据切割分析工具 Equity in Athletics Data Analysis Cutting Tool	该分析切割工具旨在为公众查询提供与田径数据公平相关的快速定制报告。
10	教育人口和地理预估开放数据 Education Demographics and Geographic Estimates Open Data	国家教育统计中心的地理数据倡议。

续表

序号	平台名称	平台职能
11	珀金斯数据浏览器 Perkins Data Explorer	珀金斯数据浏览器允许您使用合并年度报告中的数据快速创建自定义报告。
12	OCR教育数据门户网站 ocrdata.ed.gov	由美国教育部创建的开放教育数据门户网站。该网站中包含除个人信息和管理数据外,还有所给教育部的数据。
13	国家成人教育报告系统 National Reporting System for Adult Education	国家成人教育报告系统是一个基于结果的报告系统,为国家管理、联邦资助的成人教育计划。
14	教师教育课题报告二 Teacher Education Title II Reports	网站提供关于《高等教育法》第二章(第205—208条)的信息。这个网站包括关于教师培养和认证的数据。
15	通用数据核心 Common Core of Data	通用数据核心(CCD)的主要目的是为每个州、哥伦比亚特区和美国有关系的边远地区提供有关公立中小学、地方教育机构和州教育机构的基本信息
16	小学/中信息系统 Elementary/Secondary Information System	小学/中学信息系统是一个NCES网络应用程序,允许用户快速查看公立和私立学校的数据,并使用通用数据核心(CCD)和私立学校全面调查(Private School Universe Survey,PSS)的数据创建自定义的表格和图表。
17	数据实验室 Data Lab	包含30多个联邦教育数据集的在线表格和回归制作工具。主要有Quick Stats、Power Stats和Trend Stats三个强大工具以满足用户不同的分析需求。
18	综合高等教育数据系统 Integrated Post secondary Education Data System	综合高等教育数据系统是一个由调查组件组成的系统,它从全美大约7500家提供高等教育的机构收集数据。它收集有关学生入学率、毕业率、学生费用、课程完成情况、教职员工和财务的机构级数据。

美国教育部承担教育政务数据开放的主要职责,通过建设网站、数据库、应用系统,开发数据工具等手段,推进教育政务数据的开放共享。此外,教育部还建有多个不同的数据开放平台,如表3-2所示。这些数据开放平台的建设,一定程度上提高了教育部的教育决策效率。

2. 美国联邦政府数据开放平台

截至目前，美国联邦政府数据开放平台 www.data.gov 共有农业、气候、能源、地方政府、教育等主题的 194565 个数据集，来自 197 个组织，其中地方政府数据集最多有 14858 个，教育主题数据集占比不多，共有 502 个（0.23%）。联邦政府数据开放资源库，是一个支持联邦政府数据治理、管理、交换和使用的政策、工具、案例研究和其他资源的在线资源库。

3. 美国教育部网站的数据开放平台

美国教育部网站上的教育部公共数据集有 499 个，包括全国教育数据和统计数据。美国教育部网站上有四个栏目，分别是学生贷款（Student Loans）、奖助金（Grants）、法律（Laws）和数据（Data），在数据栏目中主要包括 K-12 学生/学校数据（K-12 Students/Schools）、大学数据（Colleges/Universities）和学生成果数据（Student Outcomes）。教育部网站上均列出了这些数据集的名称和说明，点击这些数据集即可链接到联邦政府网站。

4. 美国 50 个州与哥伦比亚特区的教育厅数据开放平台

美国的教育行政机构分为三级：美国教育部（United States Department of Education，ED）、州教育厅和基层学区（School District），基层学区又分为市学区、市郊学区、乡学区、村学区四类，是美国最基层的教育行政单位。目前美国约有 1.5 万个教育学区，这些基层学区是由州设立的直接管理学校的政府机构。美国教育部、部分州教育厅和学区教育局的网站都提供了教育政务开放数据，且数据的正确性、时效性与透明度都保持在较高水平。

美国联邦政府数据开放平台中提供了 50 个州的数据开放平台的网址和链接。地方政府的教育数据主要通过州级纵向数据系统开放，数据收集和开放的范围覆盖从学前到就业后的个人发展数据[①]，数据的准确性、完整性都比较高。美国各州要求开放数据的侧重点不同，如得克萨斯州要求开放公立学校数据，以期为研究人员、家长和广大公众提供各学区

---

① 阮士桂：《美国州级纵向教育数据系统（SLDS）发展特征及启示》，《中国远程教育》2019 年第 12 期。

教育数据及各类教育主题报告。

(四) 重视个人隐私保护

美国政府十分重视个人隐私的保护,从法律法规、机构设置、执行力度、政策问责等方面全方位保障了公民的个人隐私。美国法律规定,美国的政府数据有向公众开放的义务,而个人隐私数据受到严格法律保护。另外,根据对美国教育部、各州、各学区教育政务开放数据的调查,教育行政部门只开放了教育聚合数据,没有开放涉及个人信息的数据,如在助学资助项目中仅开放了受资助人数汇总数据,但没有开放受资助人的个人信息。学生在校期间依法享有与社会公共利益无关的,对自身学习、工作和生活等私人信息、私人活动、私人空间进行自主支配的人格权。随着学校办公自动化系统、学籍管理系统、考试管理系统等各类信息系统的推广与应用,以及数据开放运动的兴起,学生隐私泄露问题日益增多。因此,美国联邦、各州以及行业协会等都积极出台了规制措施,学校则从教职员工、学生、家长等层面加以实施落地。

1. 美国教育部的隐私保护机构

美国教育部建有专门的学生隐私政策办公室(Student Privacy Policy Office,SPPO),设有首席隐私官(Chief Privacy Officer,CPO),负责学生个人隐私保护政策制定与执行监督,以及记录与学生教育隐私有关的联邦法律的管理和执行。联邦层面美国设有隐私技术援助中心(Privacy Technical Assistance Center,PTAC),旨在就学生隐私问题为全国的教育部门和教育利益相关者提供技术援助和"一站式"资源,帮助他们了解与学生资料使用有关的资料隐私、保密和安全措施。隐私技术援助中心还定期发布指导意见和最佳案例,以协助需要遵守美国教育部监管的联邦法律的学校。州和地方层面,俄亥俄州成立"隐私与安全办公室"(Privacy and Security Office,PSO)、华盛顿州成立"教育研究和数据中心"(Education Research Data Center,ERDC)、缅因州成立"学生隐私保护联合司法常务委员会"(Joint Committee on Protecting Students´Privacy in Internet and Justice Affairs,JSCJ)、印第安纳州成立"印第安纳知识网络"(Indiana Knowledge Network,INK)。这些机构的设立,为数据隐私保护提供了政策、标准和技术支持,据统计美国已有48个州成立了一级数据管理和隐私保护机构。①

2. 美国教育部的隐私保护法

美国通过立法和行业自律,已基本构建了大数据环境下学生隐私保护的法规体系,并对学校、信息系统开发商、信息服务商提出了明确要求。例如,美国教育部于 1974 年颁布了《家庭教育权利与隐私法》(*Family Educational Rights and Privacy Act*,FERPA),用来保护学生个人信息的私密性,该法律明确指出学生的个人身份信息(Person Identity Information,PII)、学业信息、教育记录等数据和信息均属于学生的个人隐私,任何国家机构和教育机构都需对这些隐私信息进行保密管理,不能随意公开。该法律适用于大部分申请美国教育部项目资助的公立学校。1978 年开始实施的《保护学生权利修正案》(*Protection of Pupil Rights Amendment*,PPRA),旨在保护美国教育部资助项目中学生和学生家长的权利。② 2000 年颁布的《儿童在线隐私保护法案》(*Children's Online Privacy Protection Act*,COPPA),旨在规范在线收集 13 岁以下儿童个人信息的行为,确立了有限收集原则、收集信息时的公开原则和父母的"可资证实的同意"原则。2015 年颁布的《学生数字隐私和家长权利法案》(*Student Digital Privacy and Parents Rights Act*),禁止网站经营者向第三方出售学生的个人信息;禁止违规收集学生信息以创建个人档案,或出于非教育指导、非行政需要的目的使用这些信息。同时,该法案对网站运营商提出以下要求:实施信息安全保护程序和数据泄露应对程序;如未经授权获取或访问网站使用者的个人信息,应通知联邦贸易委员会(FTC),同时通知学生、学生家长及其所在的教育机构、学校工作人员或老师;在教育机构、学校或学生家长提出要求后 45 天内,或在经营者停止提供服务后一年内,删除学校不需要保留的学生信息。

学生隐私保护也受到美国各州的高度重视。各州出台了多项政策法规来保护学生隐私,包括建立学校的数据治理结构以监督数据使用的透明度,保护学生数据的隐私以及禁止在一些特定用途上使用学生数据等。

---

① 王正青:《美国学生数据隐私保护的治理体系》,《河南教育信息化》2021 年第 2 期。
② 世平信息:《从入学隐私声明看美国学生隐私保护》,https://blog.csdn.net/shipinginfo/article/details/84878845,2018 年 12 月 7 日。

2012—2017 年，美国各州颁布了 120 多项法律，规范学校及其服务商如何收集、使用和保护学生数据。其中 35 项法律规定了私立和公立高等教育机构（如大学）如何使用学生数据，其余法律大多都针对小学、初中和高中学生信息的使用和处理。可见，美国非常重视学生的个人隐私保护，通过政府和各州立法，充分保障了学生的个人隐私，为数据开放共享提供了安全保障。

3. 美国教育部的个人隐私保护网站

美国教育部专门设有保护学生隐私的网站 studentprivacy.ed.gov，该网站为家长、学生、K-12 学校管理人员、高校管理人员、儿童早期教育工作者、数据供应商和研究人员提供学生个人隐私保护服务。该网站上有《家庭教育权利和隐私权法》的各阶段的全文、相关工作的教育部通知、相关法律基础知识等内容。此外，网站上还提供了针对学生个人隐私保护的相关人员培训，包括在线培训模块、视频、在线研讨会。个人隐私受到侵犯的公众还可以通过该网站观看视频和说明，以了解相关处理办法。

美国联邦政府数据开放平台、教育部网站等大部分数据开放平台，会自动记录用户的浏览信息，如浏览器的类型、操作系统的类型、访问网站的日期和时间、在网站上访问的网页、用户访问的前一个网站的地址、用户的互联网域名，网站统计分析这些信息，以帮助网站的建设。但都明确指出平台不会获取任何用户的个人信息，不会向第三方提供、分享、出售或转让任何个人信息。

二 美国教育政务开放数据的整体分析

（一）各级平台的教育政务数据开放情况

1. 美国教育部的教育政务数据开放

美国教育部开放的教育数据包含学前教育、基础教育、高等教育、成人教育以及特殊教育等多个教育阶段；学生、教师、学校、课程等多类数据；学费、教师工资、高等院校、学生人数统计、学前儿童数据、毕业率、辍学率数据等具体内容；教师/管理人员、K-12 学生/学校、技术/成人教育、安全/欺凌以及特殊教育等 13 个主题。

美国教育部直属的国家教育统计中心（National Center for Education

Statistics）在联邦政府数据开放平台上发布的数据占数据集总量的49.8%，是美国最主要的教育统计机构。美国《教育总则法案》规定，其任务包括："收集、整理并不断报告美国的全部教育状况、详细地统计美国及其他与美国教育有关的数据资料；提出并出版这些统计分析报告；报告外国教育活动等。"① 统计材料包括学前、初等、中等、高等、成人、职业教育的入学人数、师资状况、学生成就、教育财政与支出、毕业人数等。每年出版1期《教育统计文摘》和《教育状况》，以及约50种不定期的系列报告②。

2. 美国联邦政府的教育政务数据开放

美国联邦政府开放的教育政务数据主要涉及教育统计与研究数据两方面，原始数据只占数据量的9%。本研究从494个数据集中随机采集40个作为样本数据集，在40个样本中"调查"占45%，如2004年学校犯罪与安全调查；"数据"占22.5%，如2003—2004年综合高等教育数据系统；"研究"占20.0%，如2009年高中纵向研究（高中生毕业后的发展情况研究）；"评估"占12.5%，如2003年全国成人识字能力评估。美国联邦政府的教育政务开放数据大部分是由联邦政府教育部下属的各个组织（占91.9%）和联邦政府内的其他部门（占8.1%）发布的。联邦政府数据开放平台教育政务开放数据的内容丰富，开放力度大，包括宏观、中观、微观数据，如国家级毕业率、区级毕业率、公共教育机构的收支数据、宗教取向、学校水平、学年长度、上课时间、入学总人数（K-12）、学生的种族/民族、高中毕业生人数、学生就业人数、重点项目、幼儿园项目等。除联邦政府提供的教育政务数据之外，州、市提供了地区教育政务数据，包括"学校辅导员—学生比例""威克郡公立学校"等，在州数据和市数据中原始数据占比较多。

3. 美国50个州与哥伦比亚特区的教育政务数据开放

美国各州和特区的教育政务数据开放推进程度不同，对数据内容的侧重点也有所不同，这归因于美国联邦制的政治体制。虽然美国教育部颁布了多部教育政策与法规，但各州仍可以结合地方实际制定区域教育

---

① 顾明远：《教育大辞典》，上海教育出版社1998年版。
② 来自NCES（National Center for Education Statistics）网站，https：//nces.ed.gov/。

政策与法规，并在各州的教育体系中实施。且美国各州的教育政务数据主要是在调查、研究与统计中产生，其发展情况、教育理念都会影响教育政务数据的内容。以下选取北卡罗来纳州、华盛顿州、阿拉斯加州、宾夕法尼亚州以及加利福尼亚州为例进行介绍。

北卡罗来纳州提供了学生、教师、学校的表现报告，包括期末考试的整体成绩、学生在某学期的成绩和在校表现、教师和学校管理人员的评估工具和流程以及公立学校的评价标准、工具和过程。华盛顿州教育厅网站中有学生统计资料（姓名、出生日期、种族、性别、家庭语言）、入学（学校、地区、年级、入学日期、离校日期及原因）、课程（特殊教育、高能力、免费午餐、英语学习）、上课时间表、缺席（全日或半天的缺席及日期、有理由或无理由）、纪律（开除、停学天数、相关行为类型）、评估（州考试分数、学生分数）等数据。阿拉斯加州每年10月通过数据表提供全州55个学区3—21岁的特殊教育儿童数量统计，分别按照认知障碍、听力受损、言语/语言障碍、视觉障碍、情绪困扰、骨科损伤、其他健康障碍、具体的学习障碍、失聪失明、多重残疾、自闭症、创伤性脑损伤、发育迟缓进行数据统计，2021年10月的统计结果显示，存在"具体学习障碍"的学生最多，为6720人，存在"视力障碍"的学生最少，为50人[①]，以此来了解特殊教育儿童的基本构成，方便教育部对特殊教育儿童的教学作出精准决策。

在data.gov网站上，宾夕法尼亚州开放了494个数据集。检索发现，与教育相关的数据集相对较少，主要开放了高等教育设施、不同年份学区数据等，但数据更新不及时，最新更新停留在2020年。加利福尼亚州公布了有关本地区教育程度、教师预备课程、儿童服务等数据，并于2022年及时进行了数据更新，故相比于宾夕法尼亚州，加利福尼亚州的公开数据更具实效性。调研发现，美国50个州的开放数据相对联邦政府数量更少，据data.gov网站统计显示，联邦政府有关教育的开放数据集有7306个，而州政府则仅有1754个，不足联邦政府的1/4。由此可见，州与联邦政府之间在数据开放量与数据更新周期等方面存在差距。

---

① The Great State of ALASKA, Data Center-Special Education Data, https://education.alaska.gov/data-center, 2021-10.

（二）美国教育政务数据开放特点总结

美国是教育政务数据开放的先行者，发展至今呈现出"种类多样、制度完善"的特点。美国联邦政府和联邦教育部承担着教育政务数据开放的主要职责，美国的教育政务数据开放涉及教育领域的多个方面，包括各级各类学校、教师、校长、学生、校园犯罪与安全等。目前，美国教育数据研究项目主要分为横截面调查、面板追踪调查和国际比较三大类[①]，包含了19项具体的研究项目，这些项目测量了儿童学前准备、教师校长职业信息、私立学校教师学生基本情况、高中学业结果与规划、本科毕业生职业选择、国际数字化信息素养等不同维度。美国采用多样的采集技术，收集了多类别的教育数据，并借助网站进行公开发布，保证了数据的公开透明。

完善的制度体系是美国教育政务数据开放的主要特点之一。在收集教育数据的过程中，美国制定了严格的采集机制和统一的教育数据标准，例如《公开信息获取规划与在政策条例》、联邦《电子政务法》、联邦《信息自由法》等。基于政策文件，美国已建立较为完善的教育政务数据开放框架。框架明确规定联邦、部级部门和个人承担数据开放不同层级的职责，逐层负责，相互监督，共同保证了教育政务数据开放的正常进行。通过健全教育数据管理机制，加强保护教育政务数据的安全与隐私，规范数据开放全过程。

综上所述，美国有专门的教育行政部门管理教育政务数据开放工作，保障了开放数据的质量，并采取数据标准建设、项目应用推动等举措全面推动教育数据的开放进程。然而，美国的教育政务数据开放依旧存在原始数据占比不高、数据的可获取性不高、数据来源不统一、数据发布重复、开放数据应用尚未有效开展等亟须解决的问题。

三 对我国教育政务数据开放的启示

在我国加速推进教育政务数据开放的关键时期，美国教育开放数据的经验和做法可以为我国提供一定的借鉴。

---

① 刘骥、张又:《大数据时代背景下美国教育数据管理与公开体系建设研究——兼论对我国未来教育数据体系发展的启示》,《武汉科技大学学报》（社会科学版）2019年第4期。

(一) 加强法律与政策建设

美国的法律体系较为完善，至今已颁布一系列教育政务数据开放的相关法律，不仅提高了教育行政部门对教育政务数据开放的重视程度，还增加了公众对教育政务数据开放的关注度，推动了教育政务数据开放的进程。尽管我国已有少部分省市颁布了教育政务数据开放的政策，但数据开放的相关法律仍未建立。鉴于此，我国各省教育厅、直辖市教委和各市教育局可以制定属地化的教育政务数据开放政策，确保数据开放工作依法开展，推动我国教育政务数据开放进程。

(二) 建立专门的数据开放管理机构与数据管理人员

美国联邦政府的 14 个部门中设有首席信息官办公室，专门负责管理信息与数据工作。教育部也设有首席信息官办公室，各级各类教育行政部门中都有开放数据管理部门，它们负责数据的收集、保密、统计、分析、发布，由专门的机构与人员从事数据开放工作，一定程度上保障了教育政务数据开放共享的质量。为此，我国各教育厅、教育局可指定专门负责教育政务数据开放工作的信息管理部门、教育技术部门等，或成立专门的教育数据管理部门，进行数据开放工作。

(三) 加强个人隐私保护建设

美国教育部网站、各州教育厅的数据开放网站、各州的数据开放平台、市数据开放平台，均对个人隐私保护有明确声明，即"网站不会获取用户的个人数据"。对学生而言，肖像、个人的身份证号、家庭出身、家庭收入、生理缺陷等都属于隐私，应该受到保护。保护学生隐私有助于避免歧视、身份盗用以及其他恶意和破坏性的犯罪行为。我国应从中吸取隐私保护的实践经验，找到数据开放与个人隐私保护之间的平衡点。

(四) 提高教育政务数据开放的准确性与透明度

美国的教育政务数据开放，遵循教育透明的原则，将各级教育行政部门的数据都开放给公众，甚至包括较敏感的数据，如美国全国高校毕业率数据、校园暴力案数据、教师工资明细数据、学生到课率数据等。而我国开放的教育政务数据主要涉及了学校情况数据、招生情况数据等，诚然这是学生与家长在择校时最关心的数据，但帮助学生择校只是教育政务数据开放的目标之一，如何利用数据推动教育事业的更好发展，实现数据驱动、多方协同的现代化教育治理模式，办人民满意的教育，使中国的教育逐步走向世界教育发展的前列,才是教育政务数据开放更深层次的目的。美国的教育政务数据开放将学生的个人隐私数据严密保护,从数据源头避免了个人隐私泄露的问题;同时,美国把全国、各州、各市、各学区学校运转情况的统计数据都向公众开放,源于他们办世界前列教育的目标,源于他们以数据开放促进科学办教育、促进教育持续改进的理念。我国教育政务数据开放尚处在起步阶段,尽管部分省市已经有序开展了教育政务数据开放工作,但数据开放的深度和广度还有待进一步探索和提升。为此,我国应借鉴美国求真务实、全面开放、真实开放的数据开放理念,坚持教育政务数据透明原则,提升我国教育政务数据开放共享的准确度、透明度和真实性。

第二节 其他国家教育政务数据开放现状

除美国外,英国、新西兰和新加坡的教育政务数据开放水平也处于世界领先水平。通过对这三个国家的教育政务数据开放情况及开放平台进行介绍,运用网络调查法分析研究国外的数据开放网站建设状况,为我国的教育政务数据开放带来启示。

一 英国教育政务数据开放概况

1. 基本概述

英国是政务数据开放的领跑者,其数据开放位居全球领先地位,自2013年起,连续五年在"开放数据晴雨表"(Open Data Barometer,ODB)中排在首位。在最新的排名中,英国的数据开放水平仅次于加拿大,排名第二。[①] 英国教育政务数据的开放遵循了有严格法律可依、注重个人信息保护、定义标准元数据的原则。英国个人数据的保护法案出台了详细的保护措施,如给出了"个人数据"的定义范围、公民有权要求一些公司删除所有个人资料等。[②] 这样既支持企业使用数据,又确保公民

---

① Open Data Barometer, The Open Data Barometer, https://opendatabarometer.org/?_year=2017&indicator=ODB,2023-3-10.

② UK Government, Data Protection Act 2018, https://www.gov.uk/government/collections/data-protection-act-2018,2018-3-23.

的数据得到有效保护。新的数据保护法案将成为全球最有力且最灵活的数据法律之一，它将使人们更有力地控制个人数据，提高数据使用的满意度。

在数据标准方面，英国的开放数据都遵守了元数据集的标准定义。开放数据集字段的发布格式都有明确的定义。通过对英国政府数据开放平台数据文件的分析，发现其数据涵盖范围广，数据丰富、全面，数据格式定义美观，数据质量高。数据标准建设的滞后是形成"数据孤岛"和"数据碎片化"现象的主要原因。[①] 相较之下，我国的开放数据大部分存在"数据孤岛"和"数据碎片化"的现象，除部分省份拥有统一的数据开放平台外，大部分省、市、区县的数据发布与管理不统一，数据重复发布、重复建设，不仅浪费了人力、物力，还为数据的使用带来了诸多问题。

2. 平台建设

本研究采用网络调查法对英国教育政务数据的开放情况进行了初步研究。研究发现英国政府数据开放平台 https：//data. gov. uk/ 的数据共分为商业和经济、犯罪、国防、教育、环境、政府、政府支出、健康、地图、社会、城镇、交通、数字化服务性能和政府参考数据 14 个类别，截至 2022 年 12 月 14 日，数据集最多的两个类别分别是环境数据集（6751 个）和城镇数据集（6241 个），如民众可在平台查询到自 2017 年起每月空气质量和噪声数据集，凸显了英国政府对民生的重视，让开放数据真正为民众服务。而教育类别下有关学生、培训、资格和国家课程的数据集共 1057 个，数据集可按照发行人、主题和数据格式进行筛选，并可通过发布时间进行排序，数据的格式多样并且规范，包括 CSV、HTML、ZIP、XLS、SHTML、PDF、XML 等。截至 2020 年，来自大英图书馆的英国国家书目（British National Bibliography，BNB）数据集（https：//www. bl. uk/bibliographic/datafree. html）是教育主题下英国唯一五星级关联开放数据，包含约 400 万条数据记录，不仅提供了 RDF/XML 和 TURTLE 两种格式的文件供下载，还提供了 SPARQL 编辑器和查询端口。[②] 值得一提的

[①] 翟军、翟玮、裴心童、李剑锋：《英国政府数据共享与开放的元数据标准建设及启示》，《情报杂志》2021 年第 4 期。

[②] 苗珍珍、翟军、林岩、李剑锋：《英国政府开放教育数据的实践与启示》，《中国教育信息化》2020 年第 3 期。

是，英国政府数据开放平台的检索功能系统完善，不仅支持关键词搜索，每个类别下还支持按数据发布部门或机构、主题、数据集格式进行筛选，检索结果可以按照最佳匹配和最近更新排序，该功能不仅提高了数据获取的效率，也体现了数据开放的专业性。

英国教育部平台 https://www.gov.uk/共有 17 个主题，其中教育与学习（Education and Learning）主题下分为五个子主题，分别是"学徒制，14 到 19 岁的教育和工作培训""入学和上学交通""学校和课程""学生资助""大学和高等教育"。公民可以通过平台查询往返学校的交通和费用、特殊教育儿童免费的上学交通服务、家庭教育指南、对比选择申请学校、申请助学金和贷款、申请在社会培训机构进修等，这些教育咨询信息也是英国教育数据开放的重要组成部分。

综上所述，英国政府在教育数据开放领域已作出了大量的政策决策，积极打造了数据开放平台，并成立了专门的机构服务于数据的建设和开放，使得英国的数据开放水平一直保持在世界前列，其在数据开放的法律制定、数据安全维护、个人隐私保护和元数据标准等方面也一直是世界各国的典范。

二 新西兰教育政务数据开放概况

1. 基本概述

2008 年，新西兰建立跨部门项目——"新西兰开放政府信息与数据项目"，标志着新西兰正式开启政府数据公开进程。[①] 2009 年新西兰建立信息公开网站 https://www.data.govt.nz，并与内务部（Department of Internal Affairs，DIA）合作，为社会提供政府开放数据，帮助人们发现、收集、管理、使用与重造数据。新西兰在项目中强调要确保数据的安全性、连续性与适用性，同时强调提供数据的方式必须适应环境变化，以为社会提供更好更智能的公共服务。2011 年，新西兰建立第一个为社会提供免费访问政府开放数据的服务——LINZ Data Service（LDS），该服务支持跨企业、政府、社区创建和改进产品，有超过19000 名用户使用服务，其

---

① New Zealand Government, Open government information and data programme, https://www.data.govt.nz/toolkit/open-data/open-data-nz/, 2020-6-30.

中超过20%用户表示该服务对其业务的成功产生至关重要的作用。2017年,新西兰开放政府信息与数据项目被转移至新西兰统计局。该项目也获得国际和社会的认可,在《全球开放数据晴雨表报告中(第四版)》中排名第七,也因此获得720万美元的政府资金用于加快数据开放。同年,新西兰在《新西兰公开透明政府宣言》以及支持性数据和信息管理原则的基础上,发布了《国际开放数据宪章》。随着政府开放数据量增加,新西兰政府设置了一套工具包,由数据伦理、数据治理、数据管理等11个工具组成,旨在为政府数据开放项目保驾护航。同时,新西兰政府也在积极探索新技术以加快数据开放进程,例如当前新西兰专家正在研究一种新的评估方式,旨在实现新西兰政府数据开放的本体自动生成,这也将成为新西兰政府提升政府数据开放度和透明度的重要举措之一。2020年,新西兰开放政府信息与数据项目宣布结束,但这并不是新西兰政府数据开放进程的结束,政府首席数据管家(Government Chief Data Steward, GCDS)[1]继续承接数据开放的任务,制定管理政府数据的战略方向,应对新出现的数据问题,共同开发数据管理框架,以期加快数据的公开与发布。

2. 平台建设

本研究采用网络调查法,调研了新西兰教育政务数据开放的三个网站——新西兰政府建设的数据开放平台 https://data.govt.nz、教育部官方公布信息平台 https://education.govt.nz 和新西兰教育计数网站 https://www.educationcounts.govt.nz。

新西兰政府的数据开放平台建于2009年,是新西兰政府最早的政府数据开放平台。该平台没有对数据集进行独立分组,研究于2022年12月14日采用搜索栏检索方式,输入关键词"education"后共检索到来自包括教育部、奥克兰大学、惠灵顿市议会、新西兰统计局等23个组织在内的255个数据集,而且平台为用户提供了HTML、PDF、CSV等20余种文件格式,方便用户下载和使用。

新西兰教育部网站根据1982年颁布的《官方信息法》(OIA)允许

---

[1] New Zealand Government, Government Chief Data Steward (GCDS), https://data.govt.nz/leadership/gcds/, 2022-12-24.

任何符合条件的人索取政府和政府机构持有的信息，作为教育部官方平台，可为大众公开教育部的建议、对《官方信息法》要求的回应、一系列针对特定公告的信息发布、教育局的开支情况与教育统计资料等信息在内的多个类别的教育政务数据。教育部网站中将信息划分为早教（0—6岁）、学校（5—19岁）与高等教育（16岁以上），同时该网站还设有子网站 https：//parents. education. govt. nz，该网站专门为父母和监护人提供与其相关的教育信息。

新西兰教育统计网站为教育信息用户提供一个在线空间来获取教育部门统计数据、定量数据与教育研究数据，其中包括参考清单（教育提供者的地址和服务详情）、统计信息（教育部流程获得的各种统计信息集合）、教育信息分析（教育部门指标和关键教育主题数据）等八种信息集。统计信息专栏中包含七个主题共48项教育数据项目，这些教育数据由三个部门提供，并定时更新。数据服务专栏中提供了两类服务，一类是已收集的表格与指南，另一类是已收集的数据。教育部会定期维护并更新已经开放的数据库，包括联系方式、机构信息和地区信息等信息。

综上所述，新西兰政府的开放政府行动启动较早，在政策制定方面也采取了诸多行动，建立了多个数据开放平台，有效提升了国家政务数据的开放水平，促进了公民对于政务数据的获取与使用。

三 新加坡教育政务数据开放概况

1. 基本概述

开放数据的发展需要以系统完备的互联网与硬件设备为基础。新加坡政府在20世纪80年代就开始建设电子政务平台，并在建设过程中不断强化对互联网的建设与平台管理系统的开发，以实现平台功能完善优化，进而建设成为世界上先进的电子政府，为推进国家数据开放共享打下坚实基础。2011年新加坡政府发布《新加坡电子政务总体规划（2011—2015）》，计划在2011年6月建设新加坡政府的数据开放平台，其数据开放呈现出数据与用户融合、数据生活化、数据规范化、注重个人数据隐私、法律体系完备等特点。2012年新加坡政府颁布《个人资料保护法》，对违法使用开放数据行为作出处罚，全力保障个人数据安全与机构数据的合法使用。此后，新加坡政府持续推出《公务机密法》等相关法律，不断完善开放数据保护政策体系，促使国家数据开放得到了实质性发展。

2. 平台建设

教育政务数据是政务数据的重要组成部分，本研究采用网络调查法对新加坡政府数据开放平台（https：//data.gov.sg/）、政府官方平台（https：//www.gov.sg/）、教育部官方平台（https：//www.moe.gov.sg/）以及统计局网站（https：//www.singstat.gov.sg/）进行调研。

新加坡政府数据开放平台主要包括经济、教育、环境、金融、健康、基础设施、社会、科技和交通九个版块。每个版块下均采用可视化形式呈现教育数据，但每个版块下可展示数据集数量较少，教育版块中仅展示了入学人数、政府教育支出、大学第一学位毕业生、入学率等相关数据。其中展示数据集分为静态表格与实时数据库两种形态，同时数据集更新频率也存在差异。如最新入学人数的数据年份为 2022 年，而大学第一学位毕业生数据年份却停留在 2014 年。

新加坡政府官方平台共有 21 个版块，其中教育版块内容按照故事（Stories）、解释器（Explainers）、事实（Factually）等标签进行分类，主要包含疫情下教学活动如何开展、教学费用与国家政府对教育投入的相关数据，通过大众的视角将数据与故事结合来进行表达，且对其中部分更新信息数据进行标注。

新加坡教育部官方平台共包含了六个版块，提供学生学校教育水平、教育财务事项、国家教育内容、教育新闻、职业、教育部简介等数据资料。在教育水平中，教育部对学生在学前班、小学、中学和高等教育阶段分别建立了数据集，主要讲解了该阶段学生如何选择学校与需要学习的内容。新加坡教育部在国家层面对教育领域作出了总体规划，对教育内容版块进一步细分，划分为 21 世纪能力、义务教育阶段、教育预期成果、教育技术之旅、学生、教师、学校、课程、私立教育以及学生学习空间十大子版块。

新加坡统计局提供了经济、工业、贸易与投资、人口、家庭、社会等可视化数据，通过搜索框搜索"education"关键字共找到 1110 条数据，主要出现在人口版块下的教育子版块中，其提供了识字、招生、毕业生、获得的最高资格、平均受教育年限、培训、学生和教师、政府教育开支八大数据集，网站在每个数据集中为用户提供了逐步的教程提示，方便用户更好地获取数据，其数据来源于新加坡教育部，更新频率为一年。相较于平台中其他政府数据，教育政务数据体现出数据更新频率快、可视化数据立体、下载方式多样化、数据使用便利等特点。如目前新加坡政府教育支出（Government Expenditure on Education）专题中包含了1986—2021年的数据，并通过时间段与数据系列表格式展示。每个数据专题都含有元数据集，可下载格式包括XLSX、CSV、制表符分隔。

新加坡教育政务数据开放在21世纪高速发展的时期，近几年政府以完善的硬件设备、高速的互联网络和相关的开放政策等为条件，着重引入人工智能、大数据分析等技术来优化解决数据开放建设过程中出现的问题，促进了本国教育政务数据开放应用得到进一步落实。但是其数据更新较慢、数据分类混乱，较其他国家教育数据开放的进程慢。

综上所述，英国、新西兰以及新加坡对于教育政务数据开放的举措可以为我国的教育政务数据开放带来有益的启示。一是加强教育政务数据开放的政策引领。通过英国、新西兰、新加坡的数据开放现状分析，可以发现它们的政务数据开放政策出台较早，为政务数据开放工作带来了导向性的指示，推进国家各数据开放平台的建设，我国在教育政务数据开放的政策方面较其他国家较为薄弱，需要加强教育政务数据开放的政策引领，指导我国教育政务数据开放工作。二是成立专门的教育政务数据管理机构。英国的教育政务数据开放水平一直处于世界前列，除了教育政务数据开放的政策和平台建设外，还采取了专门的数据管理机构负责数据的开放与开放平台的建设，我国也需要在教育部门成立专门的教育政务数据开放与管理的机构，积极打造教育政务数据平台、高效收集教育政务数据、及时更新数据条目和数据集、积极探索智能化技术手段，推动我国教育政务数据开放工作稳步前进。三是强化基础设施建设。新加坡政府在建设电子政务平台的过程中，不断加强互联网的建设与平台管理系统的开发，进而推进电子政务平台功能的完善，此后新加坡的政务数据开放平台得以快速发展，这对我国有着重要的启示，教育部等六部门发布了《关于推进教育新型基础设施建设构建高质量教育支撑体系的指导意见》，我们须紧跟教育新基建的指导意见，通过新型基础设施建设，不断完善我国的教育政务数据平台功能体系，参考新加坡统计局的教程提示，打造所有人可用、所有人会用的教育政务数据开放平台，实现各组织、各层级数据的一体化运行与数据便捷获取。总之，随着我国教育信息化的高速发展，教育政务数据开放迫在眉睫，从政策制定、数据管理到基础设施建设，都需要政府、企业、教育部门等多方共同努力，积极推进我国教育政务数据开放共享进程。

第三节　中国教育政务数据开放现状

本节调查了我国34个省级行政区的96个政府数据开放平台，对平台上的教育政务开放数据从数量统计、发布单位、数据类型、数据质量、数据应用等方面进行了系统分析。

一　中国教育政务数据开放现状调查设计

（一）样本数据采集

本研究的样本采集主要通过网络搜索法和文献调查法进行，采集的时间范围是2019年10月15日至2020年2月25日。样本数据来源于教育政务数据开放的相关政策文件以及34个省级行政区的教育厅、教委和教育局网站、政务信息公开网站、政府数据开放平台和教育政务开放数据集等。

1. 教育部和地方教育行政部门的教育数据开放政策

自《教育信息化十年发展规划（2011—2020年）》[1]发布以来，教育部与各级地方教育行政部门相继颁布了多个与教育信息化、教育数据管理相关的政策文件，同时也颁布了教育政务数据开放的标准，这些文件为教育政务数据开放提供了政策保障，本研究将对此进行统计分析。

2. 34个省级行政区的教育厅、教委、教育局网站和政务信息公开网

本研究收集了我国34个省级行政区的教育厅、教委、教育局网站和政务信息公开网，它们是各省级教育行政部门发布、公开教育政务信息的平台，是公众获取权威教育信息的渠道，也是分析我国教育政务数据开放现状的重要数据来源。

---

[1] 《教育信息化十年发展规划（2011—2020年）》（教技〔2012〕5号）。

3. 34个省级行政区的各级政府数据开放平台

本研究选取我国34个省级行政区可以访问的全部地方政府数据开放平台作为样本采集对象。通过网络搜索法，参考《中国地方政府数据开放报告》（以下简称《报告》）中提供的102个市级以上政府数据开放平台，剔除笔者调查期间无法访问的平台（调查截止时间为2020年2月25日）和大部分是地方政府网站"数据开放"栏目的平台，筛选出能够访问的地方政府数据开放平台有96个。在96个政府数据开放平台中有省级平台16个、市级平台（包括副省级城市、地级市和县级市）73个、区级平台5个以及县级平台2个。

（二）指标体系设计

本研究基于《报告》中颁布的中国地方政府数据开放评估指标体系，结合我国政务数据开放的相关政策标准①，以及本研究对教育政务数据开放政策、平台、开放数据集和用户使用的调查，运用内容分析法与比较分析法，修改了《报告》指标体系中的2个指标，增加了1个指标的指标内容。将平台层的"互动反馈"指标移动到了数据层，改为"数据关注度"指标，以分析开放数据的用户关注情况；将利用层的"利用促进"指标改成了"数据申请"指标，以分析用户申请开放数据的情况。在数据层的"数据持续性"指标中增加了"数据集是否更新""更新频率是否合理"的指标内容，构建出我国教育政务数据开放现状调查的指标体系（见表3-3）。该指标体系包括准备度、平台层、数据层和利用层四个维度，共十六个指标，以此进行样本选取与分析。

表3-3　　　　我国教育政务数据开放现状调查的指标体系

四个维度	十六个指标	指标说明
准备度 25%	法规与政策	有无专门的公共数据开放的法规与政策
	标准规范	有无专门的公共数据开放的标准
	组织与执行	明确的部门职责、年度数据开放计划、数据开放的绩效评估

---

① 《广东省数据开放和共享系列标准正式发布》，http://gddata.gd.gov.cn/article/article/toArticleDetails/48，2019年9月23日；《公共数据开放　第3部分：开放评价指标体系》，http://data.sd.gov.cn/odweb/news/newsDetail.htm?news_id=51，2019年6月10日。

续表

四个维度	十六个指标	指标说明
平台层 20%	账户体验	账户是否需要注册、是否需要实名制、数据下载是否需要登录
	数据获取	数据格式是否多样、是否可机读
	数据发现	数据分类是否合理、能否多功能查询、查询结果是否准确
	工具提供	是否有数据可视化工具、图表分析工具
	公众传播	是否有分享功能、社交媒体共享功能
数据层 40%	数据数量	数据集总量、数据集容量
	数据质量	无问题数据、无低质数据、优质数据
	数据覆盖面	常用数据集覆盖面、主题覆盖面、区域覆盖面
	数据持续性	数据集是否更新、更新频率是否合理、更新方式是否合理（增量更新还是全文件更新）、是否提供历史数据
	数据关注度	数据集的浏览量与下载量、数据集的打分与评价
利用层 15%	数据申请	有无申请开放通道、申请回复率、申请回复的质量
	数据应用	有无数据应用、数据应用的有效性、数据应用的相关性
	成果产出	成果数量、成果质量、成果覆盖面

（三）数据分析方法

本研究主要采用统计分析法和内容分析法对各级教育行政部门颁布的教育数据管理政策进行分析。由于区县级数据开放平台的数量较少，因此本研究主要对 89 个省市级数据开放平台的教育政务开放数据进行分析，在这些平台中各选取 1 个教育政务数据集作为样本数据集，先运用统计分析法，分析样本数据集的数据容量、数据关注度和数据更新情况，再运用内容分析法对样本数据集的数据质量进行分析。此外，本研究还对 89 个省市级数据开放平台中教育政务开放数据的应用开发情况进行了实际测试与统计分析。

二 中国教育政务数据开放的准备情况

自 2005 年 3 月教育部颁布《2005 年度教育电子政务建设实施要点》[①] 以

[①] 《教育部办公厅关于印发〈2005 年度教育电子政务建设实施要点〉的通知》，http://old.moe.gov.cn//publicfiles/business/htmlfiles/moe/moe_1054/201006/89024.html，2005 年 3 月 29 日。

来，我国各级地方教育行政部门开始建设门户网站。本研究统计发现，我国目前 34 个省级行政区教育厅、教委和教育局的门户网站、政务信息公开网站的建设率已经达到 100%，其中各网站运行良好、内容覆盖较为全面、更新及时，说明我国教育行政部门的教育信息发布、政务信息公开工作已经取得一定的成果。同时，从政策保障的视角来看，教育部和省、市级教育行政部门相继颁布了教育数据开放与管理方面的政策文件，支持各地、各级教育政务数据的有序开放（见表 3-4）。

表 3-4　教育行政部门颁布的教育政务数据开放的政策、标准与计划

级别	名称	类型	颁布部门	颁布日期
部级	2019 年教育信息化和网络安全工作要点	规范性文件	教育部办公厅	2019-02-27
	教育信息化 2.0 行动计划	规范性文件	教育部	2018-04-13
	教育部机关及直属事业单位教育数据管理办法	规范性文件	教育部办公厅	2018-01-22
	教育信息化"十三五"规划	政策	教育部办公厅	2016-06-17
	教育部关于推进中小学信息公开工作的意见	规范性文件	教育部	2010-12-25
省级	上海教育数据管理办法（试行）	规范性文件	上海市教委	2019-10-11
	浙江省教育数据暂行管理办法	规范性文件	浙江省教育厅	2019-03-21
	陕西省教育数据管理办法	规范性文件	陕西省教育厅	2017-03-15
	安徽省教育厅关于印发安徽省教育数据管理办法（暂行）的通知	规范性文件	安徽省教育厅	2016-01-13
	2019 年公共数据开放计划	计划	北京市市委	2019-01-01
市级	温州市教育局办公室关于印发温州市教育数据安全暂行管理办法的通知	规范性文件	温州市教育局	2019-03-05
	青岛市教育局政务公开工作细则（试行）	规范性文件	青岛市教育局	2018-12-18
	关于印发青岛市教育局政务信息数据资源共享开放目录的通知	规范性文件	青岛市教育局	2018-12-18
	厦门市教育基础数据共享平台安全管理规范（试行）	规范性文件	厦门市教育局	2018-12-14
	厦门教育基础数据标准规范	标准规范	厦门市教育局	2018-12-14

三 中国教育政务数据开放的基本信息

目前我国教育政务数据开放的地方性政策文件已经相继出台，政府数据开放平台建设发展速度较快。教育政务数据开放工作的进展如何？教育政务数据开放的数量是多少？哪些部门开放了教育政务数据？开放了哪些教育政务数据？为了回答上述问题，本研究对我国教育政务数据的开放共享现状进行了调查分析，旨在厘清我国目前教育政务数据开放的基本情况。

（一）教育政务开放数据的数量统计

在96个政府数据开放平台中共有开放数据集126437个，其中教育（含科技、文化）类数据集有6574个，占5.2%。教育政务开放数据主要分布在各平台的教育、教育科技或科技教育、教育文化三个栏目中。如图3-1所示，在16个省级平台中共有教育开放数据集2781个（占42.3%），其中山东省数量最多为1613个，而江苏省、湖北省的数量为0，江苏省的数据开放平台是政府网的"数据开放"栏目，湖北省的数据开放平台刚刚建立；在73个市级平台中共有教育开放数据集3662个（占56.5%），教育数据集数量达到几百的平台有13个，这13个平台中有7个在山东省，山东省的教育政务开放数据集的数量在全国最多。62.5%的省级平台与82.2%的市级平台的教育政务开放数据集的数量在几十个及以下，这些平台还应加大教育政务数据开放的力度。

（二）教育政务开放数据的发布单位

调研发现，教育政务开放数据的发布单位主要包括区域教育行政部门和各省厅、各市区政府和各局以及县政府的政府各级各类行政部门。例如，笔者在"山东公共数据开放网"和"济南公共数据开放网"中，各抽取四个教育政务开放数据集，它们的名称和发布单位分别是：山东省民办非学历高等教育机构名录（山东省教育厅）、威海市学生和教师学段关联表信息（威海市教育局）、中小学教师资格认定信息（滨州市沾化区）、山东省大学科技园名录（山东省科技厅）、济南市优秀教师表扬对象名单（济南市教育局）、济南高新区幼儿园类别名单（济南市高新区）、济南市平阴县中学班级名额信息（济南市平阴县）、济南市青少年农业科

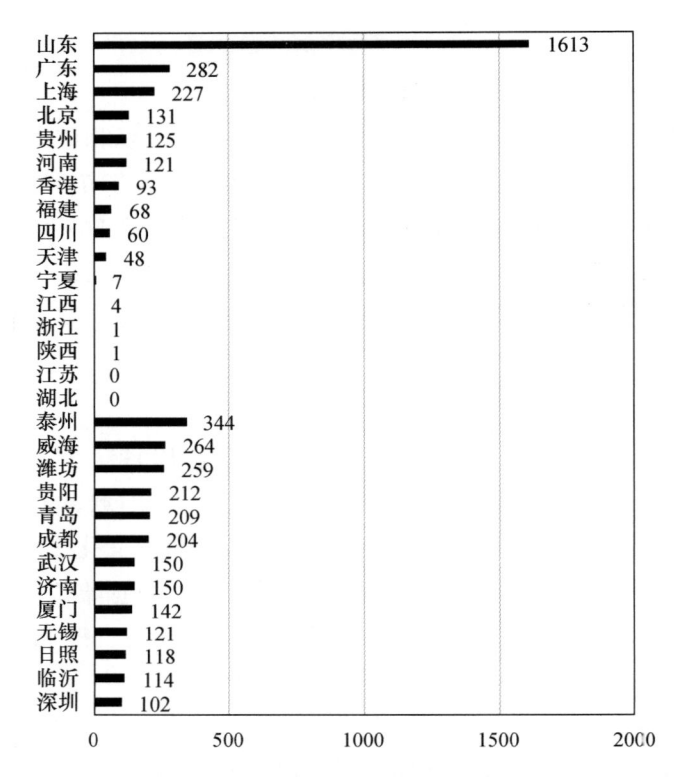

图3-1 16个省级和13个市级平台的教育政务开放数据集的数量

普教育基地名单（济南市农业农村局）。这些数据集的发布单位各不相同，建议各级教育行政部门做好同其他政府部门的协同工作，共同保障教育政务开放数据的数量与质量。

（三）教育政务开放数据的数据类型

当前，教育政务开放数据的数据类型主要包括学校数据、校外教育培训机构数据和各种评选结果数据等多种数据类型。本研究选取上海市公共数据开放平台（该平台在"2019中国开放数林指数"中获得省级第一）[1]，分析其教育政务开放数据的数据类型。该平台提供了教育政务开放数据集86个，包括上海市高校数据集36个，上海市学校（除

---

[1] 吴斯洁：《〈2019中国地方政府数据开放报告〉发布，上海位列省级排名第一位》，新浪财经，http://finance.sina.com.cn/roll/2019-05-27/doc-ihvhiqay1817870.shtml，2019年5月27日。

高校外）数据集 15 个，校外教育、培训机构数据集 14 个，各种评选、奖学金数据集 12 个，教育收费数据集 2 个，招生、报名数据集 2 个，其他类数据集 5 个。具体内容涉及上海理工大学学院设置、上海市普通中小学校信息、上海市校外教育机构名单、国家助学金分配结果、各类公办学校主要教育收费、报名货运行业的学员信息、学生体质健康监测中心名单等。这些都是公众关注度比较高的教育政务数据，开放公众需求度高的教育政务数据，是教育政务数据开放工作的"指挥棒"。

四 基于指标体系的教育政务开放数据分析

本研究依据教育政务数据开放指标体系中数据层的指标，从 89 个省市级平台中各抽取 1 个教育政务开放数据集作为样本数据集，调研它们的数据容量、数据关注度（浏览量、下载量、评分、评论）、数据持续性（发布日期、是否更新、更新频率、历史数据）和数据质量（完整性、正确性、有效性）。分析发现，在 89 个平台中有 66 个平台（省级 14 个，市级 52 个）能够提供有效的教育政务开放数据，开放数据的情况主要呈现如下特征。

（一）教育政务开放数据集的数据容量差异较大

数据集的数据容量是指数据集中数据的最小单位数据项的数量，计算方法是"数据量 * 字段数"。在 66 个样本数据集中，数据容量是 1 万以上的占 10.6%、几千的占 22.7%、几百的占 48.5%，最少的数据容量为 0，数据容量的差异较大。14 个省级和 4 个市级（数据容量在 1 万以上）的样本数据集的数据容量见图 3-2，在省级样本中，浙江、香港的数据容量最高，分别达到 134576 条和 120120 条，是极高的数据容量；广东、江西的数据容量最少才 80 条。在 52 个市级样本中宣城、六安、铜仁、临沂的数据容量都达到了 1 万条以上；承德的样本研究件内容为空，扬州的样本研究件为通知获取不到数据项。66 个样本数据集的数据容量差异较大，政府部门应避免发布数据容量极低或不足的教育政务开放数据，提高教育政务开放数据的质量。

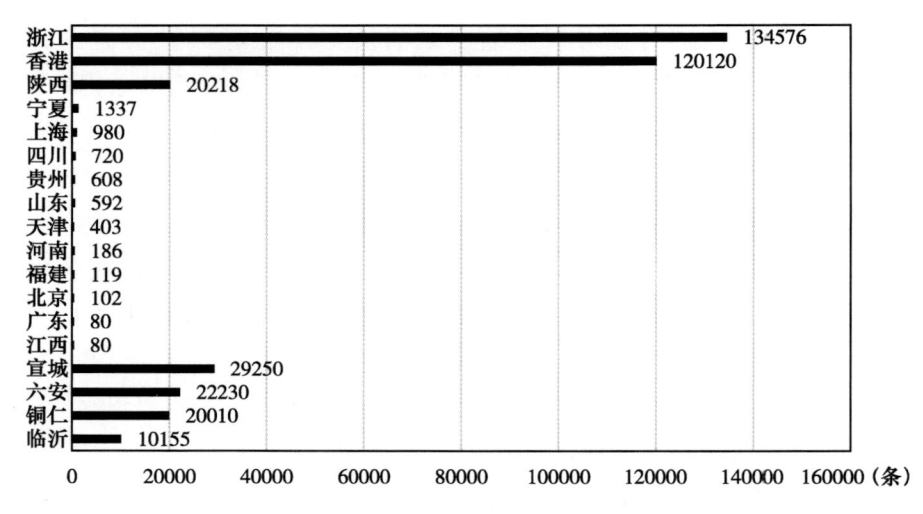

```
浙江                                          134576
香港                                       120120
陕西         20218
宁夏    1337
上海    980
四川    720
贵州    608
山东    592
天津    403
河南    186
福建    119
北京    102
广东    80
江西    80
宣城        29250
六安        22230
铜仁        20010
临沂    10155
     0    20000  40000  60000  80000  100000  120000  140000  160000(条)
```

图 3-2　14 个省级和 4 个市级平台的样本数据集的数据容量

（二）教育政务开放数据的数据关注度差异较大，头部平台、省级平台的数据关注度较高

开放数据的数据关注度可以从开放数据的浏览量、下载量、评分与评论情况进行分析。调研发现，省级平台的样本数据集的浏览量与下载量均高于市级平台，省级平台（52%）的下载量与浏览量的比率也高于市级平台（20.7%），说明用户对省级平台数据的需求高于市级平台。浏览量和下载量高的样本主要集中在头部平台（《报告》中数据开放指数居前列的平台），如省级平台中的浙江、上海的样本，市级平台中的东莞、深圳的样本，说明头部平台的数据关注度高于其他平台。评分与评语可以反映用户对数据集使用的反馈情况，66 个样本中有 6 个获得了用户打分，5 个打分的次数很少，只有 1、2 次，只有天津的样本打分较多，是 56 次；66 个样本中只有上海、陕西的 2 个样本有评语。用户打分与发布评语的数量远远小于浏览量与下载量，说明用户使用开放数据后反馈的积极性不高。

（三）教育政务开放数据的数据持续性较好

开放数据的数据持续性是指数据集发布之后，发布人员继续发布该数据集的新版本，并且保留原有的数据集作为历史数据，形成同一数据集在时间顺序上的多个版本。通过分析数据集的发布日期、是否更新、更新频率以及历史数据信息，可以获取数据集发布的持续性情况。在 66

个样本中，样本的发布日期最早在 2015 年 3 月，最晚在 2020 年 1 月，发布时间段是近五年。70% 以上的样本是近两年发布的，说明近两年教育政务数据开放的进展较快。从样本数据集的更新情况来看，40% 以上都有更新。平台显示 60% 的样本数据集的更新频率是"每年"，但从发布日期与更新日期看，大部分更新过的样本的更新时间都小于 1 年。数据集的更新频率应该根据其内容特性和数据发布的实际情况来制定，比如对于学校数据，每半年或者一年更新一次是比较合理。开放数据的历史数据可以提供给用户不同时间点发布的数据集，有历史数据的样本数据集省级占 15.4%，市级占 14.3%。调研发现，各数据开放平台的功能都有所差异，平台应完善自身的功能，全部提供诸如历史数据、更新频率等功能，为数据开放提供平台保障。

（四）教育政务开放数据的数据质量整体合格

本研究采用内容分析法，参照表 3-1 的"数据质量"指标，逐一分析 66 个样本数据集的数据完整性、正确性及有效性。研究发现，教育政务开放数据的数据质量整体合格，50% 以上的开放数据质量较好，近 30% 的开放数据存在一般的质量问题，有 20% 以上的开放数据存在较严重的质量问题。质量较好的数据集内容与标题一致，数据内容无错误，字段数和记录数基本涵盖了标题的主要内容；有一般质量问题的数据集存在记录重复、有空字段、字段名有误、时间格式错误、数据过时等问题；有较严重质量问题的数据集存在诸如数据不完整、数据有错误、数据无效等问题。在质量较好的数据集中还存在一些不规范的数据，如同一字段的数据不一致等。

五　中国教育政务开放数据的应用分析

本研究通过对 89 个省市级数据开放平台的调查发现，教育政务开放数据的应用开发情况较差，目前还没有利用教育开放数据成功开发的应用程序，仅有少数的教育数据地图服务和数据申请服务。

（一）有少量的教育数据地图服务，均能提供准确的学校定位

数据开放平台的数据地图服务，是在地图中显示开放数据地址的定位服务。经过统计，数据开放平台的数据地图共有 181 个（省级 121 个、市级 60 个），主要集中在交通、民生、医疗等领域，大部分都能提供准

确的地图定位服务，其中教育数据地图有 10 个（省级 6 个、市级 4 个），占比较少。浙江省的教育数据地图质量最好，提供了浙江省 11 个市的所有区县的幼儿园、小学、初中、普通高中、职业高中、特殊教育学校和高校的地理位置；其他平台的教育数据地图提供了部分学校的地址。

（二）有极少数的教育政务开放数据申请

调研发现，在省级平台中，只有贵州省有 1 条开放数据申请——申请 2020 年疫情数据；在市级平台中，贵阳有 38 条、宣城有 1 条开放数据申请。在贵阳的 38 条申请（单位申请 35 条、个人申请 3 条）中，有 1 条教育开放数据申请——"节水型学校信息"申请——申请获取"学校名称、地址、邮编、获评年度"等信息，申请单位是贵阳大数据交易所，回复单位是贵阳市水务局，数据被发送到了申请者邮箱。

（三）没有应用教育政务开放数据开发的有效的数据应用

经过统计，省级数据开放平台的数据应用共 213 个，教育数据应用 8 个；市级数据开放平台的数据应用共 285 个，教育数据应用 6 个。89 个省市级平台的数据应用主要集中在交通、民生、城市信息服务、医疗等领域，教育数据应用占比较低。其中 14 个教育数据应用经过使用测试发现，这些教育应用都未有效应用。

六　中国教育政务数据开放的优化策略

目前，我国教育政务开放数据集有 6000 多个，有效的教育政务开放数据覆盖七成以上的数据开放平台。目前已开放的教育政务数据有将近五成存在不同的质量问题，教育政务开放数据的质量有待提高。虽然教育政务开放数据的数量呈现逐年增加的趋势，但是其广度和深度还有待进一步挖掘。基于目前我国教育政务数据开放现状的调查结果，为了更好地推动教育政务数据开放工作的开展，本研究提出如下优化策略。

（一）完善教育政务数据开放的政策保障体系，鼓励出台地方性教育政务数据开放的政策与标准

政务数据开放的准备度包括法律法规、政策文件、标准规范等指标。[①]

[①] 刘新萍、袁佳蕾、郑磊：《地方政府数据开放准备度研究：框架与发现》，《电子政务》2019 年第 9 期。

从各地的实践来看,数据开放的相关政策或地方标准的颁布明确了当地数据开放工作的目标、任务和准则,能够有效促进数据开放工作的开展,如广东省、山东省、上海市、贵阳市都已颁布了相关的政策或标准,其数据开放指数均位于全国前列。我国教育部、部分省和地区教育行政部门也先后颁布了关于教育数据管理的相关政策、规范、标准等,有效地促进了教育数据管理工作的开展,推动了教育数据开放的进程。基于此,各省教育厅、直辖市教委和各市教育局可以制定本地区的教育政务数据开放政策,加快教育政务数据开放的发展进度。同时,目前我国还未见数据开放的相关法律出台,而美国拥有支持数据开放的如个人隐私保护、数据安全保障、开放政府法案等多项法律[1],有效保障了数据开放工作的依法开展,因此我国也可以制定数据开放的相关法律,推动我国政务数据开放进程。

(二)增加政府数据开放平台的数量,优化政府数据开放平台的功能

目前,我国34个省级行政区中有省级数据开放平台16个,约一半的省级行政区有省级数据开放平台,但各省级行政区都建有运行良好的教育厅网站、政务信息公开网。随着政府数据开放工作的推进与大数据技术的发展,各省级行政区都建有省级数据开放平台将成为必然的发展趋势。但是,目前我国有青海省等八个省级行政区还没有建立省级、市级或区县级数据开放平台,因此需要加快省级数据开放平台的建设步伐。新数据开放平台在建设时要参照成功的数据开放平台的理念、功能,考虑未来开放数据量增加、数据安全、个人隐私保护的需要,同时结合大数据、人工智能、区块链等技术增强平台的智能性,从而为用户提供更加优质、便捷和个性化的数据服务。

(三)加强教育政务数据开放的管理力度,形成多方协同的教育政务数据开放的工作机制

各级各类政府部门发布教育政务开放数据都要使用政府数据开放平台,不能使用政府未规定的其他平台或自建数据开放平台。[2] 教育行政部

---

[1] 代佳欣:《基于过程的政府数据开放风险识别与防控策略研究》,《情报杂志》2019年第6期。

[2] 段忠贤、吴艳秋:《政府数据开放度评价指标体系构建与实证测度》,《统计与决策》2019年第22期。

门既要高度重视教育政务数据开放工作，做好数据开放的计划、组织、实施、监督与绩效评估全流程的科学管控，又要做好同其他政府部门的协同工作，协助提供、校验、管理教育政务开放数据，形成跨部门互动协作的教育政务数据开放合作机制。同时，鼓励企业、行业协会等机构开放与教育相关的自有数据，推动公共数据和非公共数据的多元融合与开放共享。① 此外，要增强数据开放的责任意识，建立多部门协同（数据发布部门、数据管理部门、数据使用部门）、归口单位明确、权责清晰、反馈顺畅的教育政务数据开放的工作机制，保障高效、有序的教育政务数据开放进程。

（四）明确教育政务开放数据的范围，提高教育政务开放数据的质量

教育政务数据开放不能从政府自身视角出发盲目发布数据，而要从公众视角和实用性角度出发有针对性地发布数据，要提供公众需要的教育政务数据，如区域内各类学校发展数据、学校招生数据、学校特长班数据等。教育政务数据开放要符合国家或地方公共数据标准，发布前要进行审核与校验；数据开放发布以后要接纳用户的反馈，及时更正错误或无效数据，及时撤回或更改存在安全问题的数据。政府部门在进行教育政务数据开放时，要做到分级分层开放，将涉及国家机密、商业秘密、个人隐私以及法律法规规定不得开放的数据列入非开放级；将数据安全和处理能力要求较高、时效性较强的数据列入有条件开放级。基于明确的数据开放标准，面向公众提供具备完整性、准确性、真实性、时效性、易用性、一致性和可持续性的优质数据，即社会需求度高（下载量高）的数据。

---

① 陈传夫、邓支青：《完善政府数据开放主体制度的路径研究》，《情报科学》2019 年第 1 期。

第 四 章

教育政务数据开放的影响因素

当前我国教育政务数据开放共享依然处于起步阶段，存在数据开放质量较低、数据开放范围有限、平台功能较弱、运行机制不够健全等问题。厘清影响当前教育政务数据开放进程的主要因素，是实现教育政务数据高质量开放共享的重要前提。本章以 TOE 理论框架为指导，采用德尔菲法构建了教育政务数据开放的影响因素框架，对技术因素、组织因素、环境因素分别进行了解读分析，最后采用系统动力学方法对教育政务数据开放的影响机制进行了仿真探究，期望为我国教育政务数据开放的问题诊断、进程推进、质量提升等提供一定的借鉴和指导。

第一节 TOE 理论及其应用

一 TOE 理论介绍

TOE 理论框架（Technology-Organization-Environment Framework），即技术—组织—环境框架，由托纳茨基和弗莱舍二位学者于 1990 年在《技术创新的流程》一书中首次提出。该理论是在综合借鉴技术接受模型（Technology Acceptance Model，简称 TAM）和创新扩散理论（Diffusion of Innovation Theory，简称 DOI）的基础上扩充发展而来，是一种基于技术应用情境的综合性分析框架。[1] 具体来说，TOE 理论框架将影响一个企业或组织对创新技术的采纳与实施的因素归纳为三类，包括技术因素、组

---

[1] 邱泽奇：《技术与组织：多学科研究格局与社会学关注》，《社会学研究》2017 年第 4 期。

织因素以及环境因素,如图4-1所示。

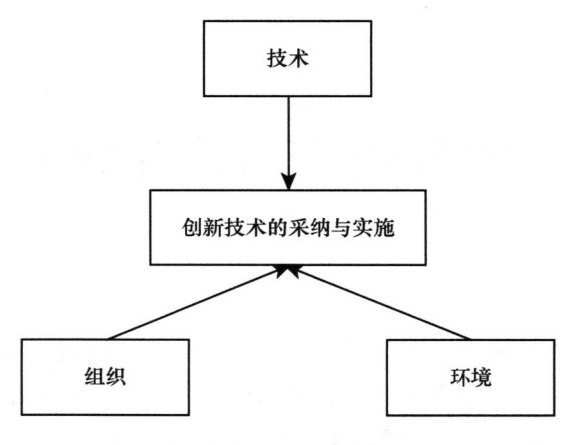

图4-1 TOE框架

(一)技术因素

技术因素主要包含具备的基本技术条件和将要采纳的技术。前者指技术基础设施、技术能力等,而后者则包含技术创新性、兼容性、复杂性等。如Zhu K.等认为技术能力是一个企业获取资源的重要因素,包括技术基础设施和信息技术技能[1];Wang Y. M.等指出技术因素应该包含技术的优势、兼容性和复杂性等[2];除此之外,Ahmadi H.还特别强调安全问题也是影响组织采纳新技术的重要因素[3]。

(二)组织因素

基于已有研究可知,与技术因素和环境因素相比,组织因素的影响程度是最大的。Xu S. X.等将组织因素分为组织范围和组织规模[4];Tor-

---

[1] Zhu K., Dong S., Xu S. X., et al., "Innovation Diffusion in Global Contexts: Determinants of Post-adoption Digital Transformation of European companies", *European Journal of Information Systems*, 2006.

[2] Wang Y. M., Wang Y. S., Yang Y. F., "Understanding the Determinants of RFID Adoption in the Manuf-acturing Industry", *Technological Forecasting & Social Change*, 2010.

[3] Ahmadi H., Nilashi M., Ibrahim O., et al., "Exploring Potential Factors in Total Hospital Information System Adoption", *Decision Support Systems*, 2015.

[4] Xu S. X., Zhu K., Gibbs J., "Global Technology, Local Adoption: A Cross-Country Investigation of Internet Adoption by Companies in the United States and China", *Electronic Markets*, 2004.

natzky L. G. 等则指出，组织中人的态度特别是管理人员的态度是影响创新技术实施的重要因素[1]；此外，还有学者提出，组织的架构模式、组织的制度等也是影响组织采纳新技术的关键[2]。

（三）环境因素

环境因素则代表着组织所处的具体环境，涉及政治、经济、社会、文化、人口等方面[3]。环境因素具体来说可分为两大类，即外部压力和外部支持。外部压力主要来自政府、竞争者、伙伴、社会舆论等，而外部支持则包括政府的支持、伙伴的支持以及社会公众的支持等。[4]

二 TOE 理论应用概况

TOE 理论最初多用来解释和分析企业采纳与实施创新技术的影响因素，后来有学者指出 TOE 理论框架具有较强的可操作性和灵活性，可与诸多领域相互结合，探讨技术、组织和环境分别对研究主体产生影响的因素。[5] 目前，TOE 理论已广泛应用于教育、水务、数据开发、模型构建等诸多领域。如樊文强等借鉴 TOE 理论框架对高校开展 e-Learning 的影响因素进行梳理，发现教师激励机制缺乏、学生评价手段不足、学校战略规划不完善等是影响高校 e-Learning 开展的主要障碍[6]；张一鸣等将水务建设与 TOE 理论框架相互结合，构建了智慧水务建设的影响因素框架，为水务部门的科学决策和水务业务的健康发展提供了参考与借鉴[7]；韩普等分别从技术、组织、环境三个方面对影响政府数据开放共享的关键因

---

[1] Tornatzky L. G., Fleischer M., Chakrabarti A. K., "Processes of technological innovation", *Washington*: *Lexington Books*, 1990.

[2] Kuan K., Chau P., "A Perception-based Model for EDI Adoption in Small Businesses Using a Technology-organization-environment Framework", *Information & Management*, 2001.

[3] 丁依霞、徐倪妮、郭俊华：《基于 TOE 框架的政府电子服务能力影响因素实证研究》，《电子政务》2020 年第 1 期。

[4] 魏艺敏：《基于 TOE 框架的企业节能行为研究》，硕士学位论文，北京理工大学，2016 年。

[5] 汤志伟、周维：《地方政府政务微信服务能力的提升路径研究》，《情报杂志》2020 年第 12 期。

[6] 樊文强、乙姗姗：《高校 e-Learning 开展障碍因素研究》，《电化教育研究》2013 年第 8 期。

[7] 张一鸣、田雨、蒋云钟：《基于 TOE 框架的智慧水务建设影响因素评价》，《南水北调与水利科技》2015 年第 5 期。

素进行了分析[①]；Kuan 等基于 TOE 理论框架研发了一种基于感知的企业 EDI 模型，并选取香港 575 家小公司进行测验，发现感知的好处、企业的准备和外部的压力是影响企业采用 EDI 模型的主要因素。[②]

总而言之，TOE 理论框架已经得到国内外许多学者的认可，经过了多次的实证检验与分析，具有较强的解释力。教育政务数据的开放共享同样会受到来自技术、组织、环境层面不同因素的影响，采用 TOE 理论框架分析教育政务数据开放共享的影响因素具有较好的适切性和科学性。

第二节 研究设计

一 研究方法

当前我国教育政务数据开放共享研究尚处于起步阶段，其影响因素研究的前期成果与经验较少。而在历史数据不足、不确定性较高的情形下，德尔菲法因具有通用性强、应用范围广、所得结果具有较高的权威性等优点被学界所认可。[③] 因此，本研究选用德尔菲法构建教育政务数据开放共享影响因素框架。

二 研究工具

本研究采用自编的《教育政务数据开放共享影响因素框架专家咨询问卷》作为评价和确定影响因素的研究工具。第一轮问卷主要包含专家基本信息、填表说明、指标评价量表三部分，每一份指标评价量表均由指标评分表和指标修改意见两部分组成。第二、第三轮问卷主要由上一轮数据统计结果反馈与指标评价量表两部分组成，目的是将上一轮的征询结果反馈给专家，并就修正后的影响因素框架再次征询专家意见。本

[①] 韩普、康宁：《国内政府数据开放共享的关键因素分析及评价》，《情报科学》2019 年第 8 期。

[②] Kuan, Kevin, K. J., et al., "A Perception-based Model for EDI Adoption in small Businesses Using a Technology-organization-environment Framework", *Information & Management*, 2001. pp. 507 – 521.

[③] Linstone H. A., Turoff M., "The Delphi Method: Techniques and Applications", *Journal of Marketing Research*, 1976, pp. 441 – 442.

研究三轮问卷的回收率均为 100%。

三 专家选择

专家选择是德尔菲法的重要环节,选择的专家中不但要有具备较高学术权威的理论专家,而且还要有来自一线从事具体工作的实践专家。基于此,本研究向 12 位教育大数据研究专家进行意见征询,包括 6 位学术专家,分别来自国家信息中心以及各大高校;6 位实践专家,主要来自省市级电教馆、大数据管理局、教育质量评价中心以及教育部教育管理信息中心等。

四 研究过程

整体研究主要包括三个阶段:(1)结合国内外文献,抽取相关要素,初步构建影响因素框架;(2)基于初拟的影响因素框架编制专家咨询问卷开展专家咨询,对指标框架进行修改完善,直至专家意见达成一致;(3)基于最终教育政务数据开放共享影响因素框架,对整个研究过程作出总结并给出未来教育政务数据开放共享的发展建议,具体步骤如图 4-2 所示。

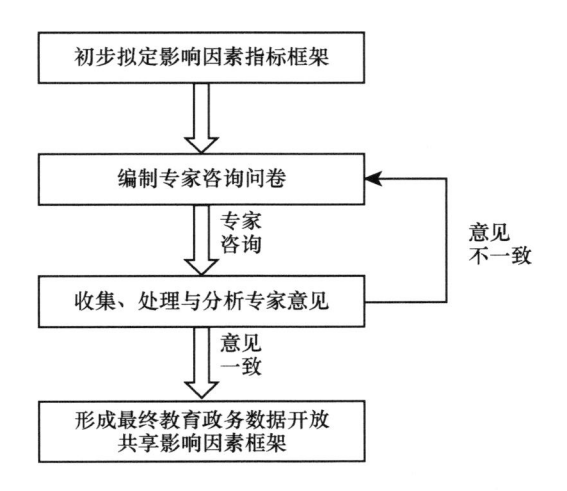

图 4-2 教育政务数据开放共享影响因素框架构建流程

五　数据分析

（一）专家权威程度系数

专家组的权威程度（C_r）是影响咨询结果的重要因素。专家权威程度通常由专家对评价指标的熟悉度（C_s）和判断依据（C_p）组成，计算公式如下：

$$C_r = \frac{C_s + C_p}{2}$$

C_r由二者的算术平均值决定，介于0—1。熟悉程度主要分为"不熟悉、不太熟悉、一般、熟悉、非常熟悉"五个等级，量化值依次为0.0、0.2、0.4、0.8、1.0；判断依据主要分为"直观感觉、国内外同行了解、理论分析、实践经验"四个等级，量化值依次为0.2、0.4、0.6、0.8，具体如表4-1所示。通常情况下，C_r越大，专家权威性越高，反之亦然。一般情况下，我们认为当$C_r > 0.7$时，专家权威度较高。[①]

（二）专家积极程度系数

专家的积极程度（K）一般由咨询问卷的回收率表示，回收的问卷越多，代表专家的积极程度越高。有研究表明，当$K > 70\%$时，表示专家积极程度较好。计算公式如下：

$$K = \frac{N}{n} \times 100\%$$

专家积极程度反映了专家对于评价内容的关心程度。[②] N表示咨询的专家总人数，n表示参与评价的专家人数，二者的商代表专家积极程度。

（三）重要性算术平均数

重要性评价主要反映了专家认为指标i对于教育政务数据开放共享的影响程度，重要性分值越大，则该指标的影响程度越大，反之亦然。每个指标的重要性评价包括"不重要、不太重要、一般、比较重要、非常重要"五个等级，量化值依次为1.0、2.0、3.0、4.0、5.0（见表4-1）。算

---

① 李艳燕、董笑男、李新等：《STEM教育质量评价指标体系构建》，《现代远程教育研究》2020年第2期。

② 林秀清、杨现民、李怡斐：《中小学教师数据素养评价指标体系构建》，《中国远程教育》2020年第2期。

术平均数（C_i）体现了专家对于指标 i 打分的集中趋势，代表了该指标的一般水平。计算公式如下：

$$C_i = \frac{1}{n} \sum_{j}^{n} C_{ij}$$

n 表示参与评价的专家人数，C_{ij} 代表专家 j 对于指标 i 的重要性评分值。通常情况下，C_i 越大，该指标的相对重要性就越高，对于政务数据开放共享的影响程度也就越大。

（四）满分率

满分率（F）表示对于指标 i 给出满分的人数所占总专家人数的比例。计算公式如下：

$$F = \frac{m}{n} \times 100\%$$

m 表示对于指标 i 给出满分的专家人数，n 表示参与评价的专家人数。与重要性不同的是，满分率可以从侧面反映出指标 i 的相对重要性，给出满分的专家人数越多，则代表指标 i 的相对重要性越大。

（五）专家意见协调程度

专家协调程度是指专家对于指标的评价是否存在分歧，通常用变异系数（V_i）和肯德尔和谐系数（Kendall）表示。

1. 变异系数

变异系数（V_i）表示指标评分的波动程度或者是协调程度，变异系数通常由指标评分的标准差（δ_i）和指标的重要性均值（C_i）决定。变异系数越小，则表示专家对于指标 i 的评价协调程度越高，反之亦然。一般认为，当变异系数大于或等于 0.25 时，可作为删除该指标的依据。[①] 计算公式如下：

$$V_i = \frac{\delta_i}{C_i}$$

式中：δ_i 为影响因素 i 的得分标准差，即

$$\delta_i = \sqrt{\frac{1}{n-1} \sum_{j=1}^{n} (C_{ij} - C_i)^2}$$

---

① 樊长军、张馨、连宇江：《基于德尔菲法的高校图书馆公共服务能力指标体系构建》，《情报杂志》2011 年第 3 期。

其中 n 为参与评价的人数，C_{ij} 为专家 j 为指标 i 的评分值，C_i 为指标 i 的重要性平均数。

2. 肯德尔和谐系数

肯德尔和谐系数（Kendall）计算是一种非参数检验，这种检验可以用于衡量评价结果的协调程度。[1] 与 Spearman、Person 不同的是，kendall 不局限于两个变量，可用于 K 个评分者评 N 个对象，也可用于同一个人先后 K 次评 N 个对象。通常，在 Kendall 协调系数检验中，当 $P<0.05$ 时说明专家意见的协调程度较高，咨询意见具有较好的一致性。[2]

表 4-1　　　　　　　　专家评分参考量表[3]

评价等级	量化值	熟悉程度	量化值	判断依据	量化值
非常重要	5.0	非常熟悉	1.0	实践经验	0.8
比较重要	4.0	熟悉	0.8	理论分析	0.6
一般	3.0	一般	0.4	国内外同行了解	0.4
不太重要	2.0	不太熟悉	0.2	直观感觉	0.2
不重要	1.0	不熟悉	0.0		

第三节　影响因素确定

一　影响因素的初步拟定

合理构建教育政务数据开放共享影响因素框架是后期开展专家咨询和深入研究的基础。本研究主要通过以下两个方面初步确定影响因素。

一是理论基础。TOE 理论具有高度的灵活性、概括性和适用性等特点，国内外诸多学者基于该理论研究相关评价指标体系以及影响因素框架的构建。同时，教育政务数据开放共享也是一个涉及技术、组织、环

---

[1]　许萍、张立军、陈菲菲：《TOPSIS 评价模型的稳健性分析及参数选择》，《统计与决策》2013 年第 17 期。

[2]　马利红、王彩霞：《基础教育阶段英语学科素养测评指标体系的构建——基于德尔菲法的研究》，《中国考试》2019 年第 2 期。

[3]　樊长军、张馨、连宇江：《基于德尔菲法的高校图书馆公共服务能力指标体系构建》，《情报杂志》2011 年第 3 期。

境的系统的过程。因此研究选取技术、组织、环境作为框架的一级指标。

二是文献分析。基于 TOE 理论框架，从技术、组织、环境三个方面对国内外有关教育政务数据开放共享的文献资料进行梳理和分析。分析发现，在技术方面，本研究主要聚焦"新技术如何助力教育政务数据的开放与共享"和"政务数据开放平台建设"两个方面；组织方面，"推进教育政务数据开放机构的信息化建设""提升教育行政人员的信息素养水平"成为更多研究者关注的问题；环境层面，更多涉及"教育政务数据开放共享的安全与隐私保护""制定相关的教育政务数据开放政策""充分了解公众的数据开放需求"等。

通过对上述结论进一步总结，同时结合本研究团队前期的实践调研成果和经验，初步构建了教育政务数据开放共享的影响因素框架，主要包括 3 个一级指标和 9 个二级指标，具体如表 4-2 所示。

表 4-2　　　教育政务数据开放共享影响因素框架（初步）

一级指标	二级指标	指标说明
T 技术	T1 新一代信息技术的发展	新兴技术（如大数据、人工智能、区块链等）的快速发展有助于提升教育政务数据开放共享的广度和深度，赋能数据开放共享的每个环节，促进教育政务数据开放共享走上新阶段。
	T2 政务数据开放平台的建设	数据开放平台是教育政务数据开放共享的重要载体，平台建设的成熟度会影响教育政务数据集的规模与应用频度。
O 组织	O1 教育行政机构的信息化水平	教育行政机构的信息化水平一方面会影响教育电子政务的开展及其业务数据的积累，另一方面又会影响行政人员参与教育政务数据开放的积极性和效果。
	O2 教育管理者的数据理念	教育管理者的数据意识及其对数据开放共享的价值认可度，会影响教育政务数据开放共享的决策与实施。
	O3 教育行政人员的信息素养	教育行政人员的信息素养水平既会影响电子政务服务水平，又会影响教育政务数据集发布、审核、应用与管理的效率与质量。

续表

一级指标	二级指标	指标说明
E 环境	E1 全球数据开放运动	全球数据开放运动为教育政务数据开放共享营造了良好的国际环境，发挥了引领作用。
	E2 教育政务数据开放政策	国家与地方相继发布政务数据开放共享标准、公共数据开放管理办法、教育数据管理办法等系列文件，加快了教育政务数据开放共享进程，有助于提升数据规范化管理水平。
	E3 教育政务数据开放的公众诉求	社会公众对各项教育工作的知情权要求教育政务数据走向有序、适度的开放。
	E4 教育数据安全与隐私保护	数据安全和隐私保护与利益相关者的权益息息相关，频繁发生的数据安全事件会影响利益相关者开放的意愿，从而影响教育政务数据开放共享的推进速度。

二 影响因素的修订过程

（一）第一轮专家意见征询结果

第一轮专家咨询统计结果显示，在征询的 12 位专家中，11 位专家权威程度介于 0.70—0.88，1 位专家为 0.65，平均专家权威程度为 0.77，表明本研究的专家咨询团队符合德尔菲法的要求，具有较高的权威程度。

一级指标方面，3 个一级指标的重要性均值 C_i 均大于 4.00，变异系数 V_i 介于 0.11—0.20（<0.25），标准差 δ_i 均小于 1.00，表明专家对于各项一级指标较为认可，且专家意见趋于一致。二级指标方面，指标"E1 全球数据开放运动"的重要性均值 C_i 为 3.67（<4.00），变异系数 V_i 为 0.31（>0.25），标准差 δ_i 为 1.15（>1.00），且超过 50% 的专家对于 E1 的评分低于 3 分。由此可见，专家对于指标 E1 的意见存在较大分歧，专家认可度不高，本研究决定删除该指标。除指标 E1 外，专家对于其余 8 个二级指标的认可度较高，评价意见一致性较好，具体数据如表 4-3 和表 4-4 所示。

表 4-3　　　　　　　　一级指标专家征询结果统计

一级指标	编号	重要性均值 C_i	满分率 F	变异系数 V_i	标准差 δ_i
技术	T	4.17	41.70%	0.20	0.83
组织	O	4.67	66.70%	0.11	0.49
环境	E	4.42	66.70%	0.20	0.90

表 4-4　　　　　　　　二级指标专家征询咨询结果统计

二级指标	编号	重要性均值 C_i	满分率 F	变异系数 V_i	标准差 δ_i
新一代信息技术的发展	T1	4.17	41.7%	0.22	0.94
政务数据开放平台的建设	T2	4.67	66.7%	0.11	0.49
教育行政机构的信息化水平	O1	4.50	58.3%	0.15	0.67
教育管理者的数据理念	O2	4.83	83.3%	0.08	0.39
教育行政人员的信息素养	O3	4.58	58.3%	0.11	0.51
全球数据开放运动	E1	3.67	33.3%	0.31	1.15
教育政务数据开放政策	E2	4.92	91.7%	0.06	0.29
教育政务数据开放的公众诉求	E3	4.50	50.0%	0.12	0.52
教育数据安全与隐私保护	E4	4.67	75.0%	0.14	0.65

整体结果表明专家对于初拟的一、二级指标基本认同，但还是需要继续修订、完善和优化。整合专家意见发现，初拟的影响因素框架主要存在以下问题。

（1）部分指标具有重复性，例如"O2 教育管理者的数据理念"和"O3 教育行政人员的信息素养"存在包容或交叉关系；

（2）T1 和 T2 的表述不够明确，建议改成"新一代信息技术的发展水平和政务数据开放平台的建设水平"；

（3）组织因素层面缺少对机构组织与管理方面的考察，建议增加相关二级指标；

（4）目前选择的影响因素比较精准和全面，但是仍然难以量化考察，建议细化到三级指标。

结合专家意见，经本研究团队讨论，对影响因素框架做如下修改。

（1）将"O2 教育管理者的数据理念"与"O3 教育行政人员的信息

素养"合并为"O2 教育行政人员的数据素养";

（2）将"T1 新一代信息技术的发展"和"T2 政务数据开放平台的建设"修改为"T1 新一代信息技术的发展水平"和"T2 政务数据开放平台的建设水平";

（3）对"O 组织"层面增加二级指标"O3 教育行政机构的组织管理";

（4）继续细化二级指标，新增 18 项三级指标。

（二）第二轮专家意见征询结果

由第一轮数据统计结果可知，专家对于初拟的影响因素框架较为认可。因此，本轮以首轮影响因素框架的修改结果为基础进行问卷编制，主要对修改后的 2 个二级指标以及新增的 18 个三级指标进行意见征询。为保证专家咨询的权威连贯性，仍然选取首轮参与评分的专家进行意见征询。统计结果显示，各项指标的重要性均值 C_i 均大于 4.00，近 70% 的指标满分率 F 超过 50%，表明所选取的影响因素重要性较高，得到了专家的普遍认可。此外，各级指标的变异系数 V_i 介于 0.11—0.20（<0.25），标准差 δ_i 均小于 1.00。第二轮肯德尔和谐系数 W = 0.457（P = 0.000 < 0.05），较第一轮（W = 0.279）有明显改善，表明专家意见趋于一致，协调程度高，对于各项指标持肯定态度。具体如表 4-5 和表 4-6 所示。

表 4-5　　　　　二级指标专家征询结果统计（修改）

二级指标	编号	重要性均值 C_i	满分率 F	变异系数 V_i	标准差 δ_i
教育行政人员的数据素养	O2	4.67	66.70%	0.11	0.49
教育行政机构的组织管理	O3	4.42	50.00%	0.15	0.67

表 4-6　　　　　三级指标专家征询结果统计

三级指标	编号	重要性均值 C_i	满分率 F	变异系数 V_i	标准差 δ_i
新技术的成熟度	T11	4.25	33.33%	0.14	0.62
新技术的普及度	T12	4.33	50.00%	0.18	0.78
平台功能完备度	T21	4.42	50.00%	0.15	0.67
平台使用体验感	T22	4.33	58.33%	0.20	0.89

续表

三级指标	编号	重要性均值 C_i	满分率 F	变异系数 V_i	标准差 δ_i
信息化管理系统	O11	4.42	50.00%	0.15	0.67
信息化管理机制	O12	4.58	66.67%	0.14	0.67
数据意识与态度	O21	4.75	75.00%	0.11	0.45
数据知识与技能	O22	4.17	41.67%	0.22	0.94
数据思维与方法	O23	4.33	41.67%	0.15	0.65
机构组织模式	O31	4.33	50.00%	0.19	0.78
机构管理机制	O32	4.08	41.67%	0.20	0.90
政策的完备性	E11	4.50	50.00%	0.12	0.52
政策的适用性	E12	4.50	50.00%	0.13	0.52
教育知情权	E21	4.17	41.67%	0.20	0.83
教育协同治理	E22	4.25	50.00%	0.20	0.87
教育数据增值	E23	4.25	41.67%	0.17	0.75
安全隐私泄露事件	E31	4.42	66.67%	0.20	0.90
安全隐私保护水平	E32	4.50	58.33%	0.15	0.67

第二轮意见征询中，专家认为，修改后的影响因素框架设置更为清晰合理，指标的可操作性也较第一轮有明显提升。此外专家还对部分指标提出改进建议。

（1）建议突出教育管理者的重要作用，可考虑不合并"O2教育管理者的数据理念"与"O3教育行政人员的信息素养"两个指标；

（2）"O12信息化管理机制"与"O32机构管理机制"存在重叠，建议将"O32"改成"组织推进机制"；

（3）建议将"数据安全"与"隐私保护"分开，不宜放在同一个三级指标中。

依据专家意见，主要对影响因素框架做了如下修改。

（1）考虑管理者的参与在项目的决策和成功实施中通常扮演着重要角色[1]，因此综合两轮意见，将"O2教育行政人员的数据素养"下的三

---

[1] 陈朝兵、杜荷花：《省级政府电子政务绩效的影响因素研究——基于31个案例的定性比较分析》，《企业经济》2020年第5期。

级指标改为"O21 教育管理者的数据理念"和"O22 教育业务人员的数据素养";

(2) 考虑"O12 信息化管理机制"与"O32 机构管理机制"存在重叠,将"O32 机构管理机制"修改为"O32 组织推进机制";

(3) 将"E4 教育数据安全与隐私保护"改成"E3 教育数据安全防护",将"E31 安全隐私泄露事件"和"E32 安全隐私保护水平"改成"E31 数据安全事件"和"E32 数据安保水平"。

(三) 第三轮专家意见征询结果

综合第一轮和第二轮的数据统计来看,专家对于构建的教育政务数据开放共享影响因素框架认可度较高,咨询结果具有较高的一致性,已达到结束咨询的标准。但为保证修改的指标的科学性与权威性,本轮对修改后的"O21 教育管理者的数据理念""O22 教育业务人员的数据素养""O32 组织推进机制"进行专家意见征询,不再对所有指标进行意见征询。此外考虑到"E4 教育数据安全与隐私保护""E31 安全隐私泄露事件""E32 安全隐私保护水平"只修改了指标名称并未改变其内涵,故也不再对 E3、E31、E32 进行意见征询。

表 4-7 专家征询结果统计(修改)

三级指标	编号	重要性均值 C_i	满分率 F	变异系数 V_i	标准差 δ_i
教育管理者的数据理念	O21	4.92	91.67%	0.06	0.29
教育业务人员的数据素养	O22	4.25	33.33%	0.15	0.62
组织推进机制	O32	4.50	66.70%	0.20	0.90

数据统计结果显示(见表 4-7),O21、O22、O32 的重要性均值 C_i 均高于 4.00,标准差 δ_i 小于 1.00,变异系数 V_i 小于 0.25,且本轮专家未提出相关修改意见。

综上所述,经过三轮的专家意见征询,专家对于构建的影响因素框架具有较高的认可度,意见趋于一致。至此,本研究最终确定教育政务数据开放共享影响因素框架,包含技术、组织、环境 3 个一级指标,新一代信息技术的发展水平等 8 个二级指标以及 17 个三级指标,具体如图 4-3 所示。

第四章 教育政务数据开放的影响因素 107

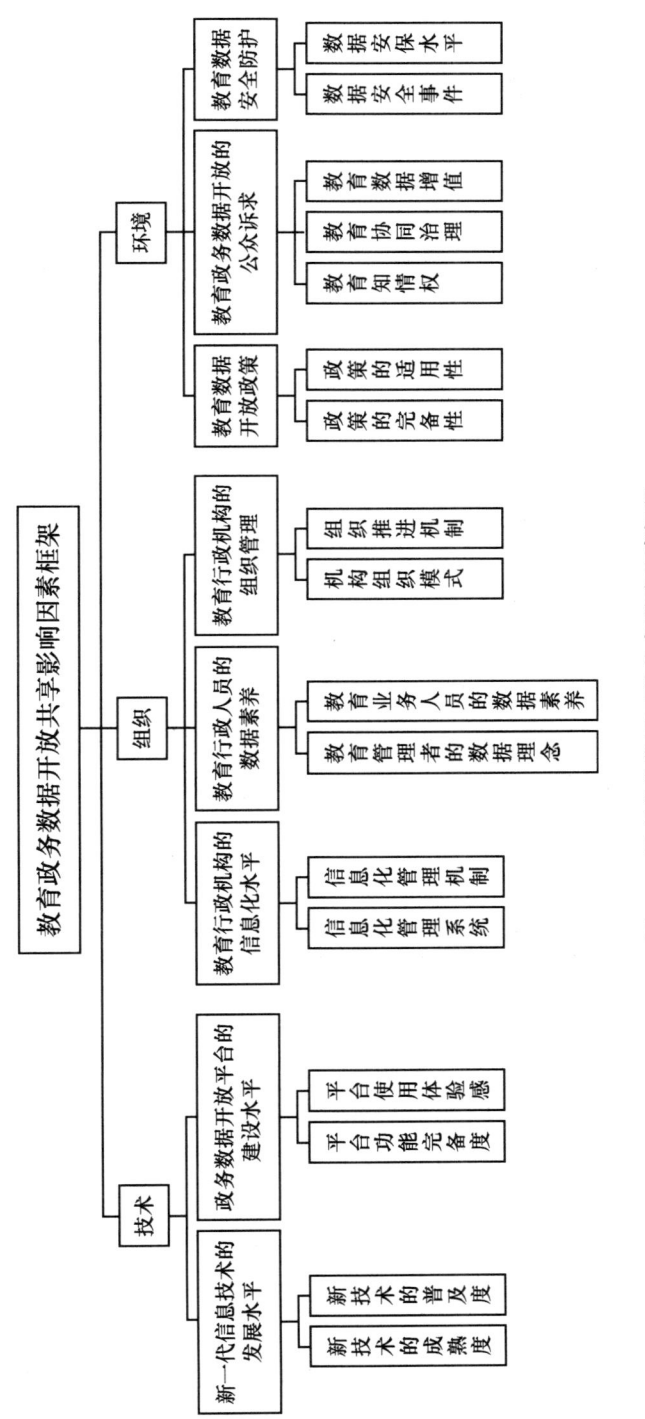

图4-3 教育政务数据开放共享影响因素框架

三 影响因素的权重分配

在众多影响因素中,每个影响因素对于教育政务数据开发共享的影响程度是不同的,因而不能将其一概而论。一般通过权重体现影响因素对于研究主体的影响程度。

首先采用加权平均数(CX_i)计算各层级指标的权重系数。计算公式如下:

$$CX_i = \sum_{i=1}^{n} C_{ri} X_i / N$$

式中 $i = 1,2,3,4,\cdots,n$。C_{ri} 为指标 i 的专家权威程度系数,X_i 为专家给指标 i 的评估分数,N 为专家咨询的总人数。

接着对加权平均数归一化处理后,得到各层指标的权重系数。最后借鉴 Saaty 氏提出的乘积法计算组合权重系数。计算公式如下:

$$W_i = \prod_{t=1}^{t} K_i$$

式中 W_i 为组合权重系数,t 为指标的层级数,这里 $t = [1,3]$,K_i 为归一化处理后的指标权重系数。

通过以上步骤处理后,得到每一个影响因素指标的权重值,如表 4-8 所示。

表 4-8 教育政务数据开放共享影响因素的权重分配

一级指标	权重	二级指标	权重	组合权重	三级指标	权重	组合权重
T 技术	0.3205	T1 新一代信息技术的发展水平	0.4800	0.1538	T11 新技术的成熟度	0.4933	0.0759
					T12 新技术的普及度	0.5067	0.0779
		T2 政务数据开放平台的建设水平	0.5200	0.1666	T21 平台功能完备度	0.4527	0.0754
					T22 平台使用体验感	0.5473	0.0912

续表

一级指标	权重	二级指标	权重	组合权重	三级指标	权重	组合权重
O 组织	0.3567	O1 教育行政机构的信息化水平	0.3540	0.1263	O11 信息化管理系统	0.4918	0.0621
					O12 信息化管理机制	0.5082	0.0642
		O2 教育行政人员的数据素养	0.3307	0.1179	O21 教育管理者的数据理念	0.5354	0.0631
					O22 教育业务人员的数据素养	0.4646	0.0548
		O3 教育行政机构的组织管理	0.3154	0.1125	O31 机构组织模式	0.5334	0.0600
					O32 组织推进机制	0.4666	0.0525
E 环境	0.3229	E1 教育数据开放政策	0.3429	0.1107	E11 政策的完备性	0.5569	0.0617
					E12 政策的适用性	0.4431	0.0491
		E2 教育政务数据开放的公众诉求	0.3104	0.1002	E21 教育知情权	0.3260	0.0327
					E22 教育协同治理	0.3269	0.0328
					E23 教育数据增值	0.3471	0.0348
		E3 教育数据安全防护	0.3467	0.1119	E31 数据安全事件	0.4017	0.0450
					E32 数据安保水平	0.5983	0.0670

第四节 影响因素解读

一 技术因素

教育政务数据开放共享的有效实施不仅是一个政策与管理的问题，

也是一个技术问题。有研究表明，技术是影响政务数据开放共享的重要因素[1]，新一代信息技术的发展水平、政务数据开放平台的建设水平等都会影响教育行政机构推进数据开放的进程。

（一）信息技术的发展水平

新一代信息技术的发展是推动教育政务数据开放共享的重要因素，有望实现教育政务数据开放共享走向五个"更"。一是更全面。物联网等技术的发展为提升教育政务数据采集的广度和深度提供了技术支撑，推动数据采集从单模态向多模态转变，丰富数据来源与种类，改善以往数据信息缺失、数据信息量不足等状况。[2] 二是更快速。5G、WiFi6 等技术所具有的高速率、强承载、低延时、低功耗等优势可有效缩短教育政务数据处理时间、提升数据共享传输的速度与总量、降低数据开放共享成本。三是更精准。全面、多模态的数据采集以及高质量的数据传输有助于实现对用户需求的精确认知，教育行政机构可据此为用户提供更精准、更满意的数据服务，提高数据的利用率和针对性。四是更安全。区块链等技术可帮助实现对教育政务数据开放共享过程的记录、监督、追溯等，降低数据开放的风险，提升数据隐私保护水平。五是更智能。人工智能技术可帮助实现教育政务数据开放共享过程的自动化，降低数据开放过程中的人力投入，实现对数据开放的智能运作、智能监管以及智能评估。

但值得注意的是，目前这些技术的发展不成熟也会带来一系列问题，如物联网采集的数据结构复杂、标准不一，区块链信息不易篡改的特性与"被遗忘权"之间还存在矛盾[3]等，这些矛盾会给教育政务数据的高质量开放与安全保护带来隐患，进而在一定程度上减缓教育政务数据开放的推进速度。

---

[1] Janssen M., Charalabidis Y., Zuiderwijk, "A Benefits Adoption Barriers and Myths of Open Data and Opengovernment", *Information systems management*, 2012, pp. 258 – 268.

[2] 庄国波、韩惠：《5G 时代政府数据开放共享的安全风险及防范》，《理论探讨》2020 年第 5 期。

[3] 郑磊：《开放的数林：政府数据开放的中国故事》，上海人民出版社 2018 年版，第 204 页。

（二）政务数据开放平台的建设水平

平台作为教育政务数据开放的载体，是连接教育行政机构与数据用户的桥梁，对于提高用户数据获取体验和利用数据的有效性至关重要。[①]平台的功能和使用体验感是影响教育政务数据开放共享的重要因素。首先，平台所具备的功能会影响数据开放的形式，进而影响数据开放的手段、内容、种类、格式以及数量级等诸多要素。同时，平台功能的建设通常是以解决实际数据开放过程中所存在的问题为出发点，平台功能的完备度在一定程度上反映了该平台的问题解决和紧急反应能力，会直接影响教育政务数据开放的效益和质量。其次，平台的使用体验感也会影响用户对于数据开放平台的选择和使用，缺乏用户使用的平台往往是"空架子"，难以有效发挥自身所存在的价值。平台的使用体验感主要是指用户在使用平台的过程中，对于平台的界面、功能、交互性等方面的一种心理感受。良好的"心理感受"一方面可以增强用户对平台的黏度和忠诚度，有助于扩大平台的使用规模和辐射范围；另一方面还会影响教育政务数据开放的价值，因为良好的功能和效能体验可以让用户在短时间内获取自己所需要的数据，从而提高用户对于数据使用的主动性和积极性，最大限度地挖掘数据背后的隐藏价值。

二 组织因素

教育行政机构是教育政务数据的生产者、收集者、发布者以及管理者。作为教育数据的最大拥有方，教育行政机构的信息化建设水平、组织结构以及机构人员的数据素养与教育行政机构的数据开放意愿和数据开放能力息息相关。[②]

（一）教育行政机构的信息化建设水平

信息化建设是数据开放的基础。教育政务数据开放共享的推进需要长期的人力、物力以及信息技术资源投入，尤其对教育行政机构的信息

[①] 韩磊、胡广伟：《政府数据开放平台建设效率评估及其启示》，《数字图书馆论坛》2018年第9期。

[②] 朱春奎、童佩珊、陈彦桦：《组织文化如何影响公务员推动政府数据开放意愿与行为——基于上海市公务员调研数据的探索性研究》，《郑州大学学报》（哲学社会科学版）2021年第3期。

技术基础设施和信息化发展水平要求较高。① 近年来,江浙沪在教育政务数据开放共享方面发展迅速,这与三地较高的信息化发展水平关系密切。当前我国数字政府的建设已逐步由1.0开始向2.0转变,但是纸质式的数据收集形式、以部门为中心的"数据孤岛"现象依然存在,这无疑会影响教育政务数据开放共享的效率和质量。与此同时,大多数信息化管理系统与机制的建设通常是考虑业务和数据的"上下联通"②,对于实现数据跨层级、跨部门、跨区域、跨职能、跨业务的融通共享略显支撑不足,严重制约教育政务数据的开放流程、监管效率与数据服务满意度。由此可见,教育行政机构的信息化建设水平不仅关系到教育政务数据的开放效率与质量,还关系到社会对于教育行政机构数据开放服务的满意程度。

(二)教育行政人员的数据素养

无论采用的技术与应用系统如何完善强大,教育政务数据开放共享离不开专业人员的支撑,缺乏专业人员使用和维护的系统通常会逐渐沦为"僵尸系统",很难充分发挥技术和系统自身的价值。首先,教育管理者的数据理念会影响自身对教育政务数据开放共享的重视和支持程度。Huijboom N. 和 Van den Broek T. 指出管理者的推动作用在影响政府数据开放共享的诸多因素中高居前二。③ 郑磊通过实地调研发现,贵阳市政府数据开放共享建设能够后来居上的一个重要原因便是时任的领导对于政府数据开放的足够重视与积极推动。④ 其次,教育业务人员的数据素养水平也会影响教育政务数据开放的推行效果。莫祖英等认为数据素养水平是影响开放数据质量的重要因素,不仅会影响数据开放的内容和效用质量,还会影响数据开放的表达质量。⑤ 数据素养水平主要表现在意识和能

---

① Tolbert C. J., Mossberger K., McNeal R., "Institutions, Policy Innovation, and E-Government in the American States", *Public administration review*, 2008, pp. 549 – 563.

② 李重照、黄璜:《中国地方政府数据共享的影响因素研究》,《中国行政管理》2019年第8期。

③ Huijboom N., Van den Broek T., "Open Data: an International Comparison of Strategies", *European journal of ePractice*, 2011, pp. 4 – 16.

④ 郑磊:《开放的数林:政府数据开放的中国故事》,上海人民出版社2018年版,第178页。

⑤ 莫祖英、侯征、贺雅文:《管理者视角下政府开放数据质量影响因素扎根研究》,《图书馆学研究》2021年第13期。

力两方面。一方面，业务人员对于数据开放的意识与理念会影响其在执行过程中的态度和积极性；另一方面，业务人员数据操作技能的成熟度也会制约教育政务数据的采集、处理、审核以及发布的速度与质量。

（三）教育行政机构的组织管理

当前我国教育行政机构主要分为中央教育行政机构与地方教育行政机构，地方教育行政机构纵向上又依次可分为省级、市级和区县级教育行政机构，呈现出横向幅度较窄，纵向层级链条较长的现象。从信息传递的视角来看，信息传递的路径较长、范围较窄，由此可能产生的问题包括：一是传递效率较低。信息传递路径过长易增加不必要的过程时间，影响数据开放工作的实施效率。二是信息准确度难以保证。由于信息传递层级较长，难免在传递的过程中出现失真或无意扭曲等现象，易造成信息获取不对称，进而影响教育政务数据开放共享工作的实施准确度。三是部门间协同性较差。低效率的信息传递使得部门之间无法第一时间实现信息共享，易降低部门之间的沟通与工作同步率，进而影响数据开放共享工作的高效开展。四是灵活性、机动性不高。有研究表明，管理幅度的大小与组织内信息流动和处理能力密切相关[1]，管理幅度越大，组织内部的信息流动性和处理能力越强，遇到紧急事件时的灵活性和机动性也越高。从实践来看，扁平化的组织管理模式更加有利于教育政务数据开放共享的发展，因为其背后是流程化、协同化的高效性提升。

三 环境因素

教育政务数据开放共享的建设与发展离不开特定的外部环境。外部环境的复杂性、社会公众的诉求以及政策法规等都会影响教育政务数据开放共享的进程。

（一）教育数据开放政策

政策是教育政务数据开放共享的理论指导，也是教育政务数据开放共享发展的未来导向。政策的执行是政策能够发挥价值的关键所在。政

---

[1] 靳文辉、王星云：《地方政府组织结构的优化进路》，《理论探索》2020年第2期。

策的完备性和冲突性是影响政策执行程度的重要因素。[①] 政策的完备性主要包含两个方面，一是完整明确的政策内容，二是合理清晰的政策结构。前者可以明确教育政务数据开放的标准、内容、手段、权责等，减少或避免"数据休眠"或"胡乱开放"等问题的发生；后者有助于梳理整个教育政务数据开放工作的流程，把控整个工作的节奏，明确未来的发展方向。政策的冲突性和政策的适用性在逻辑上是一致的。在实际的过程中，政策与各方面所产生的冲突越小，则代表该政策的适用性越高，政策执行的积极度和效果也就越高。值得注意的是，不存在绝对完备和适用的政策，政策的制定如何在不同利益相关者之间达到一种平衡或者妥协，对于教育政务数据开放共享的有效推进至关重要。

（二）教育政务数据开放的公众诉求

除政策推动之外，教育政务数据开放共享还需要考虑社会公众的开放诉求。首先，社会公众具有教育知情权，教育行政机构有义务向社会公开相关教育政务信息。随着社会发展和科技的进步，公众的教育知情权意识逐渐升高，并且对政府公开内容的诉求已经不再局限于"信息"层面，而是追求更深入的"数据"层面，倒逼教育行政机构不断从"信息公开"逐渐转向"数据开放"。其次，教育协调治理的迫切要求。教育治理不仅仅是教育行政机构单一主体的"独角戏"，而是政府、企业和学校等多社会主体依托正式或非正式制度在主体间进行协调及持续互动的行动过程。[②] 教育政务数据的开放共享是推动教育协调治理的有力举措[③]，教育政务数据的开放共享像是"无形的手"将多社会主体在不自觉中相互串联起来，打破政府、家庭、学校等主体之间的信息壁垒，提升教育治理的能力。最后，社会公众、企业、组织等希望借助教育政务数据开放的"浪潮"获取一系列的价值红利。例如，教育行业希望通过挖掘数

---

① Matland R. E. , "Synthesizing the Implementation Literature: The Ambiguity-conflict Model of Policy Implementation", *Journal of public administration research and theory*, 1995, pp. 145 – 174；万江：《政策执行失灵：地方策略与中央态度》，《北方法学》2014 年第 6 期。

② 刘来兵、张慕文：《大数据时代教育治理现代化的内涵、愿景及体系构建》，《教育研究与实验》2017 年第 2 期。

③ 杨现民、周宝、郭利明、杜沁仪、邢蓓蓓：《教育信息化 2.0 时代教育数据开放的战略价值与实施路径》，《现代远程教育研究》2018 年第 5 期。

据背后的信息调整业务内容，扩大业务范围；教育行政机构期望通过数据开放了解用户的需求调整开放内容，促进教育政务数据的增值利用。

(三) 教育数据安全防护

教育数据开放共享有助于实现教育系统的高效、透明运作，但也伴随着一系列数据安全问题。[1] 数据安全与隐私保护是一直以来数据开放过程中的"硬伤"，如 2020 年 Facebook 用户信息泄露事件、2018 年万豪数据泄露事件等。数据安全事件的频繁发生会给公众传递一种"只要开放数据，就一定会泄露"的心理暗示，这种心理暗示一方面会让利益相关者对教育政务数据的开放共享产生畏惧心态，另一方面会降低公众对政府的信任度，因而政府不愿意将自身数据对社会开放。有研究表明，数据安全与隐私保护是社会公众接受与支持政府数据开放共享的首要因素[2]，如何处理数据开放与权益保护之间的关系，减少数据安全事件的发生，对于推动教育政务数据开放共享具有重要意义。

第五节 影响机制探究

一 系统动力学理论概述

(一) 系统动力学的内涵及其发展

系统动力学（System Dynamics）是指用于分析系统内部要素间的因果反馈关系以解决系统问题的方法。该方法最早由美国麻省理工学院的 Forrester 教授于 1956 年提出，其显著优点是能够处理高阶次、非线性、多重反馈复杂时变系统的问题。系统动力学通过建立系统的动力模型，借助计算机模拟以深度解析系统，捕获更为多样的信息，进而找到解决系统问题的较优途径。[3]

系统动力学最开始应用于工业企业经营管理，解决例如销售与雇工等经济问题。20 世纪七八十年代，系统动力学趋于成熟，这一时期最主

---

[1] 祝智庭、彭红超、雷云鹤：《解读教育数据智慧》，《开放教育研究》2017 年第 5 期。

[2] 姜红波、王双凤、邵婷：《政府数据开放用户接受度影响因素的实证分析》，《厦门理工学院学报》2017 年第 4 期。

[3] 王其藩：《系统动力学》，上海财经大学出版社 2009 年版，第 1 页。

要的成果是 Jay W. Forrester，Dennis Meadows 先后创建的 WORLD Ⅱ 与 WORLD Ⅲ 模型以及 Jay W. Forrester 带领 MIT 小组搭建的 4000 多个方程的美国国家模型（National Model）。这些研究揭示了美国及西方国家的经济长波（Long Wave）的内在机制，受到了来自世界范围内的关注，打开了系统动力学传播与发展的大门，确立了其在社会经济问题研究中的重要地位。同期，该理论于 20 世纪 70 年代被引入我国。20 世纪 90 年代至今，系统动力学仍在世界范围内被广泛应用和传播。

随着社会、经济、科技、生态和环境等问题的综合化的发展，系统的规模逐渐扩大，系统的复杂度也越来越高，系统动力学也在逐步完善，加强了与系统科学、控制理论、管理科学的联系，形成了以系统动力学为主体框架的多学科相结合的研究方法体系。例如，刘孟凯等基于系统动力学建立了调水工程突发社会公共事件信息扩散系统动力学模型，发现政府和工程部门对风险事件信息扩散的影响最大。[1]

（二）系统动力学建模的原则及步骤

在借鉴系统动力学方法分析处理问题时，首先要对所研究的对象从结构和系统两个方面进行分析，然后构造模型和运用模型。系统动力学认为，系统的行为模式与特性取决于其内部的动态结构与反馈机制。[2] 因此，构建模型时要遵循三个原则。

第一，明确建模目的。构建模型时，要明确解决什么样的系统问题，模型的任务是什么。

第二，面向问题与矛盾，而不是整个系统。系统的动力学问题指系统内部各要素之间所存在的矛盾相互制约作用所产生的影响。模型是模拟实际系统的某些断面或侧面，不是完全复制实际系统，因此要面向具体的问题与矛盾，聚焦于模型的应用需求。

第三，系统动力学仅适用于解决因时而变和来自反馈结构的问题。系统动力学所研究的系统涉及社会、科技、生态、环境及其他复杂系统，所构建的模型反映复杂系统某子系统整体的状态。因此，所构建的模型

---

[1] 刘孟凯、古海平：《基于 SD 模型的调水工程突发公共事件信息扩散研究》，《人民长江》2022 年第 7 期。

[2] 王其藩：《系统动力学》，上海财经大学出版社 2009 年版，第 1 页。

包含有多种参数以及多重反馈机制，系统的结果主要由内部结果和反馈机制来决定。

系统动力学是一门结合系统理论和反馈理论的学科，它可以借助计算机技术分析具有特定结构的系统的行为模式，清晰反映系统中各要素的流动路径和影响关系，从而说明系统中各变量的变化趋势，可以用来研究复杂社会经济系统的整体行为，并提出相应的建议。① 具体的建模步骤如图4－4所示。

1. 明确建模目的，确定系统边界。在研究复杂性系统问题时，首先要明确复杂系统所要研究的主要问题、目的及其具体要求。基于具体的研究问题，根据系统动力学的原理对相关问题进行科学的分析，以全面深入地认识相关问题。初步划定系统的界限，明确复杂系统内各变量之间的关系和作用机制。

2. 搭建框架，确定因果关系。因果反馈关系分析是系统动力学的重要组成部分。在明晰复杂系统问题和调研的基础上，对复杂系统的反馈机制和反馈回路进行"抽丝剥茧"的分析，主要分析复杂系统所涉及的范围和主要变量，形成相关的因果关系图以及相关的存量流量。

3. 建立模型，初步仿真。根据复杂系统的具体研究问题形成相关研究的系统动力学方程，完成相关模型构建。为了确保所建构模型的有效性和科学性，需要对系统内不同类型的变量进行相应的赋值，并对模型进行检验（直观检验、历史数据检验、稳定性检验等），看其是否与实际研究的问题一致。Vensim 软件是一款功能强大的可视化系统仿真平台，可以通过其模拟复杂真实系统，研究系统整体的内部组成结构、相互作用关系以及基本运动规律。

4. 结果分析，优化初始模型。基于实证性研究对模型进行检验与敏感性分析，完成系统动力学建模工作。根据分析结果对初始模型进一步优化。

（三）系统动力学的应用概况

随着系统动力学应用领域的不断扩大和深入发展，系统动力学已经

---

① 张慧、谷勇杰、饶湖广：《创新合作伙伴资源异质性对创新绩效的影响研究——基于系统动力学的建模与仿真》，《中南大学学报》（社会科学版）2020年第6期。

```
┌─────────────────────────────┐
│ 明确建模目的，确定系统边界 │◄──┐
└──────────────┬──────────────┘   │
               ▼                  │
┌─────────────────────────────┐   │
│ 搭建框架，确定因果关系      │  优
└──────────────┬──────────────┘  化
               ▼                 完
┌─────────────────────────────┐  善
│ 建立模型，初步仿真          │   │
└──────────────┬──────────────┘   │
               ▼                  │
┌─────────────────────────────┐   │
│ 分析结果，优化初始模型      │───┘
└─────────────────────────────┘
```

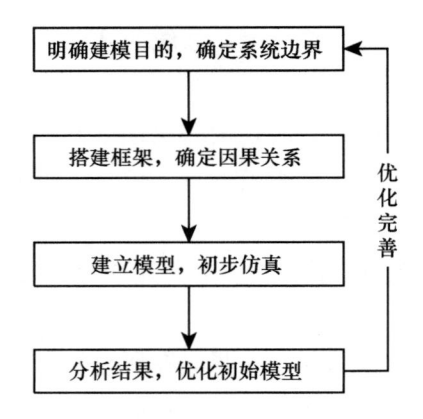

图 4-4　系统动力学建模的一般步骤

成为沟通社会科学与自然科学的一座桥梁，也已成为管理科学的重要分支。

目前系统动力学能够与跨学科的研究相结合，通过建立各种系统动力学模型，解决教育信息化、计量经济学、环境科学、建筑科学等多个领域面临的现实问题和挑战。如钱冬明等借助系统动力学方法开展教育信息化风险管理研究，从主体风险、客体风险、技术风险、政策风险、财务风险五个方面构建基于系统动力学视角的教育信息化项目风险模型[1]；马孝先将空间经济计量学与系统动力学相结合，研究了区域经济协调发展内生驱动因素与多重耦合机制，论证了区域经济发展的空间相关性、空间效应及相邻经济区域的耦合关系，给出了区域经济协调发展的研究框架[2]；林晓娜等基于系统动力学方法，构建了上海市化石能源 CO_2 排放系统动力学模型，并模拟了基础排放、低排放、高排放三种情景下的未来 CO_2 排放变化[3]；吕乐琳等结合系统动力学方法构建了数字建造情境下重大工程交易行为监管的演化博弈系统动力学模型，探究了此情境下不同外部变量对工程发包方、工程监理方和工程承包方策略变化的影

---

[1]　钱冬明、王幸娟、罗安妮：《基于系统动力学的教育信息化项目风险演化与仿真研究》，《现代教育技术》2019 年第 8 期。

[2]　马孝先：《区域经济协调发展内生驱动因素与多重耦合机制分析》，《宏观经济研究》2017 年第 5 期。

[3]　林晓娜、张飞舟：《基于系统动力学的 2000—2050 年上海市化石能源 CO_2 排放情景模拟》，《科技管理研究》2022 年第 9 期。

响，以及数字建造平台的等级对演化博弈策略稳定性的影响。[①]

总之，系统动力学本身作为一门综合学科，融合了信息论、控制论等理论基础，其中所包含的因果关系、系统反馈、动态演化等特征使系统动力学能较好地研究复杂系统的结构和行为之间的动态关系以及未来发展走向。

二 系统动力学模型构建

（一）系统边界与假设

如前所述，完整的系统动力学建模基本步骤可分为四步，系统边界的确定是确定问题后的关键步骤。系统边界的确立实际就是确立系统中相关要素的过程[②]，本模型的边界是关于教育政务数据开放共享的影响要素集合。由于构建的模型无法将所有影响因素全部考虑周全，为了约束教育政务数据开放共享影响因素的系统动力学模型范围，必须进行一些基本假设：

1. 教育政务数据开放共享是一个连续动态的发展系统，其影响因素来自技术、组织、环境三个主要模块的影响。同时，因素之间的相互作用决定了教育政务数据开放共享的水平；

2. 只考虑系统边界内的影响因素，不考虑系统外部的其他因素；

3. 本系统不考虑非正常情况（如自然灾害等不可预知的事件或偶然因素等）所导致的系统崩溃情况。

（二）因果关系分析

教育政务数据开放共享是一个动态系统，系统中每一个要素的变动与反馈都会影响教育政务数据开放共享的水平。为进一步解析教育政务数据开放共享的影响机制，本研究将教育政务数据开放共享作为系统，技术水平系统、组织水平系统和环境水平系统为子系统。本小节主要在梳理和分析三个子系统中各个因素之间的相互作用关系的基础上进一步

[①] 吕乐琳、王卓甫：《数字建造情境下重大工程交易行为监管的协同演化仿真》，《系统管理学报》2022年第3期。

[②] 洪亮、石立艳、李明：《基于系统动力学的多主体回应网络舆情影响因素研究》，《情报科学》2017年第1期。

构建教育政务数据开放共享系统的因果关系图,为教育政务数据开放共享的 SD 模型构建与仿真分析提供基础。

1. 技术水平系统

技术水平系统是从技术水平提升的原因角度研究教育政务数据开放共享的发展因素,新一代信息技术的不断发展以及政务数据开放平台的完善都有可能带来教育政务数据开放共享水平的提升。进一步分析,新一代信息技术的水平主要体现在新技术的成熟度和新技术的普及度两个方面,而政务数据开放平台的建设水平则由平台本身功能的完备程度以及用户使用平台后的体验感进行表征。

如图 4-5 所示,随着新技术的不断成熟,新技术所带来的不确定性和风险性逐渐降低,而新技术的稳定性和价值性逐渐凸显。由此政策推动新技术普及的力度以及公众采纳与接受新技术的意愿逐渐提升,新技术得以不断普及。此外,平台的功能的完善与丰富还能提升用户使用平台的体验感。值得注意的是,这里所提的新技术是指能够运用与教育政务数据开放共享的新一代信息技术,例如区块链、人工智能等。

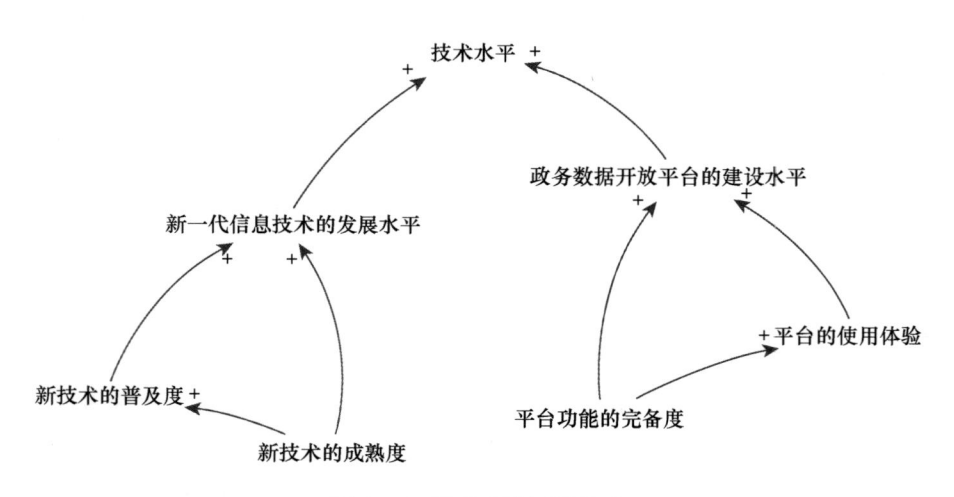

图 4-5 技术系统因果关系

2. 组织水平系统

教育行政机构是教育政务数据发布的主体。组织水平子系统是基于发布主体的角度分析教育政务数据开放共享的影响机制,主要涉及教育行政机构的信息化水平、教育行政人员的数据素养以及教育行政机构的组织管理。其中，教育行政机构的信息化水平可由机构信息化管理系统与信息化管理机制进行表征；教育行政人员的数据素养水平集中体现于教育管理者的数据理念和教育业务人员的数据素养水平；教育行政机构的组织管理则受机构组织模式和组织推进机制的影响较大。图4-6展示了基于指标逻辑的组织水平子系统中的因果关系变化。

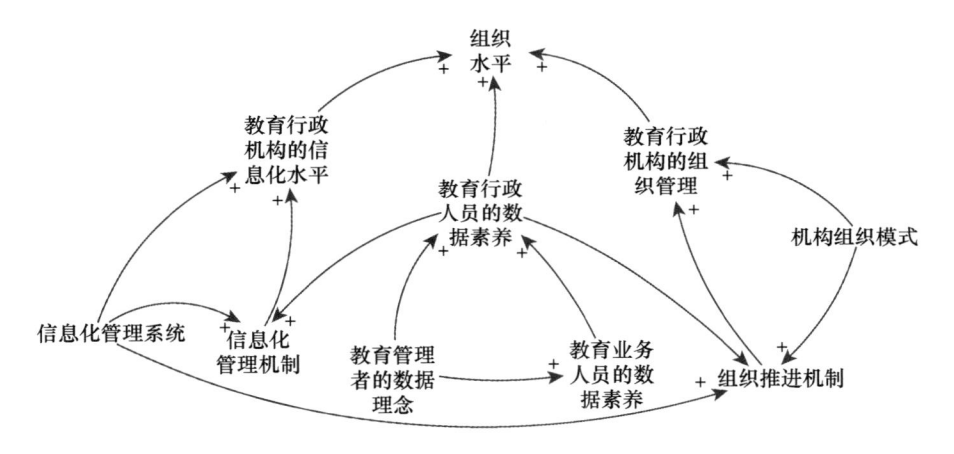

图4-6 组织系统因果关系

在真实情境中，首先，信息管理系统水平和教育行政人员数据素养水平的提升可以优化组织信息化管理机制和项目组织推进机制，同时还能提升机制的执行成效。其次，教育管理者数据理念的转变会强制或带动业务人员提升自身的数据素养，如管理者通过组织数据素养培训提升业务人员的数据素养，抑或是业务人员以管理者为榜样，主动学习以提升自身的数据素养与技能。最后，不同类型的机构组织模式会影响组织项目推进的途径和方式，如人员分配、权责分配或是监督机制的设定等。

3. 环境水平系统

教育政务数据开放共享系统作为整个社会大系统中的子系统，其发展必然会受到社会环境的影响，环境水平系统就是从环境变化的角度探讨影响教育政务数据开放共享发展的因素，教育政务数据开放的公众诉求、数据安保水平、数据安全事件以及教育开放政策的变化都可能会引起整个环境水平的变化。进一步分析,教育政务数据开放的公众诉求的变化可主要归因于公众教育知情权需求的变化、教育协同治理需求的变化和教育数据增值需求的变化,而教育开放政策质量的现实表现主要体现在政策的完备度和政策的适用性两个方面。

根据图4-7可知,首先,数据安全事件的发生,会引起社会公众的担忧与恐慌,进而降低对于教育政务数据开放共享的需求,甚至故步自封;但同时,数据安全事件的发生也会驱动教育行政机构提升数据安保水平和促进相关数据开放政策的完善与制定。其次,公众对于教育政务数据开放的需求是机构制定教育数据开放政策的依据之一,因此公众诉求的变化也会影响教育数据开放政策的完善与制定。最后,数据安保水平的提升,可以降低公众对于数据泄露的担忧,同时也能增强教育行政机构的公信力,进而提升公众对于教育政务数据开放的需求。

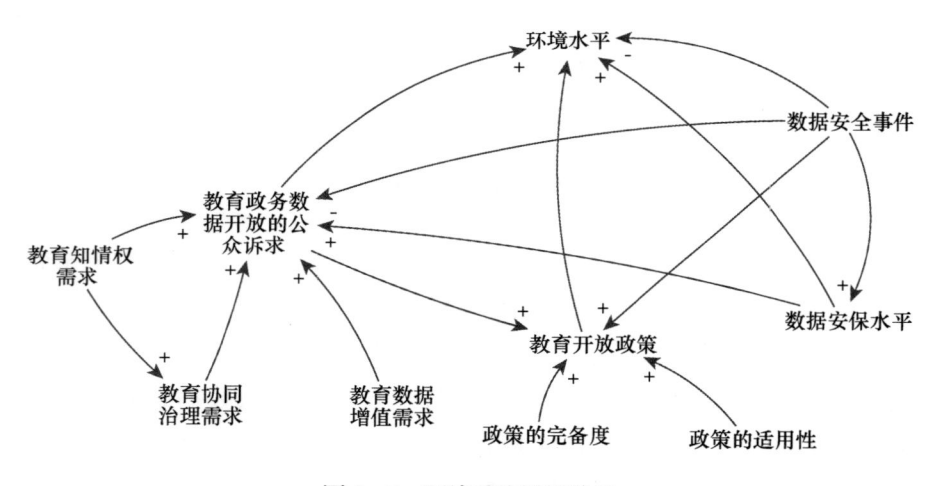

图4-7 环境系统因果关系

4. 教育政务数据开放共享系统

在梳理和分析三个关键子系统因果关系的基础上,本研究构建了教育政务数据开放共享的影响因素因果关系,如图4-8所示。

从公众的视角看,图4-8中主要存在两条正向因果回路(如虚线箭头所示)。

第四章 教育政务数据开放的影响因素 123

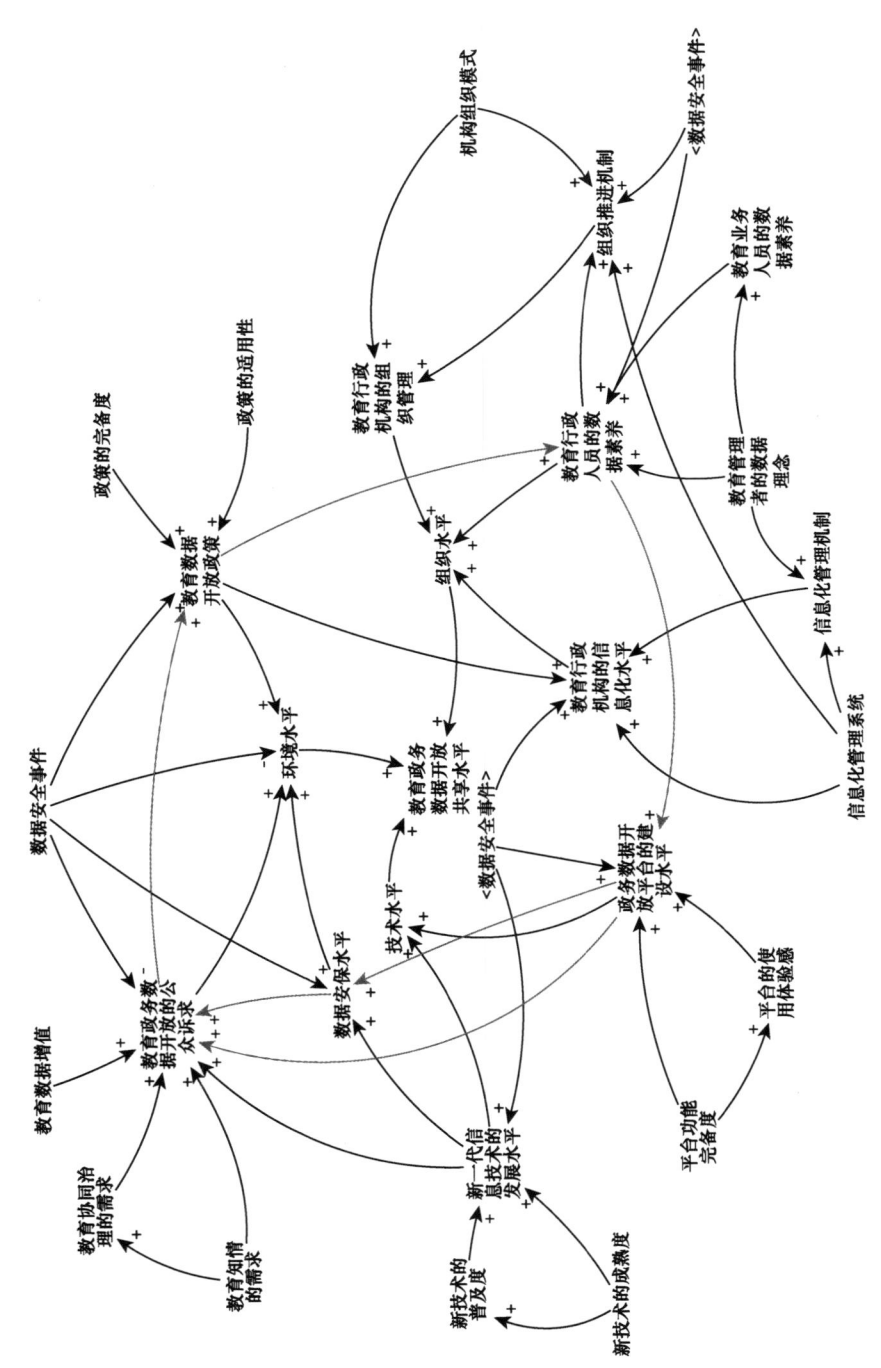

图4-8 教育政务数据开放共享影响因素因果关系

（1）教育数据开放的公众诉求→＋教育数据开放政策→＋教育行政人员的数据素养→＋政务数据开放平台的建设水平→＋教育数据开放的公众诉求

（2）教育数据开放的公众诉求→＋教育数据开放政策→＋教育行政人员的数据素养→＋政务数据开放平台的建设水平→＋数据安保水平→＋教育数据开放的公众诉求

从因果回路的构成要素和作用关系来看，这两条因果回路具有高度的相似性。唯一不同的是，回路一是由于政务数据开放平台建设水平的提升，继而使得公众对于教育政务数据开放共享的诉求发生变化，这是因为当平台的建设水平不断提升时，公众的需求也在不断被满足，进而使得公众对于教育政务数据开放的诉求逐渐强烈与多元（如从政府信息公开到政府数据开放的转变）；而回路二是由于政务数据开放平台建设水平的提升，数据安保水平也随之提升，因此公众对数据开放的信任危机也逐渐得到释解，同时也越来越注意自身能够从数据中获得什么，对于教育政务数据开放的需求也会越来越多。

（三）系统存量流量图构建

虽然因果关系图明晰了各因素之间的因果关系，但只能用于描述，并不能量化模型。① 系统存量流量图是进行仿真分析的基础，是在因果关系的基础上对变量进行划分，同时运用直观的符号表示要素之间的逻辑结构关系，并通过函数表达式建立要素之间的量化关系。因此，本研究在基于因果关系图的基础上构建了教育政务数据开放共享影响因素存量流量图，如图4-9所示。

（四）变量设置与模型方程式设计

1. 变量设置

教育政务数据开放共享影响因素模型主要包括3个状态变量，3个速率变量以及23个辅助变量（包括常量）。其中状态变量又称水平变量，是随时间变化的积累量、存量，是流量存储的环节，用□□□表示②；速

---

① 郭峰、罗丽、古江林：《企业绿色铁路建造能力影响因素仿真研究》，《铁道科学与工程学报》2022年第6期。

② 王其藩：《系统动力学》，上海财经大学出版社2009年版，第61页。

第四章 教育政务数据开放的影响因素 ◇◇ 125

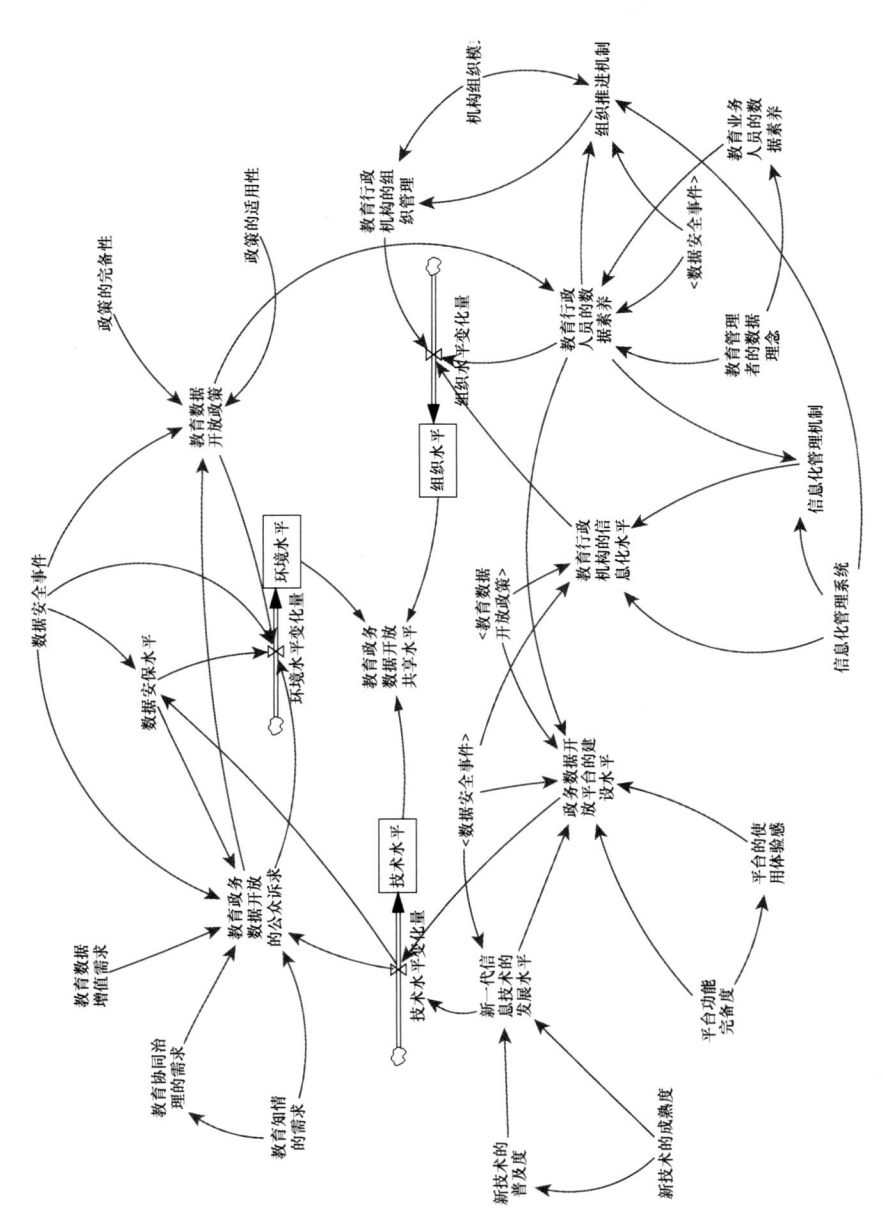

图4-9 教育政务数据开放共享影响因素流量图

率变量又称流量,用 —⊠→ 表示①,起到连接辅助变量和状态变量的作用;辅助变量是直接作用于速率变量来间接影响状态变量的变量。②

2. 主要方程式设计

本模型所涉及的主要方程式(模拟步长为 1 个月)如下:

(1) 教育政务数据开放共享水平 = 0.32 × 技术水平 + 0.36 × 组织水平 + 0.32 × 环境水平;

(2) 技术水平 = INTEG (技术水平变化量,0);

(3) 组织水平 = INTEG (组织水平变化量,0);

(4) 环境水平 = INTEG (环境水平变化量,0);

(5) 新一代信息技术的发展水平 = 0.49 × 新技术的成熟度 + 0.51 × 新技术的普及度 + SMOOTHI (数据安全事件,6,0),当发生数据安全事件时,会促使技术研发团队通过升级技术来解决数据安全事件的再次发生的问题,故采用延迟函数,设定初始值为 0,延迟 6 个单位;

(6) 政务数据开放平台的建设水平 = 0.45 × 平台功能完备度 + 0.55 × 平台的使用体验感 + SMOOTHI (教育数据开放政策,36,0) + SMOOTHI (教育行政人员的数据素养,1,0) + SMOOTHI (新一代信息技术的发展水平,36,0) + SMOOTHI (数据安全事件,1,0),教育数据开放政策的发布、教育行政人员数据素养的提升、新一代信息技术的水平提升以及数据安全事件的发生都会促进政务数据开放平台的升级与完善,但这些因素的作用并不会马上带来平台水平的提升,一般需要一个过程,故采用延迟函数进行表示,分别延迟 36 个单位、1 个单位、36 个单位和 1 个单位,初始值均设为 0;

(7) 教育行政机构的信息化水平 = 0.51 × 信息化管理机制 + 0.49 × 信息化管理系统 + SMOOTHI (教育数据开放政策,36,0) + SMOOTHI (数据安全事件,6,0),教育开放政策会对教育行政机构的信息化水平作出要求,数据安全事件的发生会促使教育行政机构提升信息化水平,但信息化建设与完善需要过程,因此采用延迟函数进行表示,分别延迟

---

① 王其藩:《系统动力学》,上海财经大学出版社 2009 年版,第 61 页。
② 王晶、王卫、张梦君:《开放政府数据价值实现保障机制研究——基于系统动力学方法》,《图书馆学研究》2019 年第 16 期。

36个单位和6个单位，初始值均为0；

（8）教育行政人员的数据素养＝0.54×教育管理者的数据理念＋0.46×教育业务人员的数据素养＋SMOOTHI（教育数据开放政策，6，0）＋SMOOTHI（数据安全事件，4，0），教育数据开放政策的发布和数据安全事件的发生都会要求教育行政人员提升自身的数据素养，但数据素养的提升需要一个学习的过程，因此采用延迟函数，延迟单位分别为6个单位和4个单位；

（9）教育行政组织管理＝0.53×机构组织模式＋0.47×组织推进机制；

（10）教育数据开放政策＝0.56×政策的完备性＋0.44×政策的适用性＋SMOOTHI（数据安全事件，1，0）＋SMOOTHI（教育政务数据开放的公众诉求，48，0），数据安全事件发生和公众诉求的变化并不会马上引起政策的发布，通常需要一个过程，故采用延迟函数，延迟单位分别为1个单位和48个单位；

（11）教育政务数据开放的公众诉求＝（0.32×教育知情的需求＋0.32×教育协同治理的需求＋0.36×教育数据增值）＋SMOOTHI（技术水平变化量＋数据安保水平，24，0）－数据安全事件^2，技术水平和数据安保水平的提升并不会马上引起公众的注意，一般需要一个过程，而且公众需求的产生也需要一个过程，因此采用延迟函数表示，延迟24个单位；数据安保水平＝0.3×技术水平变化量＋0.7×数据安全事件；

（12）技术普及度＝IF THEN ELSE（新技术的成熟度＜5，0.1×新技术的成熟度，IF THEN ELSE（新技术的成熟度＜7，0.3×新技术的成熟度，IF THEN ELSE（新技术的成熟度＜9，0.5×新技术的成熟度，IF THEN ELSE（新技术的成熟度＞＝9，0.7×新技术的成熟度，0)))），通常情况下，技术成熟度不同，对于技术普及度的影响也不尽相同，本研究基于何丽敏等对于技术成熟度的划分[①]，将技术成熟度分为四个等级（初级、中等、高度、完备），并赋予不同的函数影响系数；

（13）平台的使用体验感＝IF THEN ELSE（平台功能完备度＜＝5，

[①] 何丽敏、刘海波、肖冰：《基于技术成熟度的科技成果转化模式策略研究——以中科院宁波材料所为例》，《科学学研究》2021年第12期。

0.2×平台功能完备度，IF THEN ELSE（平台功能完备度<9，0.4×平台功能完备度，IF THEN ELSE（平台功能完备度＞=9，0.6×平台功能完备度，0)))，平台功能完备度不同，用户的使用体验也不同，本研究将平台的功能完备度分成三个等级（初级、中级、高度），并赋予不同的影响系数；

（14）信息化管理机制＝SMOOTHI（教育行政人员的数据素养，12，0）+0.3×信息化管理系统；

（15）教育业务人员的数据素养＝SMOOTHI（教育管理者的数据理念，6，0）；

（16）组织推进机制＝0.2×信息化管理系统+0.3×教育行政人员的数据素养+0.5×机构组织模式+SMOOTHI（数据安全事件，1，0）；

（17）教育协同治理的需求＝0.1×教育知情的需求；

（18）（新技术的成熟度、平台功能完备度、信息化管理系统、教育管理者的数据理念、机构组织模式、政策的完备性、政策的适用性、数据安全事件、教育数据增值需求、教育知情权需求）=（6、4.42、4.42、4.92、4.33、4.5、4.5、4.42、4.25、4.17）；

需要说明的是，方程所涉及的参数主要来自专家问卷以及通过相关现实事件推测。系统动力学侧重系统中各要素之间的相互关系及动态变化过程，而不拘泥于特定案例的具体数值[①]，因此，本模型参数的设置可以表现在影响因素的作用下教育政务数据开放共享水平的发展趋势。

三 系统动力学仿真分析

（一）仿真分析

本模型在 Vensim PLE 软件上构建并进行仿真运行，设定仿真时长为120个月，仿真步长为1个月，"教育政务数据开放共享水平""技术水平""组织水平""环境水平"的初始值设定为0。图4-10至图4-13为初始既定参数下"教育政务数据开放共享水平""技术水平""组织水平""环境水平"的发展趋势。

[①] 王晶、王卫、张梦君：《开放政府数据价值实现保障机制研究——基于系统动力学方法》，《图书馆学研究》2019年第16期。

第四章 教育政务数据开放的影响因素 129

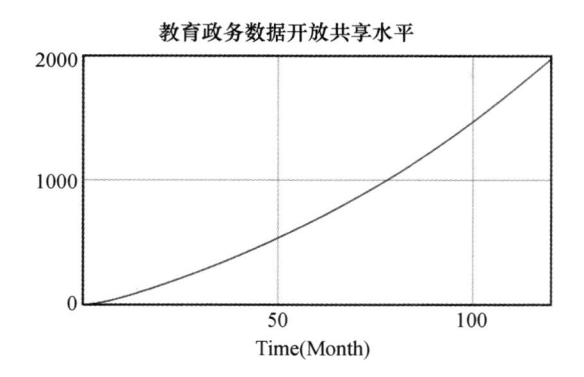

图 4-10 "教育政务数据开放共享水平"变化趋势

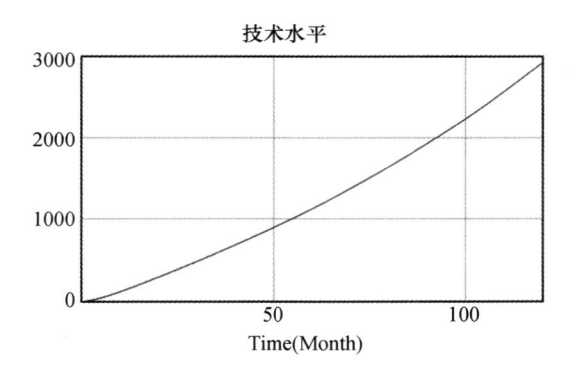

图 4-11 "技术水平"变化趋势

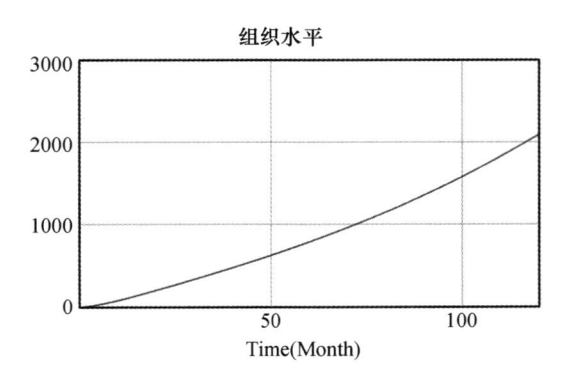

图 4-12 "组织水平"变化趋势

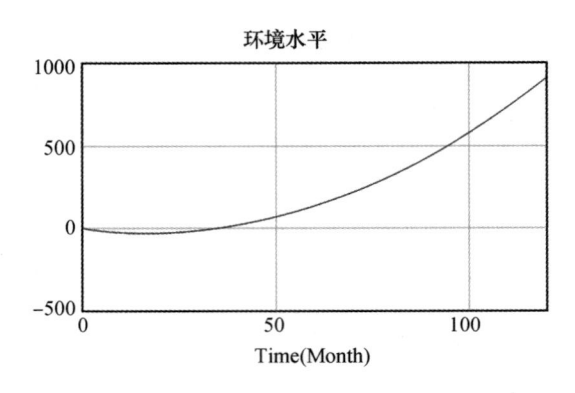

图 4-13　"环境水平"变化趋势

如图 4-10 所示，教育政务数据开放共享水平呈现不断增长态势，其中前期增长较缓，在 50 个月后得到较快的增长。进一步分析发现，初期教育政务数据开放共享水平增长缓慢主要有三方面的原因：一是教育政务数据开放共享的价值尚未被认识，教育行政机构和社会公众的数据开放共享意愿不高；二是平台建设水平较低，加之缺乏专业的技术人才，使得数据开放共享的速度慢，时效性差，规模小，开放的维度、格式、途径单一等；三是缺乏与教育政务数据开放共享的法律法规和政策制度。而上述问题的不断解决，显著提高了教育行政部门数据开放共享的意愿、能力和质量，社会公众的数据开放需求也不断提升，使得教育政务数据开放共享水平快速增加。

从"技术水平""组织水平"和"环境水平"的变化趋势图来看，技术水平、组织水平、环境水平均呈现出前期增长较缓、后期增长较快的发展规律，这也充分印证了教育政务数据开放共享前期所面临的三方面问题，同时也很好地解释了教育政务数据开放共享的整体发展趋势。值得注意的是，环境水平前期小于 0 并无其他特殊含义。本研究主要注重因素的发展趋势，而环境水平前期呈现降低的态势，其主要原因是数据安全事件的发生会降低社会公众的开放诉求和环境水平，同时教育数据开放政策的制定与实施以及数据安保水平的提升并非一朝一夕就能完成，且效果的发挥都需要一段过程才能见到成效。因此，国家亟须尽快建立健全教育数据安全防护的政策体系、持续提升教育数据安全防护水平，以防止环境水平的降低影响教育政务数据开放进程与质量。

(二) 模型的情境分析

灵敏度分析是系统动力学模型仿真分析中常规且重要的分析方法，是通过改变模型中的相关参数，比较模型的输出，确定其对系统的影响程度。[①] 从系统存量流量图来看，只有新技术的成熟度、平台功能完备度、信息化管理系统、教育管理者的数据理念、机构组织模式、政策的完备性、政策的适用性、数据安全事件、教育数据增值需求、教育知情权需求等10个变量能够进行人为控制和调整。本研究在对上述10个变量多次的模拟分析的基础上，最后选取了新技术的成熟度、教育管理者的数据理念、平台功能完备度、政策的完备性以及数据安全事件五个影响较大的因素进行仿真分析。

1. 单因素情境分析

单因素情境分析是在保持其他参数不变的情况下，单独将某一个变量的值增加或减少，观察其对于教育政务数据开放共享水平的影响程度，仿真结果如图4-14至图4-18所示。

由图可知，新技术的成熟度、平台功能完备度、教育管理者的数据理念和政策的完备性与教育政务数据开放共享水平呈现明显的正相关关系，且在同时提升30%的情境下，教育管理者的数据理念对于教育政务数据开放共享水平的影响程度大于政策的完备性。一方面，管理者通常在组织中处于核心地位，教育管理者的数据理念通常代表了一个教育行政机构数据开放的意愿，如果教育管理者对于数据开放置若罔闻，甚至踌躇不前，那必然也无法很好地推进教育政务数据的开放共享工作。另一方面，教育数据开放政策的执行首先需要教育行政部门的管理者深度理解，倘若教育管理者的数据理念落后，再好的政策也无法真正发挥出其指导价值和意义。新技术的成熟度和平台功能的完备度在同时增减一个等级的情境下，新技术的成熟度对于教育政务数据开放共享的影响大于平台功能的完备。

从图4-18来看，数据安全事件对于教育政务数据开放共享具有负向影响。当数据安全事件减少30%时，教育政务数据开放共享水平得到了

---

① Papachristos G., "System Dynamics Modelling and Simulation for Sociotechnical Transitions Research", *Environmental Innovation and Societal Transitions*, 2018.

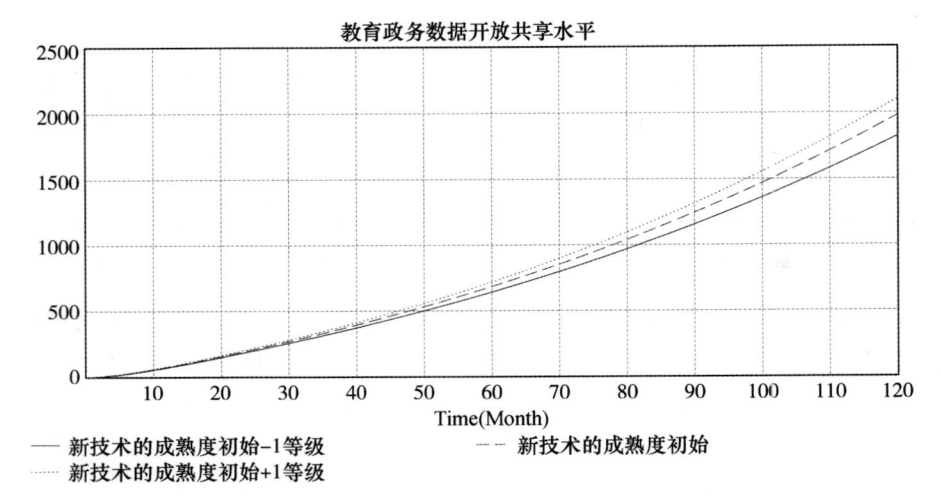

图 4-14　新技术成熟度对教育政务数据开放共享水平的影响曲线

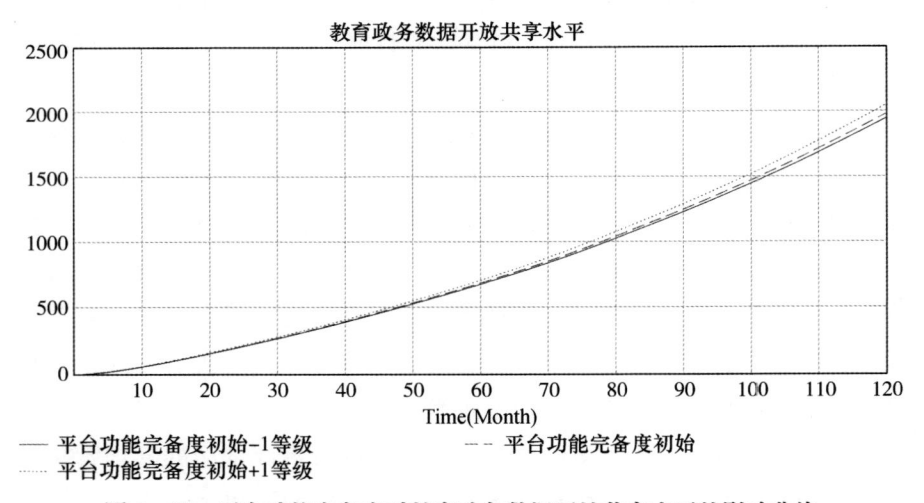

图 4-15　平台功能完备度对教育政务数据开放共享水平的影响曲线

提升，但值得注意的是，当数据安全事件增加 30% 时，教育政务数据开放共享水平的降低值几乎是增加 30% 时教育政务数据开放共享水平增加值的两倍。究其原因，是相比于正面信息，人们对负面信息更敏感、更容易过度反应。[①] 鲍迈斯特等人认为，相比于好事，坏事对人的

---

① Rozin P. and Royzman E. B., "Negativity Bias, Negativity Dominance, and Contagion", *Personality and Social Psychology Review*, 2001.

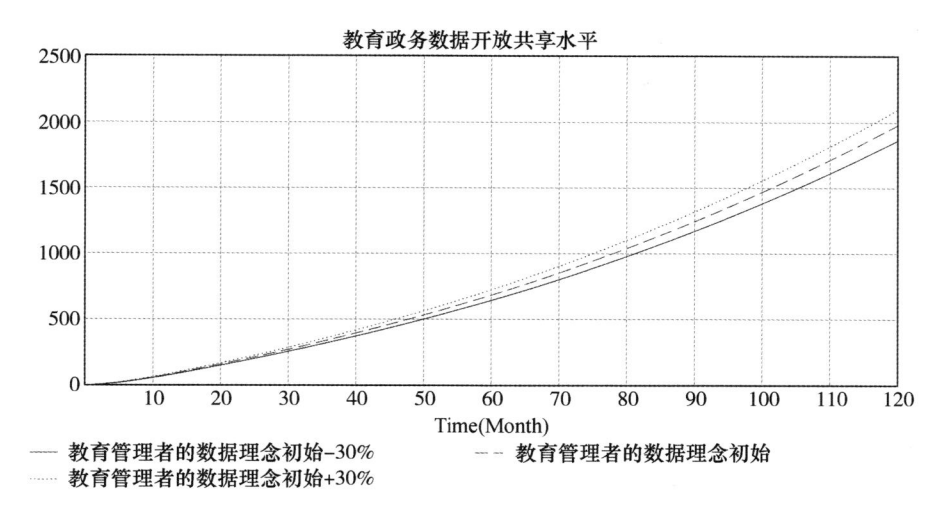

图 4-16　教育管理者的数据理念对教育政务数据开放共享水平的影响曲线

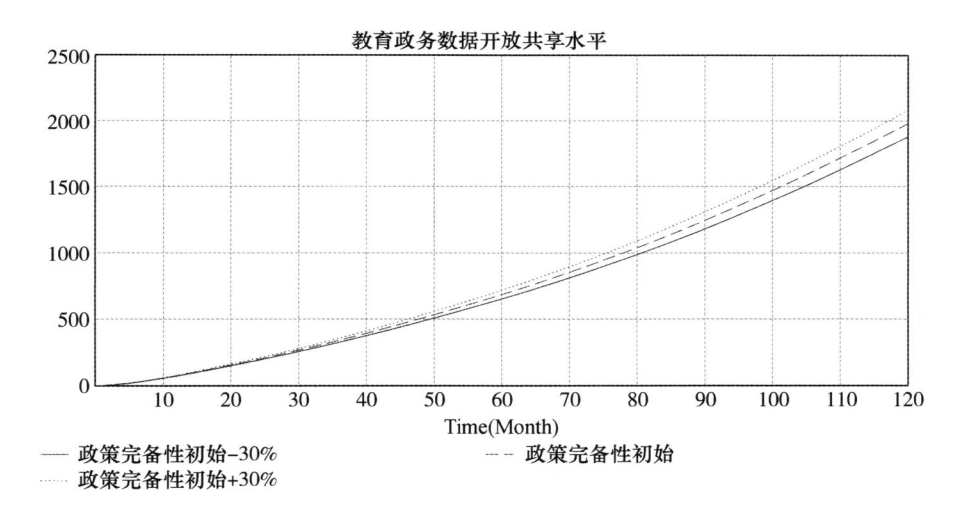

图 4-17　政策的完备性对教育政务数据开放共享水平的影响曲线

影响更大。[①] 通常情况下，负面效应会让人不自觉地放大负面信息所带来的影响，一旦当数据安全事件发生，许多社会公众就会陷入自身数据随时会被泄露甚至被不法分子利用的怪圈之中，教育行政机构则会担忧自

---

① Baumeister R. F. Bratslavsky E. Finkenauer C., et al., "Bad is Stronger than Good", *Review of General Psychology*, 2001.

教育政务数据开放共享水平

```
2500
2000
1500
1000
 500
   0
     10  20  30  40  50  60  70  80  90  100  110  120
                        Time(Month)
```

—— 数据安全事件初始−30%　　－ － 数据安全事件初始
······ 数据安全事件初始+30%

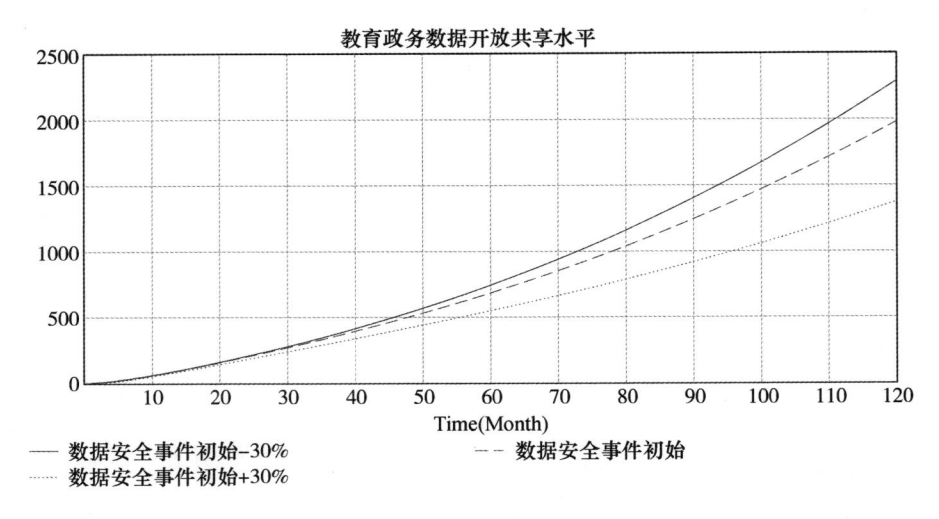

图 4−18　数据安全事件对教育政务数据开放共享水平的影响曲线

身的公信力下降以及上级单位的追责，这就会导致社会公众不愿意开放数据，教育行政机构不敢开放数据。著名心理学家丹尼尔·卡尼曼指出，如果想要平衡 100 元的损失，你需要得到最少收益在 200 元左右，是损失 2 倍，这是因为负向情绪体验会显著高于正向情绪体验。① 故不难解释为什么同时增加和减少数据安全事件 30% 会带来如图 4−18 的模拟结果了。

2. 多因素情境分析

（1）数据安全事件与新技术的成熟度

在既定参数下，当数据安全事件增加 10%，为分析新技术的成熟度应该提升多少才能抵消数据安全事件对于教育政务数据开放共享所带来的影响，设计了以下三个方案：

原方案：模型的初始状态

方案 1：数据安全事件增加 10% + 新技术的成熟度增加 10%

方案 2：数据安全事件增加 10% + 新技术的成熟度增加 20%

方案 3：数据安全事件增加 10% + 新技术的成熟度增加 30%

上述方案的运行结果如图 4−19 所示，当数据安全事件增加 10%，新技术应该在原有的基础上提升 30%，约达到 7.8 的完备度，即达到高

---

① Kahneman D., *Thinking, Fast and Slow*, London：Macmillan，2011，p. 276.

度成熟状态，才能理论上有效抵消数据安全事件带来的影响。

教育政务数据开放共享水平

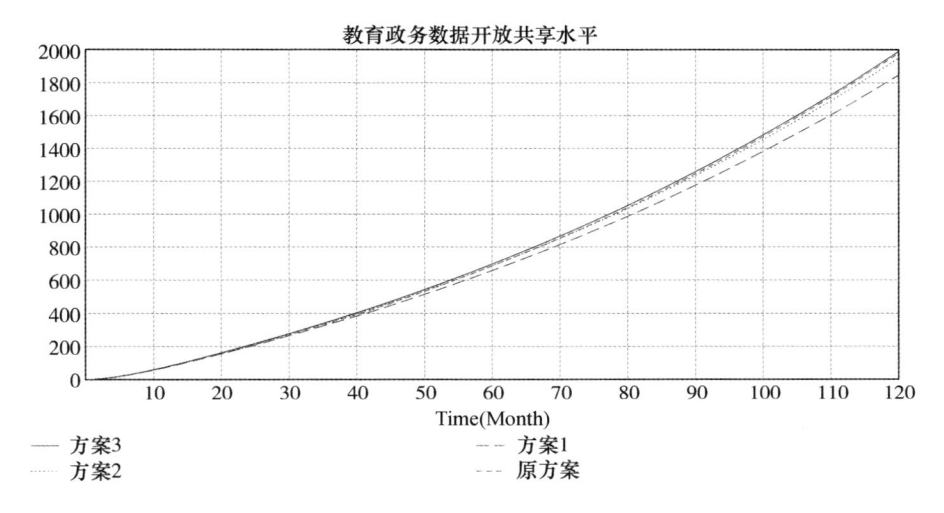

方案3　　　　　　　　　　方案1
方案2　　　　　　　　　　原方案

图4-19　"数据安全事件+新技术的成熟度"对于教育政务数据开放共享的影响

（2）数据安全事件与平台功能的完备度

在既定参数下，当数据安全事件增加10%，为分析平台功能的完备度应该提升多少才能抵消数据安全事件对于教育政务数据开放共享所带来的影响，设计了以下四个方案：

原方案：模型的初始状态

方案1：数据安全事件增加10%+平台功能的完备度20%

方案2：数据安全事件增加10%+平台功能的完备度40%

方案3：数据安全事件增加10%+平台功能的完备度60%

方案4：数据安全事件增加10%+平台功能的完备度75%

由图4-20可知，当数据安全事件增加10%，平台功能的完备度应该在原有的基础上提升75%，约达到7.8的完备度，才能理论上有效抵消数据安全事件带来的影响。

（3）数据安全事件与政策的完备性

在既定参数下，当数据安全事件增加10%，为分析政策的完备性应该提升多少才能抵消数据安全事件对于教育政务数据开放共享所带来的影响，设计了以下三个方案：

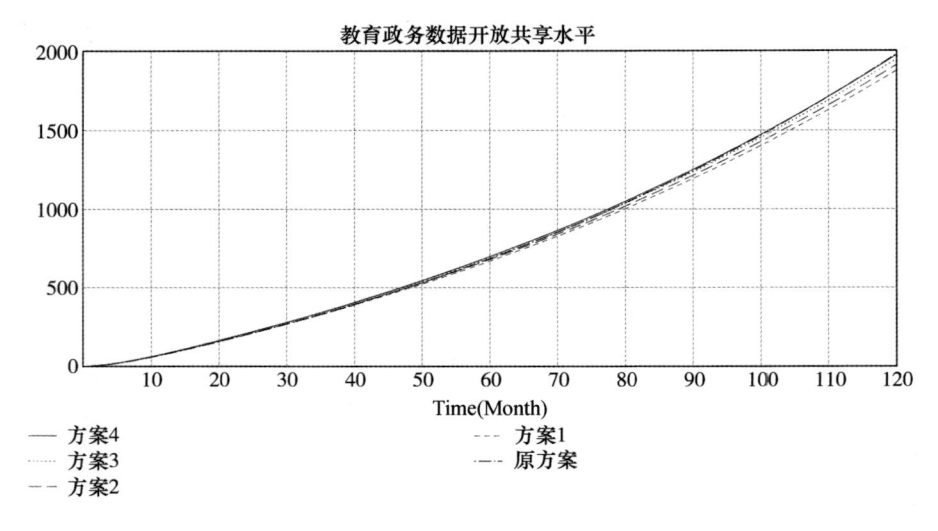

图 4-20 "数据安全事件+平台功能的完备度"对教育政务数据开放共享的影响

原方案：模型的初始状态
方案 1：数据安全事件增加 10% +政策的完备性 20%
方案 2：数据安全事件增加 10% +政策的完备性 40%
方案 3：数据安全事件增加 10% +政策的完备性 55%

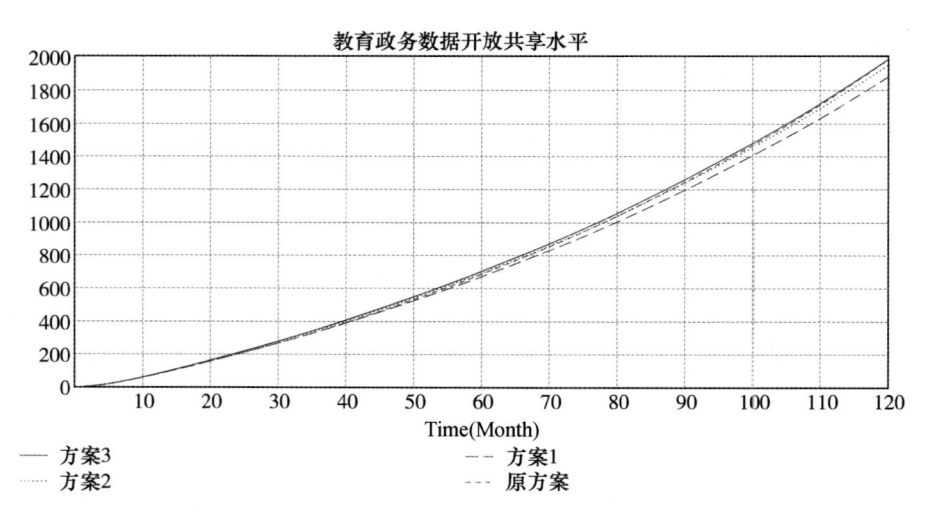

图 4-21 "数据安全事件+政策的完备性"对教育政务数据开放共享的影响

由图 4-21 可知，当数据安全事件增加 10%，政策的完备性应该在原有的基础上提升 55%，才能理论上有效抵消数据安全事件带来的影响。

（4）数据安全事件与教育管理者的数据理念

在既定参数下，当数据安全事件增加 10%，为分析教育管理者的数据理念应该提升多少才能抵消数据安全事件对于教育政务数据开放共享所带来的影响，设计了以下三个方案：

原方案：模型的初始状态

方案 1：数据安全事件增加 10% + 教育管理者的数据理念 20%

方案 2：数据安全事件增加 10% + 教育管理者的数据理念 40%

方案 3：数据安全事件增加 10% + 教育管理者的数据理念 45%

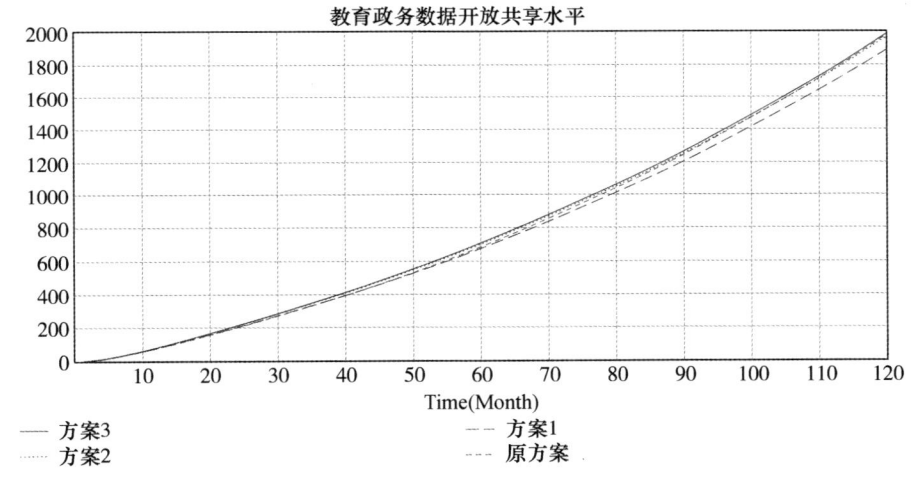

图 4-22 "数据安全事件 + 教育管理者的数据理念"对教育政务数据开放共享的影响

由图 4-22 可知，当数据安全事件增加 10%，教育管理者的数据理念应该在原有的基础上提升 45%，才能理论上有效抵消数据安全事件带来的影响。

需要提醒的是，上述情境分析虽然是通过提升单个变量的水平来进行分析，但实际上是一个多因素共同作用的结果。实际的建设过程中，当新技术的成熟度、平台功能完备度、政策的完备性以及教育管理者的数据理念提升时，会促使其他变量水平提升，进而带来教育政务数据开放共享水平的提升。如当教育管理者的数据理念提升时，会促进教育业务人员数据素养水平的提升，同时教育行政机构人员数据素养水平的提升又会带来教育行政机构组织管理水平的提升以及政务数据开放平台建设水平的提升等。

此外，当数据安全事件发生时，应该迅速采取行动，抑制数据安全事件对教育政务数据开放共享带来的影响。从多因素情境分析的结果来看，若想要单独改变新技术的成熟度、平台功能的完备度、政策的完备性以及教育管理者的理念来弥补数据安全事件所带来的影响是比较困难的，而且需要的时间相对较长。所以国家、教育行政部门以及社会组织等应该根据实际情况，诊断与识别关键因素，通过改善多个因素变量水平快速抑制数据安全事件的影响，以保障教育政务数据的稳定、可持续、高质量开放共享。

第五章

教育政务数据开放的保障机制

当前，教育政务数据开放共享作为我国数据开放战略的重要组成部分，仍面临数据质量不高、共享程度低、机制不健全等现实难题，亟待建立数据开放共享的保障机制。《大数据产业发展规划（2016—2020）》[①]《教育信息化和网络安全工作要点》[②] 等政策文件都明确提出要加强教育数据安全防护能力，建立常态化的数据保障机制，推进政务信息系统整合共享。本章借鉴 TOE 理论、开放数据通用框架及多元公共行政观，从政策、法律和技术三个核心维度，构建了涵盖三个保障核心、三大应对机制、五个保障主体、N 种保障技术的教育政务数据开放共享保障框架，并从政策制定、法律完善、技术优化三个层面设计了教育政务数据开放共享的保障路径，以期破解、消除教育政务数据开放共享过程中的困境和难点，助力国家教育治理体系和治理能力现代化。

第一节 教育政务数据开放面临的难题

教育政务数据开放共享是推进教育治理的重要驱动力量。随着国家教育治理体系与治理能力现代化改革步伐加快，利用大数据、区块链等新兴技术从平台建设、数据融合、数据安全与隐私保护等方面推动教育政务数据开放共享的研究日益增多，但我国教育政务数据开放共享仍面

[①]《工业和信息化部关于印发"十四五"大数据产业发展规划的通知》，http：//www.gov.cn/zhengce/zhengceku/2021-11/30/content_5655089.htm，2021 年 11 月 30 日。

[②]《教育部办公厅关于印发〈2019 年教育信息化和网络安全工作要点〉的通知》，http：//www.gov.cn/zhengce/zhengceku/2019-10/23/content_5443956.htm，2019 年 10 月 23 日。

临以下难题有待解决。

一 教育政务数据质量不高且存在较高安全风险

教育政务数据既涉及适合向社会广泛开放的一般性教育数据（如教育环境数据和教育统计数据），也包括只适合在各级教育行政部门间依据行政权限和规则制度分级分层共享使用的教育数据。正是由于教育政务数据会牵涉到繁杂的访问权限和应用范围等限制性因素，为各级教育行政部门的教育政务数据开放带来了诸多不便。教育政务数据开放共享缺乏有效的规范管理，进而导致数据主题重复、质量不佳、结构化程度不高等问题，部分数据存在未经法律授权的访问、破坏、篡改、删除和非法使用等安全风险。例如，社会公众普遍关注的地区入学情况、教育财政拨款、校园安全等受公众高度关注的数据集未得到有效披露和共享，涉及隐私与情报信息的数据在部分平台公开的授权许可并不完善。[1] 此外，各级教育行政部门开放的教育数据质量也不高。有研究者在对国内开放的教育政务数据调研后发现，我国已开放共享的教育政务数据仍存在数据类型混杂、数据集命名不规范（如数据集命名与内容不一致）、存在无效数据集和重复数据等问题。[2]

二 教育政务数据开放共享的广度和深度都极为有限

教育政务数据开放总量不足和质量不高的问题，也进一步影响和妨碍了教育工作中的数据共享深度。一方面，由于教育政务数据向社会开放的质量不高，不同级别教育管理部门开放的数据在转换、计量标准及应用规范等方面并没有权威性标准和规范，教育政务数据类 API 接口服务供给不足，在一定程度上影响了教育政务数据开放共享的深度[3]，不利于社会各类教育组织机构通过开放的数据挖掘出教育系统对优质教育服

---

[1] 王娟、杨现民、郑浩、顾雯、李涵：《大数据时代教育政务数据开放的风险分析及防控策略研究》，《中国电化教育》2020 年第 6 期。

[2] 吕红：《我国教育数据开放现状分析与评价——以 23 个地方政府数据开放平台教育数据为例》，《中国教育信息化》2019 年第 15 期。

[3] 吕红：《我国教育数据开放现状分析与评价——以 23 个地方政府数据开放平台教育数据为例》，《中国教育信息化》2019 年第 15 期。

务的潜在需求，导致教育服务供给普遍落后于需求的问题。[①] 另一方面，我国地域间、城乡间的教育发展有一定差距，教育政务数据在跨区域、跨级别、跨部门之间的流动、整合与共享使用存在难度，各区域教育数据管理系统以自建、自管、自用为主，横向和纵向上信息不共享，致使数据被分割与垄断，阻碍了政务数据的跨域流通。

三 教育政务数据存储与管理能力不强且效率较低

教育政务数据各部门独立运行，部门职责分工不明确，协同缺乏制度保障和约束，同时教育行政部门在管理科学决策和日常运转过程中产生的海量数据，采用常见的分散存储模式容易导致数据封闭与不流通，形成数据壁垒，增加数据存储和管理成本，阻碍教育政务数据开放共享的进程，影响政府的公信力与行政工作运作效率。[②] 倘若根据教育利益相关者的数据访问权限来差异化开放数据，则可以有效厘清数据开放及应用过程的权责，但由于加密技术和系统中心化运行的安全性不足，教育政务数据开放督管和责任溯源存在困难，数据篡改和伪造等问题的责任追溯并不明确。为此，可以通过专项法律的完善和政策的制定，通过政务数据资源管理平台，统一提供政务数据资源管理服务，提高教育行政管理能力，推动教育行政公开化与透明化。

四 教育政务数据开放共享保障不足且机制不健全

Web 2.0 蕴含的开放共享理念在各个领域的渗透，极大地推动了资源、知识、信息、数据的开放共享。为了推动、确保数字化教育资源和教育数据的开放共享，各级教育部门制定了一系列的制度机制。值得关注的是，相较于发达国家而言，我国教育政务数据开放才起步不久，还未形成教育政务数据共享的长效机制，监管、保障、责权、运维等方面的机制建设还不够健全。例如，政策法规缺乏具体实施方案及配套的考

[①] 郑旭东、任友群：《教育信息化服务供给的转型方向与实施路径》，《教育研究》2018 年第 8 期。

[②] 黄雨婷、黄如花：《丹麦政府数据开放的政策法规保障及对我国的启示》，《图书与情报》2017 年第 1 期。

核机制，跨地区、跨部门、跨层级的数据共享缺乏统筹协调机制。此外，教育政务数据在各级教育行政部门间的开放共享中，会涉及纷繁复杂的数据权限和责任问题。长远来看，单纯依靠规章制度等"软机制"难以有效解决这些问题，还应从数据治理的技术视角，设计一套以新数据技术驱动运行的"硬机制"，只有确立和健全软硬两套机制，才能确保教育政务数据的有效开放共享。

综上所述，当前我国在教育政务数据开放共享中面临的难题，反映出各层级教育行政部门还存在教育数据开放共享意识不强、治理意识不强、治理能力有限等现实问题。而建立教育政务数据开放共享保障框架是维护教育政务数据有序、安全、可持续开放共享的重要举措，是提高教育政务科学与精准决策、实现数据有效共享的必由之径。

第二节　教育政务数据开放的基本保障框架

教育政务数据开放共享是长远工程，可以通过区块链、大数据等技术，优化教育政务数据开放平台的架构与功能，从技术层面为教育政务数据开放共享提供安全保障；也可以从顶层设计和法律规范上营造开放的教育政务数据环境，出台规章制度、政策文件，推动制度机制运行，通过健全保障机制，推进教育政务数据开放共享工作的有序推进。

一　保障框架构建的理论依据

目前，国内外学者对数据开放共享保障的研究主要从数据开放与行政等角度展开，如政府数据保障机制研究[1]、政府数据开放阻碍因素研究[2]、国外政府开放数据保障机制探讨、教育行政领域的政策保障等。教育政务数据作为政府数据的组成部分，数据开放与行政视角下的理论能为教育政务数据开放共享保障机制建设提供理论支持。

---

[1] 王晶、王卫、张梦君：《开放政府数据价值实现保障机制研究——基于系统动力学方法》，《图书馆学研究》2019年第16期。

[2] 谭军：《基于TOE理论架构的开放政府数据阻碍因素分析》，《情报杂志》2016年第8期。

(一) TOE 理论

鉴于前文已介绍了 TOE 理论，这里不再赘述。本研究从 TOE 理论的视角出发，将教育政务数据开放共享视为一种组织创新行为，受到内外部因素的影响以及技术手段的限制，可从技术、组织、环境三方面对教育政务数据开放共享加以保障。技术指新的信息技术对教育政务数据开放带来的发展启示以及对数据开放平台建设的技术支持，组织通常代表教育行政领域人员管理、机构发展等要素，环境包括全球数据开放大环境以及国内教育政务数据开放环境。

(二) 开放数据通用框架

开放数据通用框架广泛应用于国内外数据开放领域，为不同类型的数据开放共享探讨提供理论依据。开放数据通用框架由万维网基金会和纽约大学政府治理实验室联合构建，包括背景环境、数据、使用、影响四个维度，涉及组织、政治意愿、法律法规等多个影响开放数据效果的因素。[1] 其中背景环境既包括中央开放政府数据情况等国家背景，也包括特定部门背景，影响开放数据环境的要素包括法律和监管环境、组织背景、政治意愿和领导力、技术能力、社会环境、公民社会和政治自由、企业参与开放数据的商业环境和能力等；数据维度指的是开放数据的性质和质量，包括政务数据的法律、技术、实践和社会开放性，核心数据类别以及数据相关性和质量问题；使用维度指的是开放数据集的纵向使用协议与条款，包括访问（或提供）数据集的用户类别、数据的使用目的、正在进行的活动，以及涉及开放数据计划的人员、内容和原因；影响维度指的是使用开放数据集带来的深远效益，可以根据社会、环境、政治和经济维度来研究潜在的利益。[2]

开放数据通用框架归纳了影响数据开放共享的各种要素，为开放数据的评估与研究工作提供了理论依据与多重视角。目前已有学者从组织机制、政策保障、法律保障等角度探究国外开放数据保障机制对我国的

---

[1] 曹雨佳：《政府开放数据生存状态：来自我国 19 个地方政府的调查报告》，《图书情报工作》2016 年第 14 期。

[2] Tim Davies. Towards Common Methods for Assessing Open Data, https://webfoundation.org/2014/06/towards-common-methods-for-assessing-open-data/, 2014-8-12.

启示，提出从政府、民众、数据等方面完善组织机制，加快政策文本与配套法律的落实等措施。[1] 借鉴开放数据通用框架，从跨领域数据开放的政策、法规规律中可窥见我国数据开放保障机制的构建可行性，为教育行政领域的数据开放共享建设提供政策与法律借鉴。

（三）多元公共行政观

在过去的发展历程中，人们更多基于某一个视角来研究公共行政事务，忽视了其他的研究途径。随着公共事务日益复杂，公共部门认识到仅靠单一方法和工具难以实现有效治理，罗森布鲁姆则在此基础上提出了多元公共行政观，使公共行政的研究逐渐走出了单一途径的缺陷，呈现出多元化的特点。[2] 多元公共行政观主张公共行政是运用管理、政治以及法律的理论和过程来实现立法、行政以及司法部门的指令，为整个社会或者社会的局部提供所需的管制与服务功能。[3] 其中政治学提供社会价值的视角、管理学强调效率和效益的理性、法学提供制度工具，为整个社会或局部提供所需的管制与服务。

罗森布鲁姆提出的多元公共行政观力图寻求管理途径、政治途径和法律途径的整合，尤其重视宪法价值，强调法律途径在公共行政管理中的重要作用，这些观点对于现今我国政府管理方式、手段，尤其是依法行政等方面都有积极的借鉴作用。多元公共行政观既为现有的公共行政价值分析提供了理论框架，也为公共行政研究提供了多重视角。多元公共行政观确立了问题的结构，宪政制度中的每一个政府部门，皆有一套信条、一套价值、一套工具以及完整的程序。对行政部门而言，强调的是行政、管理、官僚、效率和效能；对立法部门而言，强调的是政治和政策制定以及对代表性和回应性价值；对司法部门而言，强调的是宪法的完整以及对个人的实质性和程序性平等保护。[4] 罗森布鲁姆从管理、政

---

[1] 陈美：《澳大利亚地方政府开放数据的保障机制研究——基于多元公共行政观的视角》，《情报理论与实践》2017年第12期。

[2] 张海艳：《戴维·H. 罗森布鲁姆多元公共行政观研究》，硕士学位论文，辽宁大学，2015年。

[3] Rosenbloom, "Public administrative theory and the separation of powers", *Public Administration Review*, No. 43, 1983.

[4] ［美］戴维·H. 罗森布鲁姆、罗伯特·S. 克拉夫丘克：《公共行政学：管理、政治和法律的途径》，张成福译，中国人民大学出版社2002年版。

治和法律的角度来探讨公共行政本质，开阔了行政学研究的视角，推动了行政领域变革，弥补了单一途径、单一视角研究所引起的缺失，对政府行政工作的研究与分析具有深刻的实践指导价值。

教育政务数据从行政环节衍生而来，开放教育政务数据作为重要的公共行政事务，行政领域的理念对政府信息管理有着天然的适用性。在多元公共行政观视角下，从管理保障、政治保障、法律保障等层面对开放数据进行研究，可为数据开放共享提出可行性路径。[①] 一方面，教育政务数据从行政环节衍生而出，必然受到公共行政、政治等因素的影响；另一方面，教育政务数据开放共享是数据开放共享体系的重要一环，数据开放保障机制理论成果能为其带来经验启示。

二 保障框架的构建及其阐释

美国、英国等国家十分重视政府数据开放共享进程中的法律保障及政策保障，先后颁布诸多法案并实施战略规划以保障数据开放共享的稳步推进。国外在保障方面的研究成果及相关理论为我国教育政务数据开放共享的保障建设提供了理论依据与实践经验。开放数据通用框架与多元公共行政观为保障框架提供了政策与法律维度的启示，TOE 理论映射了技术环境建设的关键所在。结合我国政策对数据安全保障能力与政策扶持力度的现状，本研究认为政策、法律和技术是构建教育政务数据开放共享保障框架的核心，从这三个要素出发，能为数据开放共享提供更稳定、安全、高效的保障，具体如图 5-1 所示。

（一）三大保障核心：环环相扣，持续推进

教育政务数据开放共享需要提供政策、法律、安全等保障措施，形成多方协同、稳步推进的保障格局。其中，政策保障通过分步实施教育政务数据政策、健全教育政务主体之间的合作机制、扩大教育政务政策宣传与反馈渠道等措施，引导教育政务数据在开放共享过程中享有规范的开放标准、安全的开放环境、丰富的开放形式、明确的限定条件。法律保障通过完善教育政务数据开放共享立法、健全教育行政监管和机构

---

① 陈美：《澳大利亚地方政府开放数据的保障机制研究——基于多元公共行政观的视角》，《情报理论与实践》2017 年第 12 期。

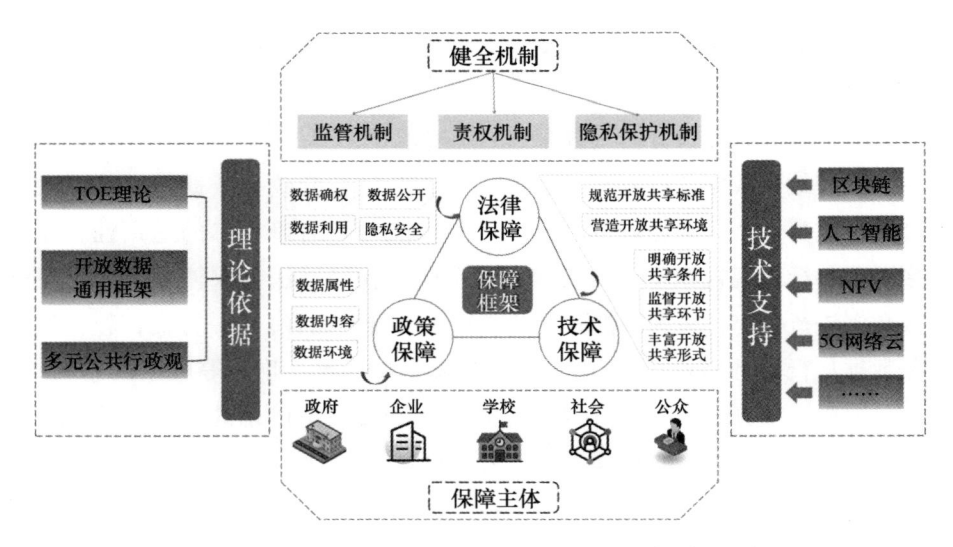

图 5-1 教育政务数据开放共享的保障框架

责任制、完善数据隐私保护机制等举措，保障教育政务数据在数据确权、数据公开、数据安全、数据利用等方面的合法权益。技术保障通过健全教育政务数据安全技术标准、强化教育政务数据智能技术支持、明确教育政务数据技术应用权责、加强教育政务数据技术环境管理等手段，保障数据完整性、流通性、机密性等属性的安全，以及数据内容、数据环境等要素的安全。

（二）三大应对机制：精准应对，提升效率

教育政务数据开放共享进展缓慢、效率低下，可从监管、责权、隐私保护等方面完善数据开放共享机制。一方面可通过设立专门行政机构、相关行业机构等或建立层级平台完善教育政务数据开放共享的监管机制；另一方面可通过出台相关《隐私法》或《信息保护法》等法案以发挥隐私保护机制的效用，并明确责任主体的义务分配、建立多层次的技术应用责任制以健全教育政务数据开放共享的责权机制。

（三）N 种保障技术：技术赋能，助力防控

区块链、人工智能、网络功能虚拟化（Network Functions Virtualization，NFV）、5G 网络云等智能技术对数据安全保护、风险防控以及存储管理等方面展现了巨大的应用价值。在智能技术支持下，教育政务数据的识别、采集、整合、共享将走向智能化与精准化，节省数据存储成本，

提高数据管理能力，实现有效共享。

（四）五类保障主体：多元共治，协同参与

教育行政的最终目的是提供公共服务。教育政务数据开放共享是政府、企业、学校、社会、公众等多个主体协同参与的过程，各主体通过良好的协作关系，共同参与数据开放，可有效加强数据流通，提高行政执行效率，协同保障教育政务数据开放共享的长效发展。

第三节　教育政务数据开放的保障路径

推进教育政务数据开放共享需要国家政策的支持，应凭借法律手段保障政策执行的效率；同时教育政务数据开放共享必须在安全的环境下进行。为此，本研究从政策制定、法律完善、技术优化三方面，提出了教育政务数据开放共享的保障路径。

一　制定数据规范发展的政策保障

国家、政府、地方多层级部门应充分考虑我国的数据开放现状，及时出台适宜的政策文件以引导、监督、激励教育政务数据开放共享的规范发展，对教育政务数据的采集、质量、安全等环节加强监管，引领数据开放标准、开放环境、开放形式、开放条件等规范落实，同时通过健全合作机制与完善宣传渠道，有效推进教育政务数据开放共享工作。

（一）明确政策保障的基本内容

1. 规范教育政务数据开放共享标准

政策是公众、部门、企业及学校等对教育政务数据有着高需求的数据使用者获知数据来源的重要渠道。政策制定涉及数据开放范围、数据格式、许可协议、隐私数据等，应明确教育政务数据涉及的具体领域与部门，数据采用哪些格式上传至门户网站以及对数据安全的管控等。可以借鉴日本《开放数据基本指南》的规定，对公开后可能造成消极影响的数据，对数据使用者、使用目的及范围等作出一定限制。

2. 营造教育政务数据开放共享环境

政策应详细体现并解答开放共享的教育政务数据的展示路径、访问路径、下载与传播限制、数据规模要求等，以保障数据规范的开放环境。

例如，法国在 Etalab 指南中强调法国公民都可以在平台 etalab. gouv. fr 上发布和下载数据，但数据发布的条件限制与结构要求有着明确规定。

3. 丰富教育政务数据开放共享形式

政策文件可参考开放数据标准衡量数据的适用性，保障数据形式的统一与规范以及数据用语的一致性。例如，通过政策要求推动词汇系统的建立，将不同领域拥有不同含义的词语，以及相近词、重复词进行概念上的统一，保障数据形式满足机器读取的需求。可以借鉴法国《开放数据指南》针对不同类型数据采用的数据形式，并对数据集的结构、格式、上传流程都做了详细说明。

4. 明确教育政务数据开放共享条件

政府信息资源的生产、管理效率不高，内部激励微弱、外部约束与监督不力等问题，会阻碍政府信息的开放共享。教育行政部门可以针对数据类型制定有偿开放的定价策略，但有偿数据的利润分配、成本压缩、付费数据的利用等内容都应在政策文件中详细规定。例如丹麦在开放地址数据时采取了有详细要求的定价策略，《丹麦地址数据价值评估》显示，丹麦开放地址数据的五年内所获直接经济利益高达 6.2 亿元。[①]

5. 监督教育政务数据开放共享环节

政策可以监督教育政务数据开放共享全周期的数据质量、项目落实等环节，使各责任主体在享有合法权益的同时承担对应的责任担保。政策可以保障项目责任落实到具体部门与直接负责人，一旦出现相关风险与问题，可以合法追究责任主体的直接责任。

（二）由上而下分步实施教育政务数据政策

通过完善我国的教育政务数据开放共享政策体系，由上而下提供顶层依据，可以引导教育政务数据由宏观到微观的分步开放。宏观层面制定统筹规划类政策。教育行政部门通过制定教育政务数据开放共享路线图与行动规划，宏观管控数据开放共享的整个过程。例如，由国务院、发改委等部门出台的《政务信息资源共享管理暂行办法》《政务信息系统整合共享实施方案》《政务信息资源目录编制指南》等文件推进政府数据

[①] 黄雨婷、黄如花：《丹麦政府数据开放的政策法规保障及对我国的启示》，《图书与情报》2017 年第 1 期。

资源的国家统筹管理，指引地方政府规范管理与规划教育政务数据开放共享工作。中观层面完善地方数据规范类政策。地方部门结合实际情况完善地方政策，厘清开放共享的教育政务数据标准与规范，明确数据边界与开放的标准、格式、接口、协议和流程等。例如，《合肥市政务数据资源共享开放管理办法》《巢湖市政务数据资源共享开放管理暂行办法》等文件规范了市、县、乡等地方层面政务数据的内容和标准。微观层面制定数据开放范围类政策，明确不同教育政务数据集的阶段性开放，选定优先开放的关键数据集，在无损国家安全和个人隐私的情况下逐步公开政府数据，最终实现教育政务数据开放共享的最大化。

（三）健全教育政务主体之间的合作机制

教育政务数据开放共享涉及创造、整合和组织、编辑和包装、开发和传播等流程，这是教育行政部门、学校、企业、社会、公众等多个主体协同合作的结果。基于此，可健全各主体间的合作机制以解决各主体协同监督及参与数据开放中的难题。首先，可以引入私营机构、公民、行业组织参与到数据开放的政策制定中，完善监督主体，加强政策执行力；其次，重视官民协同参与，鼓励民间企业、科研机构等个人或组织提供所持有的数据，保障数据流动；最后，推动线上合作，将组织、部门、企业以及个人串联起来，增强各主体间的交流、联系与协同监督。

（四）扩大教育政务政策宣传与反馈渠道

强大的政策影响力能够更好地激励各部门落实政策的积极性。为此，可以通过网络、设备、媒体加大对教育政务数据开放共享的宣传，完善政策反馈渠道，提高公众、企业等主体对数据开放共享的认知。例如，由教育行政部门针对已出台的政策文件设立咨询窗口，提供专业性的反馈，提高公众对政策的印象，间接提高政策的影响力。目前，上海、青岛等地方政府数据开放平台均提供了数据申请、需求调查、数据统计、跨平台分享等形式的互动交流功能，为政策反馈提供多元渠道。此外，还可以提高领导对政策的重视度，扩大政策的社会影响力。例如，重庆在国家统筹规划与政策指引下积极制定市级政务数据开放政策，带动政府部门、乡镇、街道、企业机构持续推进数据开放共享工作。

二　完善数据有法可依的法律保障

教育政务数据开放共享需要法律手段保障政策执行的效率，可以在法律法规中明确各责任主体的义务，对其促进教育政务数据开放共享进程的责任作强制性要求，做到有法可依；也可以借助法律手段监管各责任主体的工作进展，对不履行义务或阻碍数据开放进展的责任主体作出惩处规定；同时，应将数据安全纳入法律体系，突出个人隐私保护的法规内容，对数据的解释和说明作出硬性规定，防止高敏感度数据影响社会稳定。此外，数据开放共享还涉及数据的产权、使用权、所有权、采集权等数据确权以及公民的请求公示权、隐私权等个人权益，公众享受合法权益以及数据受到确权保护，都需要有明确的法律法规作为依据。

（一）界定法律保障的基本内容

1. 保障数据确权

数据确权可以划分为数据主权、数据财产权和数据人格权三种类型。数据主权包括数据所有权、控制权、管辖权和使用权等；数据财产权包括采集权、使用权、收益权、反对权、算法解释权等；数据人格权包括知情同意权、访问权、修改权、删除权等。推进教育政务数据开放共享，需要相关法律保障数据权益不受侵犯，不与其他领域产生权益冲突。我国的教育政务数据开放共享可以从著作权、使用权、收益权等角度施加法律保障，确保开放共享的教育政务数据所有合法权益都在法律保护范围内。

2. 保障数据公开

教育政务数据走向公开的过程涉及数据公示环节，数据公示如何申请、公示的流程、请求公示权的维护等，都需要在法律中作出明确规定。例如，《沈阳市政务数据资源共享开放条例》强调，对违反条例中关于政务数据资源共享规定的政务部门及工作人员将给予通报批评，甚至情节严重者由有关部门对直接负责的主管人员和其他直接责任人员依法给予处分；日本《行政机关信息公开法》规定了行政机构处理公众请求数据公示相关文件的办法，对文件的处理期限、不予通过文件的处理办法也作出了详细规定，有效保障了公民的请求公示权，同时对数据公开的步骤、费用也有严格要求。①

3. 保障数据安全

随着数据开放程度的加深，数据安全问题逐渐成为公众关注的焦点。《促进大数据行动纲要》提出要建设安全支撑体系、大数据安全保障体系、网络安全信息共享和重大风险识别大数据支撑体系；《大数据产业发展规划（2016—2020）》也强调重点研究大数据加密和密级管理体系，建立统一高效、协同联动的网络安全风险报告、情报共享和研判处置体系以保障共享数据的安全。近年来，数据收集、处理、交易等活动常将个人隐私置于随时泄露的危险境地，动摇了公众的社会信任感。数据安全是个人隐私保护的重要途径，法律体系应囊括网络信息安全、数据识别、风险指标、情报研判处置等方面的硬性规定，保障共享数据的安全。

4. 保障数据利用

数据利用指教育政务数据是否实现有效开放共享，能否有效应用于相应行动规划中。例如，日本在《推进官民数据利用基本法》中详细规定了日本中央政府、地方政府和其他社会组织在推进数据利用方面应尽的义务，同时提出设立官民数据利用发展战略合作机构。② 数据利用需要从法律层面强化保障，应在法律文件中完善对行政部门、学校、企业等主体推进数据开放共享义务的强制规定，明确各方责任归属，并结合数据利用者的反馈修订相关法律，保障数据的有效利用。

（二）完善教育政务数据开放共享立法

教育政务数据开放共享涉及隐私保护、知识产权、国家机密等法律事宜，需要协同的法律提供支撑。国际上已有许多国家在数据开放立法方面进行探索，例如美国先后颁布《信息自由法》《电子信息自由法》进一步规范数据的开放共享，在隐私保护方面先后出台《隐私法》《电子通信隐私法》等法案；英国不断修订现有法律法规中的相关条款来适应政府数据开放的要求，为《信息自由法》增加数据集内容，《信息自由法》

---

① e-Gov 法令検索.「行政機関の保有する情報の公開に関する法律」, https://elaws.e-gov.go.jp/search/elawsSearch/elaws_search/lsg0500/detail?lawId=411AC0000000042, 2017 年 5 月 30 日。

② 「官民データ活用推進基本法」, https://www.kantei.go.jp/jp/singi/it2/hourei/detakatsuyo_honbun.html, 2020 年 5 月 10 日。

中"信息获取权"变为"信息再利用权"等。① 我国应出台新法案并持续完善法规细节，同时明确法律效力等级，规范法律制度也是立法的重要环节，若没有法律优先级与效力等级作为依据，法规内容引发的信息冲突会扰乱社会秩序，造成不可估量的损失。

（三）健全教育行政监管和机构责任制

法律的有效施行离不开强有力的监管。通过监管可以检查相关部门贯彻法律法规情况，有效避免法律法规执行力低下的现象，落实教育行政执法监督，督促各地方机构明确应尽的责任与义务。

一方面，可由国务院等上级部门设立专注于领导和监管教育行政领域数据开放共享情况的专门行政机构，借助法律法规实现对数据开放共享的管理和监督。例如，美国政府设立信息政策办公室和总务管理局等机构统一管理开放共享事务，管理与预算办公室和信息事务管理办公室负责配合开放共享事务；澳大利亚设立信息专员办公室、信息委员会等机构对政府信息进行监督，以确保相关法律法规得到遵守。

另一方面，我国应加快建设国家、省级乃至地方的层级平台机构，借助平台公示各部门工作进度，调动监管人员及公众的监管积极性，加强法律执行力。此外，行业机构是数据的重要来源与推进力量，要引导企业、行业协会、科研机构、社会组织等主动采集并开放数据，加强各主体间的紧密联系，引领市场主体进行数据开放，实现各主体间的相互监督，保障法律的有效实施。目前我国已由腾讯、阿里巴巴、百度、中国信息通信研究院等多个行业组织联合设立了开放数据中心委员会，定期举办相关会议以探讨行业工作进展。

（四）完善教育政务数据隐私保护机制

隐私保护是数据开放共享面临的重要挑战。教育政务数据不可避免地会涉及不宜公开的机密数据，因此健全隐私保护机制尤为重要。我国应全面考虑不同类型隐私数据的法律适用性，采用不同的法律举措。例如，针对严禁公开的国家机密数据，应建立专项法规保障机密数据安全，从源头降低数据泄露的风险。商用的企业数据应配备配套法律体系以保

---

① 黄如花、刘龙：《英国政府数据开放的政策法规保障及对我国的启示》，《图书与情报》2017年第1期。

障企业合伙人的合法权益。

教育政务数据开放共享需要从法律层面明确个人数据公开的自愿性和脱敏处理，以及规范侵犯隐私权的法律责任归属，对不同类型数据的风险防控与责任主体等事宜，以确保隐私保护机制的稳定运转。目前，多个国家已颁布专项法规以保护数据开放过程中涉及的个人隐私数据，例如美国相继颁发了《隐私法》《数据泄露事件通报法案》等法律文件，并在个人隐私不受侵犯的条件下最大限度地开放政府数据；英国在《数据保护法案》中从多方面强调规范相关主体获取、持有、使用和披露有关个人信息的行为；澳大利亚在《隐私法》中要求联邦政府机关在遵守信息隐私原则的前提下处理个人信息；日本在《行政机关所持个人信息保护法》中规定个人信息采集与应用的范围，明确行政机关对信息正确性与安全性、信息损毁泄露与不当利用等负有责任。我国的个人隐私保护法律也日趋成熟，《中华人民共和国个人信息保护法》从法律层面界定了"个人隐私"的概念内涵。

三　加强数据安全防护的技术保障

技术保障是教育政务数据开放共享保障机制的重中之重。教育政务数据开放共享涉及数据的采集、存储、访问、传播、重用等环节，都需要一定的技术支撑。其中，数据采集需要对数据进行简单的核对与矫正，数据存储需要采取加密与风险防护等措施，以保障数据不会被泄露和盗取。数据开放共享还面临恶意攻击、系统漏洞等风险隐患，安全稳定的环境是数据开放的重要载体。基于此，本研究从安全技术标准、技术环境管理、智能技术支持、技术应用权责等方面，重点关注数据属性、内容、环境的安全保护，制定风险防控应急预案、加强保障能力，如图5-2所示。

（一）确定技术保障具体内容

1. 保障数据属性安全

教育政务数据涉及国家机密、个人隐私等不宜公开的信息，即使进行数据加密和匿名保护，数据也可能面临极大的风险。同时，知识产权保护机制的缺失也影响机密数据的安全，可以借助政策或法律手段明确教育政务数据的产权界定，避免数据开放共享理念与数据使用权的冲突

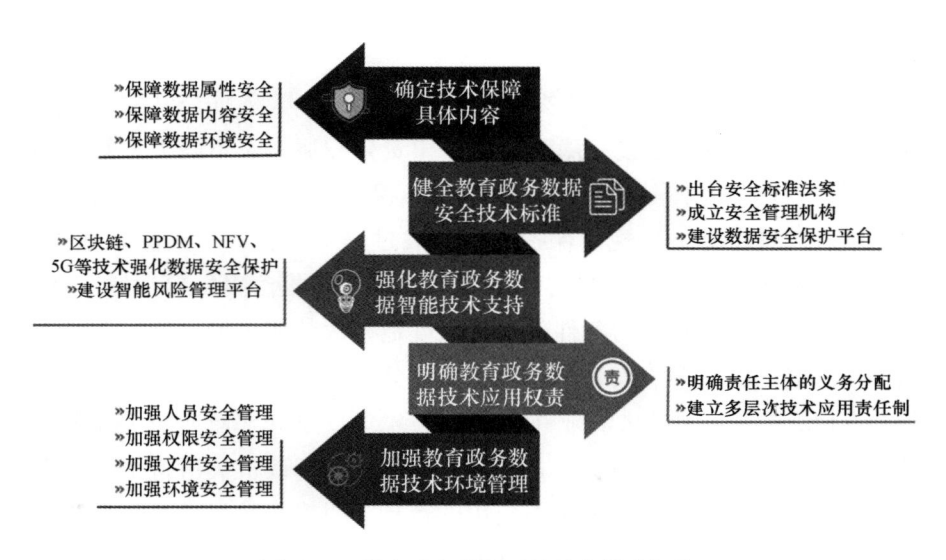

图 5-2　教育政务数据开放共享技术保障

引发数据动荡。例如《贵州省政府数据共享开放条例》提出了加强政府数据共享开放的安全管理，定期开展安全培训、风险评估等工作，做好政府数据保密审查和风险防范。此外，完整性是数据开放共享的重要属性，数据篡改、内容丢失、数据滥用等问题会破坏数据的完整性，可以实施数据保护影响评估、运用数据认证技术等措施加强完整数据的安全保护，目前我国在《GB/T31495-2015 信息安全技术信息安全保障指标体系及评价方法》中设置信息泄露指标（ZB19）、数据篡改指标（ZB20），为数据的完整性提供有效的安全标准。教育政务数据开放共享还面临数据的多次利用与跨平台引用，数据流通安全应得到全面的保障。数据流通过程中若没有及时对元数据进行备份与更新，会导致数据集无法有效存储，影响数据的使用与流通；个人数据在流通过程中的存储周期与处理是否合法也影响数据流通性的安全，容易导致数据流通脱离相关部门的管控。

2. 保障数据内容安全

数据内容的安全应注重从内容审核与管理的角度，通过数据质量审查为数据开放共享安全提供技术保障，应充分利用技术手段与法规制度确定数据服务的具体范围与内容，明确不同信息资源的区分界线。例如，美国肯塔基州通过使用"学生数据审查和名册"软件为数据内容进行准确性校验和错误定位，实现自动提交数据更正请求和在线跟踪更正进度的功能；贵州省大数据发展管理局内设数据资源管理与安全处，专门负责信息资源安全保障工作；《沈阳市政务数据资源共享开放条例》要求各政务部门建立政务数据资源安全管理制度，制定数据资源安全应急预案并采取安全保护技术措施。

3. 保障数据环境安全

教育政务数据平台搭建、数据上传和下载、数据重用等环节都依托互联网展开，网络环境的安全至关重要。美国已相继出台《网络安全信息共享法案》《物联网网络安全改进法案》等文件，强调联邦部门与物联网制造商、网络连接提供商和其他行业利益相关者合作，保障物联网设备和网络安全；日本出台《网络安全基本法》《网络安全战略》等政策法规强化网络环境安全。我国的网络安全管理局承担着网络安全监测预警、威胁治理、应急管理等工作，应加强数据流动监控与追溯等技术的应用，推广防泄露、防窃取、匿名化等数据保护技术，发挥云平台安全统一管理等技术手段在安全保护与风险防控中的作用。

（二）健全教育政务数据安全技术标准

教育政务数据开放共享需要配套的安全技术标准法案辅以支持。当前国际上已出台了针对性的数据安全保护法，如欧盟的《一般数据保护条例》、英国的《数据保护法》。我国已有《GB/T31495－2015 信息安全技术信息安全保障指标体系及评价方法》《GB/T31506－2015 信息安全技术政府门户网站系统安全技术指南》《中华人民共和国网络安全法》等信息安全技术标准和法规，但更适用于数据安全保护的《中华人民共和国数据安全法》《数据安全管理办法》等法规仍在立法规划与意见征询中，应加快出台教育政务数据相关的专项法规与数据安全标准法案。同时，可以成立数据安全技术标准工作组落实标准与法规政策的执行和监管，并在各地区大数据管理局、网络安全管理局内设机构中增设数据安全管理处等机构，辅助数据安全技术标准的落地践行。此外，可在技术支撑下加强数据安全保护平台建设，改善数据安全技术标准工作组或机构的工作效率与环境，夯实数据安全技术标准的完善与落地。

（三）强化教育政务数据智能技术支持

教育政务数据开放共享可以通过智能技术加强对数据的安全保护。

例如，区块链技术已在数据确权、数据溯源、数据加密等方面展现出巨大潜力；基于人工智能的隐私保护数据挖掘算法已成为防止敏感数据泄露的先进技术解决方案；NFV 等虚拟化技术、5G 网络云化技术也在数据安全管理方面发挥了巨大作用，强化了数据风险预防防护、网络安全监测预警能力以及网络云端安全性、网络通用认证机制等能力。目前数据开放共享面临的网络安全新挑战也在不断升级，已有犯罪分子利用区块链技术匿名性和节点全球分布的特征实施犯罪行为。为有序应对安全风险，应加强智能技术在教育政务数据采集、加工、传播、重用等过程中的应用，例如建设数据系统监测与评估平台、研发数据风险管理服务系统等举措，强化智能技术在数据动态监测、网络风险预警等方面的决策支持。

（四）明确教育政务数据技术应用权责

明确技术应用环节各责任主体的义务分配是推动技术保障实施的关键。法规政策通常和其他权利或责任结合才会使数据安全更受重视。明确技术应用环节各责任主体的义务分配是推动技术保障实施的关键。例如《贵州省大数据安全保障条例》明确规定实行大数据安全责任制，基于复制、流通、交换等多个安全责任人承担各自安全责任，保障数据全生命周期安全。此外，建立多层次的技术应用责任制。各地方政府及行政部门应建立部门、小组、个人多层次的技术应用责任体系，逐级分层落实教育政务数据开放共享的技术应用责任，明确数据所有者、持有者、管理者、使用者和采集者的法律责任，最终落实个人责任承担制。

（五）加强教育政务数据技术环境管理

教育政务数据开放共享涉及人员、权限、混合环境的安全管理。人员安全管理指通过对从事相关领域公众的人员实施审查、培训、契约等管理手段，结合严密的管理制度保障数据安全。各教育行政部门应完善岗位分配制度，加强从业人员的安全培训，并针对工作涉及机密数据的岗位人员签署安全保密契约。权限安全管理应严密划分，管理部门可缩小授权范围，对岗位人员或系统网站授予最小权限，还可将授权分散化，从功能上划分关键工作的权限。此外，还应启动对物理环境的自然灾害防护与网络环境的风险应急措施，以及黑客攻击、网站服务器崩溃等网络环境风险的应对计划，加强人员应对风险的培训与演习，保障数据开放环境的安全。

随着政府数据开放共享工程的持续推进,教育政务数据走向大规模的有序开放共享是大势所趋。本研究从政策、法律、技术三个核心要素出发,构建教育政务数据开放共享的保障机制。其中,政策要素保障数据开放共享在形式、环境、标准、条件、监管等方面的规范发展,法律要素保障数据权属、利用、公开、安全防控等环节的强制性责任归属,技术要素保障数据属性、数据内容、开放环境等方面的安全以及风险防控。三个核心要素协同发力,可以更好地服务教育政务数据开放共享,提高教育行政工作效率。

然而,推进教育政务数据开放共享仍面临重重阻碍甚至陷入困境,未来的研究将围绕以下两方面展开:一是如何利用智能技术革新数据保障手段与风险防控预警;二是如何精准落实教育政务数据开放共享保障机制在各地方政府、部门的应用,提高保障机制的适配性。未来的研究需要在国家政策与法律文件的支持下,顺应技术发展以改进保障机制的全面性与有效性。期望在政府、企业、公众等多元主体的协同治理下,打破教育政务数据开放共享进程中的桎梏,推进国家教育治理体系和治理能力现代化。

第六章

教育政务数据开放的运行机制

伴随着大数据战略和国家治理现代化的不断推进,加快教育政务数据开放共享已是必然,如何推进教育政务数据健康、持续、安全开放运行已成为制约数据全面开放与有序共享的关键问题。当然,教育政务数据开放运行是一个复杂的体系,涉及方方面面。本章主要从教育政务数据的交换共享、教育政务数据的质量管控、教育政务数据开放的用户参与以及教育政务数据开放绩效评估四个方面探讨教育政务数据开放的关键运行机制,这对加快教育政务数据开放进程、推进实现教育治理能力和治理体系现代化具有重要的现实意义。

第一节 教育政务数据的交换共享

在数字社会及数字经济领域,有效的交换共享是数据充分发挥生产要素价值的前提,也是数据要素驱动各行各业进行数字化转型的动力。在教育领域,推进教育政务数据进行有效的交换共享,既能有效促进各级各类教育政务系统的整合联通,也能推进开展"数据流"驱动的教育"业务流",实现教育治理工作的数字化转型。鉴于此,本节将围绕如何有效推进教育政务数据的交换共享这一目标,在深入分析典型数据交换模式的基础之上,构建一个符合现阶段我国教育治理现状的政务数据交换共享技术框架,为今后我国的教育政务数据交换共享研究与实践提供借鉴与支持。

一　典型数据交换模式

数据交换是不同主体或组织结合实际需要，在终端设备间建立数据通信临时互连通路，实现不同信息系统之间信息通信与数据资源共享的过程。从本质上而言，数据交换是数据发布主体与数据接收主体（数据请求主体）间的信息交换共享过程。这也就意味着，数据交换一方面可以让不同组织或部门的数据进行融通，进而打破数据孤岛[1]，让更多的数据利益相关者更容易获得与分享信息资源；另一方面，不同数据主体或组织按照一定的标准与规范，合法合规合理地交换与分享数据，其间产生的更大规模的数据集可支持相关组织部门开展大数据驱动的决策与监管等工作，既能有效促进相关业务的数字化转型，也有助于推动治理工作的现代化水平。

在现实中，由于不同信息实体的实际业务需求、所处的信息环境、采用的技术规范、数据交换效率与安全等级等方面都有可能存在较大差异，也就出现了不同的数据交换模式策略或解决方案。但总体而言，典型的数据交换模式主要有点对点式、集中式和混合式三种。

（一）点对点数据交换模式

点对点（point 2 point，P2P）是一种非中心结构的分布式数据交换模式。在 P2P 数据交换模式中，每一个对等点有着相同的地位，即对等点扮演着客户端与服务端的双重角色，既可以请求服务也可以提供服务。此外对等点还具有路由器和高速缓冲存储器的功能，从而弱化服务器的功能，甚至是取消服务器。[2] 简言之，点对点数据交换模式是在任意两个客户端之间按照数据请求与相应行为实现数据交换，如图 6-1 所示。

点对点数据交换模式的主要优势主要有以下两个方面：第一，所有节点的连接构成了整个节点网络，且由于各个节点之间是一种对等关系，所有节点的资源总和构成了整个对等网络的资源。如按照一定的协议规

---

[1] 郑旭东、杨现民、岳婷燕：《教育政务数据开放平台的区块链技术架构与运行机制设计》，《中国电化教育》2021 年第 3 期。

[2] 徐宏、王建华、耿英三：《P2P 分布实时数据交换的高可用混合负载均衡算法》，《小型微型计算机系统》2006 年第 4 期。

节点

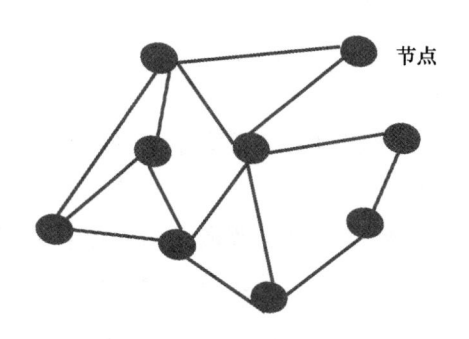

图6-1 点对点数据交换示意

则和技术在对等网络上进行数据交换，整个网络在理论上将构成一个有海量存储能力、巨大算力的超级计算机。第二，点对点数据交换模式的稳定性与安全性更高，即便是两个节点之间开展的数据交换行为受到威胁或攻击，也不会影响到其他节点之间的数据交换活动。此外，随着分布式网络上的节点越来越多，网络规模越大并且更加稳固与安全。例如，当前最具代表性的新一代信息技术——区块链，就是一种去中心化的庞大的分布式网络，通过采用 P2P 协议和共识机制等技术，实现数据信息在网络节点之间的交换与分布式存储①，并且确保了数据交换与存储的高度安全。

（二）集中式数据交换模式

集中式数据交换是当前组织部门获取与共享数据的常见模式。在此模式中，数据信息是集中存储到统一的共享数据库或数据信息服务中心（数据中心节点），数据请求者（客户端节点）依据相应权限对数据集中点进行访问，并上传或获取相应的数据，从而实现数据信息资源的交换共享，如图6-2所示。总体而言，集中式数据交换模式是基于数据汇聚与整合的一种系统集成模式，能够满足数据信息的规模化采集及高频率交换共享等需求，并且能够对数据信息进行一致性与规范性管理。因而，中大型组织通常采用集中式数据交换模式架构综合应用系统，以实现跨部门数据信息交换支持的数字化业务协同处理。

---

① 邵奇峰、金澈清、张召、钱卫宁、周傲英：《区块链技术：架构及进展》，《计算机学报》2018年第5期。

然而，集中式数据交换模式也存在明显的数据存储共享风险。当客户端节点都是通过访问数据中心进行数据交换与共享时，在高峰期会导致数据交换响应延迟和数据传输迟滞等问题；另外，数据中心节点极其容易受到黑客与病毒攻击，以及火灾和自然灾害等极端事件中出现的宕机或损坏，也可能导致整个数据交换共享出现故障，带来严重的数据资产安全风险。例如，印度政府数据库 Aadhaar 遭到入侵，11 亿印度公民的记录被曝光，被列为人类历史上十大数据信息泄露事件。[1]

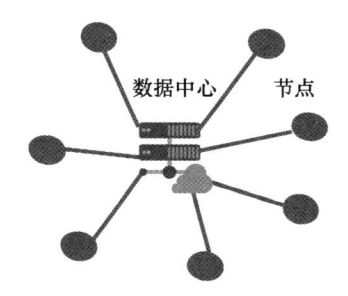

图 6-2 集中式数据交换示意

（三）混合式数据交换模式

在一些复杂的事务处理场景中，使用单纯的分布式数据交换模式或集中式数据交换模式，难以满足部分组织部门的数据信息交换需求。为此，将以上两种模式结合起来使用就形成了混合式数据交换模式，既能满足部分组织部门（节点）之间通过直接相互访问实现数据资源的交换共享，也能通过访问统一的共享数据库或数据信息服务中心，实现不同层级、不同业务部门之间的数据信息共享。可见，混合式数据交换模式符合差异化的数据交换共享需求，且更为灵活高效。

值得提及的是，政府政务治理过程会涉及所辖市、县、乡镇等各级部门，而且区域政务部门间的数字化发展水平、政务数据交换共享能力，以及政务处理对数据共享的需求都有所差异。为此，在区域政府政务数据交换开放过程中，会结合政务部门间的实际需求，灵活地采用混合式

---

[1] GoUpSec：《史上十大数据泄露事件及其教训》，https://www.goupsec.com/news/7508.html，2022 年 8 月 1 日。

数据交换模式，充分发挥分布式数据交换模式或集中式数据交换模式的优势，解决特定的数据交换需求问题。

例如，广东省为了加快数字广东实现进程，一方面打造广东政务大数据中心（网址为 https：//www.digitalgd.com.cn/technology/platform/dataCenter/），以破除数据孤岛问题，推进全省数据汇聚融合与交换共享，为全省提供一体化的政务大数据公共平台服务和公共基础数据库服务，推进全省跨层级、跨地域、跨系统、跨部门、跨业务的协同管理和服务。另一方面，广东省也采用分布式数据交换模式开展住房公积金的数据信息交换共享等业务，推进住房公积金的个人数据信息查询合法合规，同时有效避免数据中心化或数据交换时可能出现的数据信息安全问题。

总之，以上三种数据交换共享模式各有优势与不足，适用的场景也存在较大差异。在各类组织部门开展的数据交换与共享工作中，要结合实际应用场景，灵活地选择符合实际需求的数据交换模式，科学合理地架构数据交换共享系统平台，既要保障不同部门之间顺畅交换与共享数据信息，也要高度保障数据交换传输安全。

二 教育政务数据交换共享的技术框架

结合上文分析可知，混合式数据交换模式融合了集中式数据交换和点对点数据交换两种模式的优点，既可实现对基础性数据的整体采集、汇聚与全局性交换共享，也能满足不同层级或部门之间的差异化需求进行点对点数据交换，因而非常适合处理包括教育领域在内的各类政务数据交换共享。

为此，教育政务数据交换共享的技术架构，在总体上可以采用混合式数据交换模式。但值得注意的是，教育政务数据交换共享涉及不同区域和不同部门，要实现教育政务数据规范、有序、稳定、安全、持续地交换共享，并支持与驱动教育政务工作的跨层级、跨地域、跨系统、跨部门、跨业务的协同处理，还应采用以下思路对混合式数据交换模式进行优化。

第一，教育政务数据交换共享的技术框架要以数据治理理念为指导，确保数据安全高效地交换共享，进而推动区域教育政务流程的协同规范开展[1]，提高教育政务治理能力水平。

第二，在混合式数据交换模式中融合使用区块链技术，形成以区块链为基础的混合式数据交换体系。特别是，政务领域研究者与实践者的研究成果表明，教育政务数据的交换共享同样可借助联盟链优势，将分散自治的节点连接起来，在形成的区域中心节点与其他子节点之间，利用共识算法实现链上节点间数据信息的安全交换。[2]

第三，教育政务数据交换共享的技术框架还应嵌入数据中台架构，确保数据能够标准化、规范化采集、汇集与存储，进而形成教育政务大数据资产层，更加规范与高效率地为各类用户提供数据交换共享服务。

基于以上思路，本节构建了如图6-3所示的教育政务数据交换共享技术框架，既有助于推进区域教育政务数据实现高效率的交换共享，也能够支持逐步形成健康、安全、长效运行的教育政务数据开放共享生态，可为我国开展的区域教育政务数据交换共享工作提供借鉴与参考，助力教育政务治理现代化实现进程。

本研究构建的教育政务数据交换共享技术框架有以下优势化特征。

第一，充分发挥了区块链作为分布式数据库机制的优势，将分散自治各个信息节点及主体机构的数据目录及部分数据上链，可提高区域内不同节点之间的互信与互通，推进多源教育政务数据以有序、安全、可信、透明的方式交换共享与开放应用，从根本上破解区域内教育数据的孤岛难题。[3]

第二，通过融合数据中台到大数据中心的建设中，可以实现对所有业务进行数据化处理，进而充分发挥数据资产价值。[4] Gai 等人提出了将融合区块链和数据中台以创造附加价值的观点。为此，本技术框架提出了在省级层面建设省级数据中心，实现对县市区等下级部门的教育政务数据进行汇聚，并同时将部分数据和数据目录在区块链上同步更新。

---

[1] 张培、夏海鹰：《教育领域数据治理的基本思路与实践路径》，《现代教育技术》2020年第5期。

[2] 朱典：《区块链技术在政务领域的应用探索》，《信息安全研究》2022年第12期。

[3] 郑旭东、狄璇、岳婷燕：《区块链赋能区域教育治理：逻辑、框架与路径》，《现代远程教育研究》2022年第1期。

[4] 邓立君：《数据中台与大数据中心分析》，《电子世界》2019年第22期。

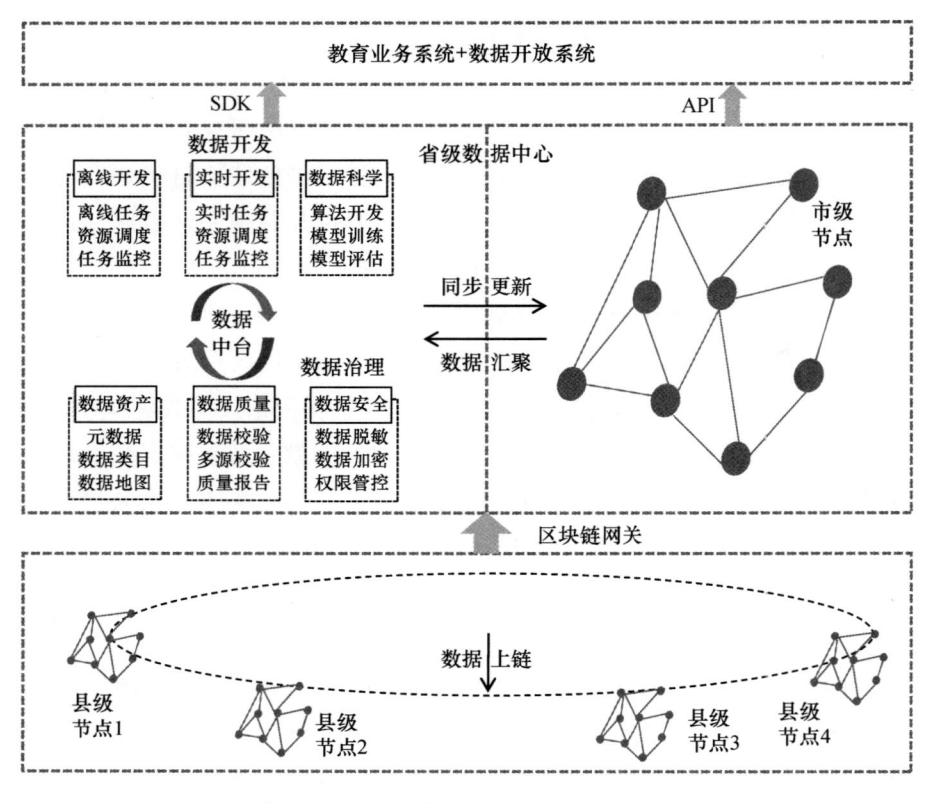

图 6-3　教育政务数据交换共享技术框架

第三，教育数据中台是帮助教育行政部门体系化、规范化、场景化交换共享数据的平台。此框架在省级数据中心中嵌入了数据中台，主要包括四方面的功能套件。一是数据集成套件，即以接口文件采集、流数据采集、网页爬虫采集等技术方式，对教育业务系统中的结构化、非结构化数据进行交换与集成。二是数据开发套件，主要对集成的原始教育数据进行开发（包括离线开发、实时开发、算法开发三种形式），成为数据资产并促进其交换共享。三是数据治理套件，主要对庞大的、复杂的、异构的教育数据资产进行标准化、规范化、安全化的交换与管控。四是数据服务中间件，即教育数据中台通过该中间件可向前台的教育政务数据交换共享提供数据目录、数据分析、数据共享等服务。

总体而言，在教育政务领域采用"区块链+数据中台"结合应用的方式①，是对混合式数据交换模式的一种新探索，其既能够有效促进教育政务数据交换共享中的一致性与标准性，也能高度保障教育政务数据交换共享的高度安全，可高质量满足数据开放利益主体处理教育行政业务、请求教育政务数据开放等需求。

第二节　教育政务数据的质量管控

教育政务数据开放是教育治理现代化的重要内容，实现高质量的数据开放是开放工作平稳高效运行的根本保障。但当前我国的教育政务数据开放工作存在开放数据缺乏统一标准、开放平台功能不完善、开放技术有待提高、用户参与度低、开放机制不健全等问题，难以保障教育政务数据开放质量。因此，本节以提升数据开放质量为出发点，在构建教育政务数据开放质量管控模型的基础上，提出开放质量优化的路径，以期为教育政务数据深层高质的开放共享提供参考。

一　教育政务数据质量的评判标准

教育政务数据在数据形态、格式、传输、存储、分析及共享方式等方面，与其他领域产生的数据并无差异，这意味着衡量教育政务数据的质量基本可以借鉴当前广泛遵循的数据质量评判标准。

本研究结合《中华人民共和国统计法》《中华人民共和国统计法实施条例》《联合国官方统计国家质量保证框架手册》《国家统计质量保证框架》②，提出评判教育政务数据质量的六项标准。

（一）真实性

真实性要求教育政务数据从源头上要符合教育教学活动和管理事务处理的真实与实际情况，确保教育政务数据要有真实的、可靠的、可信的依据，能够对数据按照要求进行溯源。

---

① 李冠、王璐琪、花嵘、贾斌：《基于区块链中台架构的城市应急管理协同机制研究——以突发公共卫生事件为例》，《山东科技大学学报》（社会科学版）2021年第4期。

② 《国家统计质量保证框架（2021）》，统计局网站，http://www.gov.cn/xinwen/2021-06/18/content_5618986.htm，2021年6月18日。

（二）准确性

教育政务数据的准确性是指数据是否存在异常、乱码、不一致和错误问题。值得提及的是，在数据统计时不可避免地出现误差问题，但这种误差须控制在一定范围之内，且不会对教育业务处理和科学的教育决策产生影响。

（三）完整性

教育政务数据的完整性指数据统计、录入、传输和存储等环节，要确保数据全面而不缺失。数据的不完整可能是整个数据记录缺失，也可能是数据中某个字段信息的记录缺失。教育政务数据如果不够完整，数据资产价值将大打折扣。

（四）及时性

教育政务数据的及时性是指数据从产生到开放应用的时间，其反映了教育政务数据自身价值的时效性。如果数据从采集到开放共享的时间跨度太长，这些数据的应用分析效果可能就失去了意义，所以要尽可能缩短从获得到公布的时间间隔。

（五）有效性

教育政务数据的有效性要求，一方面是指教育政务数据值、数据格式符合数据定义或业务定义的要求；另一方面也要求数据项或数据集，没有重复的数据值，以及数据值必须唯一，如身份识别的 ID 类数据等。

（六）可获得性

教育政务数据的可获得性是指可以多渠道、多方式开放数据信息，便于数据需求主体更加便捷、容易、灵活地获取开放教育政务数据。此外，提供一定的教育政务数据开放获取的服务支持，如对社会公众关心的教育数据进行分析、解读和可视化呈现，提供合适的数据开放接口和 App 等[1]，以及公布相应的数据开放共享制度文件等。

总体而言，对教育政务数据质量进行评判时，一般要遵循以上六个标准。但需要注意的是，开放共享高质量的教育政务数据不是由数据开放共享环节决定，而是取决于教育政务数据的整个生命周期。为此，开

---

[1] 杨现民、王英、李怡斐、王亚如：《教育政务数据开放共享体系的基本框架》，《中国电化教育》2020 年第 9 期。

展教育政务数据开放共享工作要从数据采集、清洗、存储、分析、开放和应用等各个环节严格把控,以高质量的教育政务数据支持、驱动跨部门和区域协同处理教育事务处理工作。

二 教育政务数据质量问题的表现与归因

尽管我国的教育政务数据开放已步入高速发展阶段,但从上节提及的六个评判标准来看,各级各类教育部门开放共享的政务数据的质量并不高。值得提及的是,教育政务数据质量问题需要系统的视角分析,即教育政务数据质量问题与教育平台、技术、用户以及体制等影响因素密切相关。[①] 整体来看,当前我国各级各类教育行政部门开放的数据质量问题主要表现在三个方面。

(一) 缺乏统一数据标准,导致开放数据参差不齐

在当前的教育政务数据领域,缺乏通用及统一的数据采集规范及数据开放标准,导致各级各类教育部门采集与开放的数据质量参差不齐。[②] 例如,各类教育部门通常采用不同类型的教育教学及教育事务管理系统,这些教育应用系统采用的数据规范或标准有所差异,这就导致由教育应用系统录入、生成及导出的教育政务数据,通常在格式、类型与结构等方面存在不同,并进一步导致汇聚后的教育政务数据集出现数据命名方式不统一、数据名和内容不一致,甚至造成数据格式混乱、数据乱码等数据质量问题,给教育政务数据的汇聚分析与开放应用带来巨大挑战。[③]

(二) 教育平台孤岛问题,妨碍开放数据持续进化

我国的教育信息化建设多采用"共建共享"和"自主建设"模式,因而各部门建设的教育教学系统平台之间,由于技术方面的平台接口问题和人员层面的观念意识问题,造成了区域内部及区域之间教育平台孤

[①] 陈朝兵:《超越数据质量:政府数据开放质量的几个理论问题研究》,《情报杂志》2019年第9期。

[②] 王娟:《国内外政府开放数据质量研究述评》,《图书馆理论与实践》2019年第12期。

[③] 郑旭东、杨现民、岳婷燕:《教育政务数据开放平台的区块链技术架构与运行机制设计》,《中国电化教育》2021年第3期;王娟、杨现民、郑浩、顾雯、李涵:《大数据时代教育政务数据开放的风险分析及防控策略研究》,《中国电化教育》2020年第6期。

岛问题[①]，可能出现各类教育教学数据和教育事务处理数据的流动性差、及时性不高、完整性不好等问题，未能形成良好的教育数据进化机制。加之，我国教育政务数据开放平台建设相对薄弱[②]，在政府政务数据开放平台中提供的教育数据开放版块功能有限，带来了教育政务数据的开放深度、广度和效度不高的问题，进一步妨碍了教育政务数据的及时更新与健康、稳定、持续的进化。

（三）教育用户参与度不高，数据价值挖掘不足

数据利益主体分布在教育政务数据的整个生命周期中，任何一环的教育用户对开放数据的动力与参与度存在不足，都会对教育政务数据质量及其价值挖掘产生不良影响。例如，在教育数据产生与采集环节，学校主体采集教育数据不完整、数据更新频率低、数据真实性不高、数据共享及时性差等[③]，都会造成教育开放数据的可用性与准确性不高等问题。教育政务数据在采集环节存在的质量问题不仅需要上级教育部门消耗大量的时间与精力来解决，还可能引发数据质量问题的富集效应，导致教育政务数据在最终的开放应用环节出现问题，影响数据时效性和完整性，以及妨碍社会公众和组织对数据价值的挖掘应用。

（四）数据权属与责任不清，难以充分保障数据质量

我国颁布了《数据安全法》等相关法律法规，为确定数据权属和保护数据安全提供了重要的法律依据。但在教育等领域的政务数据开放中，仍存在落实与确认数据权属关系方面的难题，数据采集与开放的责任问题不清晰等现象。例如，教育政务数据相关管理制度、标准规范以及责任和监管部门的缺位问题，致使教育用户的数据权属和责任难落实，进而出现教育政务数据开放边界模糊、开放过程难监管、开放责任难追溯等现象，不仅难以充分保障教育政务数据质量，还会导致教育数据开放服务质量无法得到保障，进而可能出现不利于教育政务数据开放共享的恶性循环。

[①] 莫祖英、侯征、刘燕权：《基于 IPA 分析的政府开放数据关键性质量问题研究》，《情报资料工作》2021 年第 1 期。

[②] 段忠贤、吴艳秋：《政府数据开放度评价指标体系构建与实证测度》，《统计与决策》2019 年第 22 期。

[③] 童楠楠：《我国政府开放数据的质量控制机制研究》，《情报杂志》2019 年第 1 期。

综上所述,教育政务数据质量取决于众多因素的共同影响,高质量的教育政务数据供给需要从数据生命周期的各个环节协调和推进。因此,未来应以系统化的角度,对教育政务数据从全过程、全员参与、持续进化的视角进行质量管控,为有效的教育政务数据开放工作奠定基础。

三 教育政务数据的质量管控模型

开放质量是教育数据开放过程能够发挥开放数据价值的关键因素,保障数据开放质量是一个全流程的、系统的过程,应基于整体视角讨论数据开放质量,通过对该过程的系统性、整体性和综合性思考,确保教育政务数据开放质量得到更为全面、科学、完善的保障。

(一)质量管控机制模型构建的理论基础

1. 全面质量管理理论

全面质量管理(Total Quality Management,TQM)是企业界普遍采用的一种管理思想和管理实践,是一个组织以质量为中心,以全员参与为基础,持续改进产品和流程,让顾客满意并让全体成员受益的一个长期管理体系。[1] 全面质量管理强调企业质量管理中的"三全",强调全面性、全过程、全员参与的质量管理[2],关键在"全面""提质""增效"。TQM 理论认为,影响产品和服务质量的因素主要包括"人、机、料、法、环、测"(Man,Machine,Material,Method,Environment,Measurement,5M1E)六类因素。开展全面质量管理是提高管理效能的现实需要,是保障开放质量的重要工具和途径,也是开放效率的重要体现。将这个概念迁移到数据开放工作中,借助全面质量管理的基本理念、工作原则等保障教育政务数据开放质量,就是以开放质量为核心,建立数据开放质量管理体系,强调全面、全过程、全员参与的质量管理,并对开放效果进行评价,持续改进开放质量,有助于促进教育政务数据向更高质量和更高效率方向发展。

---

[1] Oakland J., Porter L., "Quality 21", *Quality World*, No. 1, 2004, pp. 10–14.
[2] 杨文士:《全面质量管理基本知识(第四版)》,中国科学技术出版社 1996 年版,第 40—41 页。

2. 数据生命周期理论

生命周期是生物学领域的术语，指的是生物体从诞生、成长、成熟直至衰亡的过程，后经发展逐渐成为一种研究方法并被广泛应用[1]，数据生命周期则是生命周期在大数据领域的扩展与应用。数据开放是一个生命周期运动的过程，涉及数据产生、组织、发布、利用等多个环节，各环节都会对整体教育政务数据开放过程产生影响。[2] 因此，应积极关注数据生命周期理论在数据开放中的应用，从全生命周期的视角探讨教育政务数据开放质量保障。加强教育政务数据开放生命周期管理有利于明确数据开放步骤，优化开放流程，对开放实践的顺利开展具有重要意义。参照 Zuiderwijk A. 等提出的数据开放步骤和政府数据生命周期管理模型，将数据开放生命周期划分为五个阶段，分别是数据创建与采集、数据组织与处理、数据存储与发布、数据发现与获取、数据应用与评价。[3] 各阶段相互关联、连续迭代、协同作用，构成复杂的价值链条和价值网络。

3. PDCA 循环理论

PDCA 循环即质量管理工作循环，又称戴明环理论，由美国学者休哈特提出，指在管理活动中，为提高系统质量和管理效益，所进行的计划（Plan）、实施（Do）、检查（Check）、处理（Action）等工作的动态循环、螺旋式上升的过程。每个环节都是一个 PDCA 小循环，每个循环都是以质量为中心，小循环内形成闭环，最终环环相扣，相互促进和推动。每次循环都使质量水平和管理水平提高一步，不断循环往复，改善开放过程，推进开放质量提升。[4] 该理论是 TQM 所应遵循的科学程序，是 TQM 的核心思想，是一种全面的质量管理活动完整过程，也是质量计划的制订和组织实践的过程。[5] 实施教育政务数据开放质量保障工作，可借

---

[1] 张聪丛、郗颖颖、赵畅、杜洪涛：《开放政府数据共享与使用中的隐私保护问题研究——基于开放政府数据生命周期理论》，《电子政务》2018 年第 9 期。

[2] 黄如花、赖彤：《数据生命周期视角下我国政府数据开放的障碍研究》，《情报理论与实践》2018 年第 2 期。

[3] Zuiderwijk A., Janssen M., Choenni S., et al., "Sociotechnical Impediments of Open Data", *Electronic Journal of E-Government*., No. 2, 2012, pp. 156-172.

[4] 常金玲：《基于 PDCA 的信息系统全面质量管理模型》，《情报科学》2006 年第 4 期。

[5] 马璨婧：《日本高校教育质量保障体系下的 PDCA 循环理论应用及启示》，《江苏高教》2021 年第 8 期。

鉴 PDCA 模式安排质量管理活动。一方面，教育政务数据质量管控环节可按照 PDCA 循环顺序展开工作，形成大环带小环、环环相扣不断前进的循环机制。另一方面，以促进数据开放质量稳步提高为目标，实现开放质量保障工作的不断优化和持续改进，可以达到质量全面管理的效果，形成开放质量持续改进的控制机制，促进质量保证和质量提高。

（二）质量管控模型

本研究以上述理论为指导，基于发展、系统、动态、联动的数据开放理念，构建了教育政务数据质量管控模型，如图 6-4 所示。此模型遵循数据生命周期理论，以教育政务数据质量管控为核心目标，关注教育政务数据的采集、处理、开放及服务过程，并依据评判教育政务数据质量的"六大标准"，对教育政务数据进行全流程质量校验管控，进而为教育政务数据开放共享与挖掘应用奠定基础。

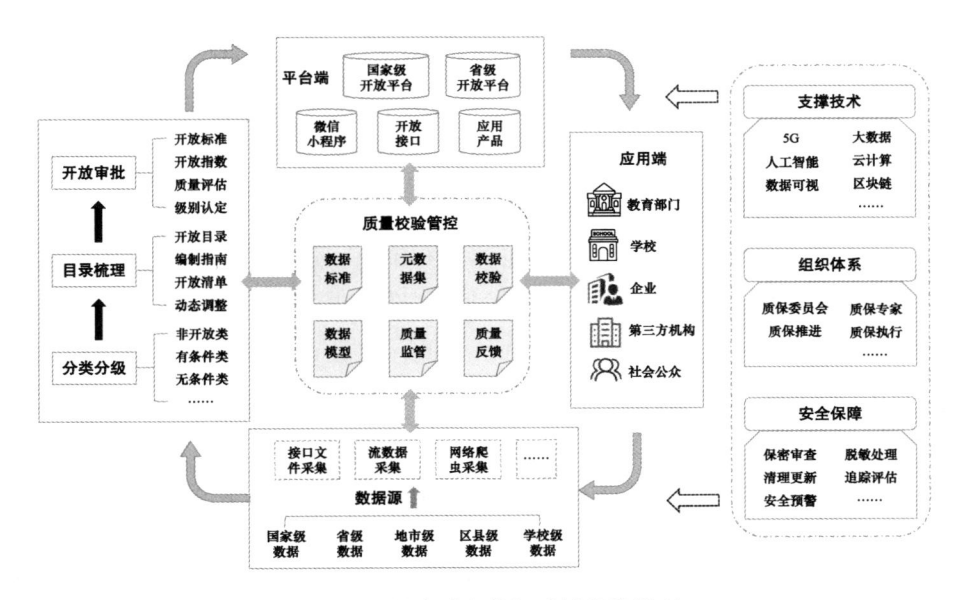

图 6-4 教育政务数据质量管控模型

1. 数据源管控：标准化采集各级各类教育政务数据

教育政务数据的数量、质量、结构、时效性等因素，从根本上决定了教育政务数据质量。为此，教育政务数据开放质量管控模型中，可通过标准化接口（如 API）和智能网络爬虫等方式，对多来源、多层次、多维度的标准化数据的常态化采集提供支持，提高教育政务数据的及时性、可获得性和真实性。① 值得提及的是，常态化标准采集的教育政务数据既包括国家、省级、地市和区县等各级教育行政部门的教育政务数据，也包括各类学校系统平台中的教育活动数据。

2. 质量校验管控：过程闭环化管控教育政务数据质量

采集后的教育政务数据需要进行质量校验管控，符合一定的数据质量标准后才应该被开放共享。可见，数据质量校验管控是图6－1所示模型的核心，此环节主要涉及了如下的质量管控内容：一是根据数据标准和元数据对采集到的教育政务数据进行预处理，包括对数据进行格式处理、缺失值处理、逻辑错误处理、关联性验证等。二是对教育政务数据存在的问题进行分析，确定数据质量责任人，出具质量评估报告和整改建议。三是结合相关数据模型算法，自动化持续测量全流程数据质量，并建立数据质量管理知识库，并对数据应用反馈进行智能化分析，优化数据质量管理策略。② 值得提及的是，此环节是教育政务数据质量问题发现、问题检查、问题整改的良性闭环，是保障高质量教育政务数据生成与开放的基础。

3. 开放过程管控：分类分级规范化审批开放数据

开放共享的数据并非对所有主体都有价值。这就意味着，高质量的教育政务数据还应该以最简单直接的方式满足需求主体的要求，而无须对获得的数据进行再次清洗和筛选。为此，在教育政务数据质量管控模型中，还要实现对教育政务数据按照分类分级的方式进行审批与开放共享。

第一，对教育政务数据分级分类。各级教育部门应结合数据安全要求、教育业务需求、区域特点等因素，从数据管理、业务应用、安全保护、数据对象四大维度，制定教育政务数据分级分类规则，对不同级别、不同类别的教育数据采取差异化管控。各数据开放主体按照主题数据分

---

① 郑旭东、狄璇、岳婷燕：《区块链赋能区域教育治理：逻辑、框架与路径》，《现代远程教育研究》2022年第1期。

② 《数据资产管理实践白皮书（5.0版）》，http://www.bytevi.com/whitepaper.html，2022年1月10日。

级分类规则，对后台的各类数据进行类别和安全等级的分类处置，确定教育政务数据开放类型、开放条件和监管措施。对于涉及学校、机构、个人隐私的教育数据，将其列为非开放类；与教育过程相关且除隐私类的可开放数据，列为有条件开放类；其他列为无条件开放类。同时，数据开放主体按照相关技术标准和要求，对列入开放清单的开放数据进行整理、清洗、脱敏、格式转换等处理，并根据开放清单明确更新频率，及时更新数据。

第二，对教育政务数据目录梳理。首先，结合数据开放规范，明确数据开放主体，为可开放的数据集、接口和应用定义地域分类、领域分类、专题分类、数据类型、数据格式、提供部门、开放类型等多个维度的数据开放目录体系。其次，在数据资源目录范围内，将与教育教学紧密相关、利益相关者迫切需要、开放意义重大的教育数据，优先纳入教育数据开放重点。按照数据分级分类规则、开放重点，制定教育数据开放清单，明确可以开放的教育数据，标注数据领域、数据摘要、数据项和数据格式等信息，明确数据的开放类型、开放条件和更新频率等。最后，针对数据更新速度快的特点，还需建立开放清单动态调整机制，对尚未开放的教育数据进行定期评估，及时更新开放清单，确保教育政务数据的可获得性。

第三，对教育政务数据开放审批。基于上述数据分级分类规则、数据开放目录及开放清单，在教育政务数据共享开放前，首先，由数据提供方进行审批，确保所提供的数据符合共享开放目录的范围及要求。数据共享开放的运维部门在数据共享开放前也应同步进行审核，确保对外共享开放最终数据的有效性。其次，利用"数据开放指数"，从数据可访问性、可用性和再利用性三方面，定期评估各地教育政务数据开放共享水平，以评促发展。[①] 定期对数据进行开放级别认定与管理，针对不同保密程度、不同应用需求与价值的政务数据设立多级开放标准，随着数据开放的程度和范围逐级提高，相应的数据安保级别也随之提高。最后，实施必要的质量评估，通过对开放数据的状态、数据更新频率、数据连

---

① 邓崧、杨迪、李鹏丽：《政府数据开放成效影响因素研究》，《情报杂志》2022 年第 9 期。

通性、下载率、使用情况、数据流向等多维度指标进行实时监测，确保开放数据的可用性，间接提高数据开放质量。

4. 应用反馈管控：数据质量持续提升的良性循环

全面质量管理的目的是向需求主体提供高质量的服务。而教育部门、学校和社会公众等主体主要通过教育政务数据开放平台获得开放数据，而互联互通和应用体验性好的系统平台，能够调动各类主体积极参与到数据开放、共享、应用及评价反馈等过程中，能够激活数据应用活力，促进数据优胜劣汰，形成数据质量持续提升的良性循环。为此，教育政务数据质量管控过程中，要从"平台端"提高数据的可获取性，并从"应用端"加强数据应用后的评估反馈。

教育政务数据开放平台是教育政务数据开放的媒介与窗口，是公众获取与利用数据的主要渠道。为此，既要建设专业的教育政务数据开放平台，也要加强此类平台的数据预处理、安全加密、日志记录等数据管理功能，防止教育政务数据因病毒工具、泄露、篡改而影响数据的真实性与完整性。此外，教育政务数据开放平台还要具备丰富的数据查询、预览、咨询、获取、分析和追踪等功能，提供更加标准的、多样的数据开放接口，以及数据解读的产品工具，在提高教育政务数据的易获得性的同时，为数据用户提供良好的应用体验，拓宽数据质量反馈渠道。

而在"应用端"，一方面要依托智能化教育政务数据开放平台，自动采集公众需求数据，预测教育用户对平台的应用体验、数据发布与优化、交流互动与反馈等需求，向不同用户差异性开放与推送符合他们需求的教育数据。另一方面还需鼓励管理人员、教师、学生以及相关企业等多元用户共同参与、相互协作，积极发现和指出数据应用中存在的质量问题，借鉴"以评促建"理念[①]，促进教育政务数据的持续演变与进化。

5. 提供"技术+组织+保障"的综合性管控

第一，为教育政务数据质量管控提供智能技术支撑。一是5G、大数据、物联网等新一代信息技术构建新型基础设施建设。通过5G+教育专

---

① 李学良、冉华、王晴：《区域教育现代化监测评价指标体系的构建与实施研究——以苏南地区为例》，《教育发展研究》2020年第2期。

网、高速光纤，以及高性能、大容量数据存储设备，能够保证数据的完整采集与及时上传，从源头做好数据质量管控工作。二是创新应用区块链、云计算、人工智能等技术，支持教育政务数据的按需存储、快速处理、安全共享、智能管理，促进教育政务数据质量的智能化校验，甚至依据算法模型智能化批量处理数据清洗等问题。[①] 如利用大数据技术对海量教育开放数据进行精准挖掘与系统分析，进而推进教育数据开放质量的精准提升[②]；利用云计算技术，对海量数据进行计算、处理与存储，有助于实现数据可视化以及针对性分析，进而促进教育政务数据质量的有效管控。

第二，完善教育政务数据质量监管的组织架构。一是国家及各级教育行政部门要出台教育政务数据质量的规范、标准、细则，推动构建教育政务数据治理组织架构，设计和明确教育政务数据开放主体的职责分工，为从采集到开放高质量教育政务数据提供规范指南。二是各级部门要建立由高等院校、科研机构、企业、相关部门的专家组成的教育政务数据质量监管专家委员会，负责研究论证数据生命周期中的数据质量疑难问题，对提高教育数据质量工作提出专业建议。[③] 鼓励高等院校、科研机构和市场主体开展公共数据分析挖掘、数据可视化、数据安全与隐私保护等关键技术研究，加强对教育政务数据采集、处理、开放与应用等全生命周期的数据质量监管。三是要开展教育政务数据质量监管评估的推进与执行工作，确保教育政务数据质量监管工作有效落实。

第三，建立教育政务数据质量管控的保障机制。一是建立必要的教育政务数据共享开放需求评估机制，对教育政务数据信息、数据范围、时间周期、传输方式、安全管控手段、审核流程等要素进行合理评估，为获取符合标准、符合质量的教育政务数据提供依据。二是确立教育政务数据时效性评估机制，对过期失效的数据及时清理、更新或标注过期

[①] 储节旺、张林轩、宫雨晨、康明驰:《合肥市政府数据开放平台建设及发展路径研究》，《数字图书馆论坛》2021年第2期。

[②] 赵磊磊:《人工智能赋能高校数据治理:逻辑、挑战与实践》，《重庆高教研究》2022年第1期。

[③] Treasury Board of Canada Secretariat, How your ideas shaped the plan, https://open.Canada.ca/en/4plan/about-process-creating-canadas-4th-plan-open-government, 2020-12-21。

失效标识。三是确立教育政务数据安全管控的保障制度，对数据开放安全风险进行监督、预警和及时响应，保障教育政务数据隐私安全，防止病毒及黑客攻击等造成数据篡改和失效等质量问题。

第三节　教育政务数据开放的用户参与

随着国家治理现代化和数字政府建设进程不断推进，教育政务数据开放无疑已成为优化教育业务管理、提升教育公共服务、促进教育科学决策等教育治理工作的驱动力。但需要明确的是，教育政务数据的开放效益与应用效果，在很大程度上取决于能否满足相关参与者的利益，因此如何促进多元利益主体积极参与教育政务数据的开放共享全过程，已成为教育数据开放领域亟待研究与解决的重要议题。

一　教育政务数据开放中的多元利益主体分析

利益主体也被称为利益相关者，最初指经济学与企业管理中为了获益而投资并承担相应风险的个人或群体[1]，他们对企业的管理与发展起到重要的促进作用，甚至可以认为企业的生存和繁荣与利益主体的参与和支持密不可分。当前，在社会各行业组织与机构的运行和管理过程中，以及政府数据开放等公共数据治理领域，利益主体已成为通过协同治理而实现互利共赢的共同体或不同群体的代名词。

然而，教育政务数据开放共享中的利益主体及其关系相对复杂，主要表现为以下方面：（1）不同类型的利益主体在教育政务数据开放及治理等环节中的影响存在很大差异。（2）部分利益主体可能参与教育政务数据的采集、存储、共享与应用等多个环节。（3）政治因素、社会需求、经济手段都有可能促使利益主体在教育政务数据开放中的角色发生转变。（4）教育政务数据的长效开放共享，既要满足多数利益主体的利益诉求，也要促进不同利益主体协同参与教育政务数据治理。（5）不同利益主体的利益诉求从根本上决定了他们参与教育政务数据开放的方式也存在差

---

[1] FREEMAN R. E., "Strategic Management: A Stakeholder Approach", *Journal of Management Studies*, No. 2, 1984, pp. 131 – 154.

异。值得关注的是，数据生命周期理论为厘清教育政务数据开放共享中利益主体及其利益诉求提供了一种基本思路。前文已介绍了数据生命周期理论，此处不再赘述。

为此，本研究综合教育政务数据生命周期五阶段的主要特征、教育政务数据的生产要素属性与公益属性特征，以及采用文献分析法，最终得到九个关键的教育政务数据开放共享的利益主体，分别为政府、教育行政部门、学校、公众、科研机构、教育行业协会、教育企业、营利性教育研究机构、信息技术服务提供商。同时，根据利益相关者理论中典型的"权力—利益"划分方法，进一步可将以上九个关键利益主体大致划分为三类：(1) 权力型主体，即领导、组织和全周期参与教育政务数据开放的利益主体，其在教育政务数据开放中拥有最高权力；(2) 社会非营利性主体，即具有社会公益属性且关注、监督与参与教育发展与治理的主体；(3) 社会营利性主体，即通过分析与利用开放的教育政务数据，研发教育产品、设备、资源及提供相关服务，以获得高价值回报的主体。

以上"三类九主体"参与教育政务数据开放的诉求虽然从根本上可归为社会利益、个人利益、经济利益和科研利益等，但不同利益主体的具体诉求表现及其获得利益的参与方式都有所不同，如表 6-1 所示。

表 6-1　　教育政务数据开放的参与主体、参与方式与参与阶段

类别	主体	参与方式	参与阶段
权力型	政府	领导、组织、参与和监督包括教育政务数据在内的政府数据开放	数据生命全周期
权力型	教育行政部门	制定数据开放制度及相关规定；参与数据采集、处理、存储与审查；主持数据开放共享的组织、指导、推进、监督、协调与评估等工作	数据生命全周期
社会非营利性	学校	配合教育部门采集师生、设备、校舍等各类教育数据；为教育决策和实施提供反馈与建议；基于数据分析结果开展学校决策与发展工作	数据创建与采集、组织与处理、发现与获取、应用与评价

续表

类别	主体	参与方式	参与阶段
社会非营利性	公众	免费及时获取数据，利用数据进行决策；为教育部门的决策和实施提供反馈与建议	数据发现与获取、应用与评价
	科研机构	利用数据进行科学研究，研发教育数据产品，提供教育决策等咨询服务	
	教育行业协会	为教育决策和实施提供反馈与建议；制定有关的教育行业规则等	
社会营利性	教育企业	评估教育发展现状、需求与趋势，研发各类教育产品、资源、装备，以及提供师生培训与咨询服务	数据发现与获取、应用与评价
	营利性教育研究机构	评估教育发展现状、需求与趋势，有偿提供教育评估、解决方案和相关服务	
	信息技术服务提供商	搭建与运维数据开放平台；研发与升级数据开放的工具产品；提供数据生命全周期的技术支持服务等	数据生命全周期

二 教育政务数据开放中利益主体的参与动力模型

从生态学的视角来看，一个健康、持续和进化的教育政务数据开放生态体系，不仅需要多样化的种群（利益主体）参与数据开放过程，而且需要来自外界的持续能量（动力），驱动"三类九主体"参与教育政务数据的全生命周期，从而实现不同利益主体深度、协同、高效地参与教育政务数据生命周期的各个环节，充分保障与促进教育政务数据的深层开放与有效共享。为此，本研究基于前文及相关文献的分析之上[①]，构建了"三类九主体"参与教育政务数据开放的动力机制模型，如图6-5所示。

---

① 杨现民、王英、李怡斐、王亚如：《教育政务数据开放共享体系的基本框架》，《中国电化教育》2020年第9期；胡佳琪、陆颖：《开放科学数据利益主体协同机制研究》，《图书情报工作》2020年第21期；刘桂锋、濮静蓉、苏文成：《高校科研人员科研数据开放的影响因素与机理研究》，《图书馆学研究》2019年第22期。

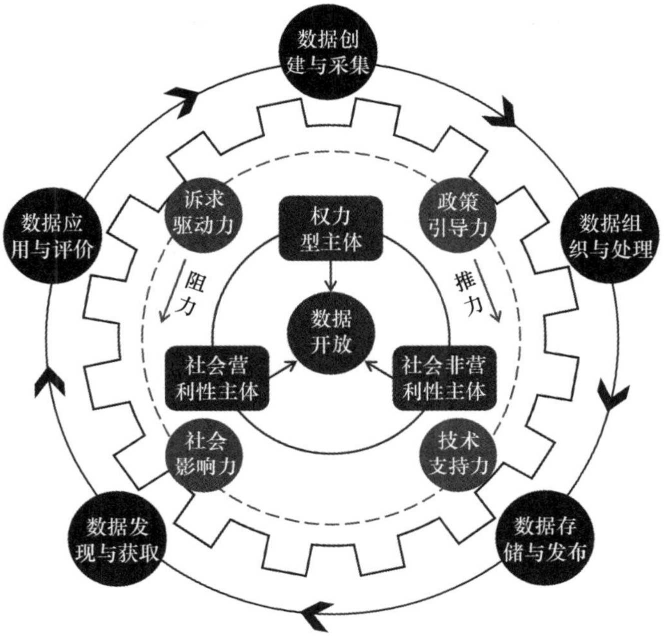

图 6-5　利益主体参与教育政务数据开放的动力模型

（一）利益主体教育政务数据开放的参与动力类型

诚如前文所言，在我国建设开放型政府和推进教育治理现代化的背景下，深度促进教育政务数据的有效开放与深度共享，已成为教育政务开展的必然趋势。而驱动"三类九主体"参与教育政务数据开放的动力，包括不同主体在利益诉求层面的内驱力、政策制度层面的引导力、新型技术工具层面的支持力以及社会环境的影响力。

1. 利益诉求：利益主体的参与内驱力

利益诉求是不同利益主体参与教育政务数据开放的内生驱动力。为此，教育政务数据开放的良好、有效与持续推进，应该在最大限度上满足不同利益主体的不同需求。本研究在识别"三类九主体"以及它们参与教育政务数据开放方式及阶段的基础之上，从政府政务、社会治理、经济利益和教育发展等方面，进一步对这些主体的多元化利益诉求进行了深入分析，有利于促进它们持续、深入、协同地参与教育政务数据开放全流程的相关机制研究及应用实践，如表6-2所示。

表6-2　　教育政务数据开放中参与主体的利益诉求

类别	主体	利益诉求	典型主体
权力型	政府	打造数字政府，提高教育服务成效，办好人民满意的教育，促进国家治理能力与治理体系的实现	国务院，以及省、市、县（区）各级地方政府
	教育行政部门	提高教育事务处理效率与水平，推进教育治理体系和治理能力现代化，办好人民满意的教育	教育部，以及省、市、县（区）各级教育行政部门
社会非营利性	学校	促进学校决策与发展；行使知情权与监督权，参与教育治理	各类学校及在校师生
	公众	低门槛获得教育数据，行使知情权与监督权，参与教育治理	家长、数据分析爱好者等社会公民
	科研机构	获得标准、全面、及时的数据，降低科研成本与提高成果质量；为教育发展提供咨询服务，扩大影响力，获得研究资助	非营利性科学研究机构，如高校教育研究机构及研究人员
	教育行业协会	为企业和院校等其他利益相关者，针对性地提供教育数据类产品、管理、服务，以及交流与合作的平台	非营利性教育行业组织，如中国教育装备行业协会
社会营利性	教育企业	提高教育资源与服务供给精准性，获得合法营利与实现企业发展	教育产品、资源的生产与经营机构及教育服务提供商，如教育培训机构
	营利性教育研究机构	提供教育评估、解决方案和相关咨询服务，获得合法营利与实现机构发展	第三方教育评估机构
	信息技术服务提供商	为数据开放提供安全、稳定、持续的技术支持与服务，获得合法营利与实现企业发展	大数据、云计算等信息技术与服务提供商

2. 政策制度：利益主体的参与引导力

科学合理的政策制度可为开展教育政务数据开放的系列性工作指明正确合理的推进方向、路线，以及提供针对性强、可靠性高的保障机制，从而引导不同的利益主体以多元化的方式深度参与到数据开放工作中。

例如，在有关教育政务数据开放的推进工作方面，中央政府和教育部先后印发了《关于全面推进政务公开工作的意见》[①]《政务信息系统整合共享实施方案》[②]《教育信息化2.0行动计划》等政策文件，在宏观层面对利益主体如何高效参与教育政务数据开放，从不同视角提供了政策引导及与之相符合的制度保障。此外，我国各省市根据国家政策并结合区域现实需求，也制定了相关的政策文件，如《江苏省大数据发展行动计划》[③]和《上海市政务数据资源共享管理办法》[④]等。这些文件在中观层面可引导区域利益主体参与、促进包括教育数据在内的政务数据开放共享工作。值得关注的是，由于政策制度具有很高的权威性和科学性，能在较大程度上平衡不同利益主体的利益诉求，引导它们参与教育政务数据开放全过程。

3. 技术工具：利益主体的参与支持力

简单而言，技术工具是介于利益主体与教育政务数据之间的"桥梁"，为利益主体全面、深度参与教育政务数据生命周期提供关键支持。当前快速发展的大数据、区块链、云计算、人工智能等技术，从下述方面为利益主体提供了参与教育政务数据开放全流程的支持。在数据创建与采集等方面，教育政务数据采集者可以借助区块链、大数据和云计算等技术，从一线学校和基层教育部门采集以规范化和标准化方式创建的各类教育数据集。在数据组织与处理方面，相关人员可进一步采用脱敏技术与相关技术规则，对教育政务数据进行隐私信息和敏感数据的匿名化等脱敏性处理，确保数据开放后不会对国家安全、社会稳定和个人隐私形成危害。[⑤] 在数据发布、开放与应用等阶段，面向各级各类教育行政

[①] 《中共中央办公厅 国务院办公厅印发〈关于全面推进政务公开工作的意见〉》，http://www.gov.cn/xinwen/2016-02/17/content_5042791.htm，2021年11月2日。

[②] 《国务院办公厅关于印发政务信息系统整合共享实施方案的通知》，http://www.gov.cn/zhengce/content/2017-05/18/content_5194971.htm，2021年11月2日。

[③] 《省政府关于印发江苏省大数据发展行动计划的通知》，http://www.jiangsu.gov.cn/art/2016/8/19/art_46143_2543205.html，2021年11月2日。

[④] 《上海市人民政府关于印发〈上海市政务数据资源共享管理办法〉的通知》，https://www.shanghai.gov.cn/nw39632/20200821/0001-39632_47477.html，2021年11月2日。

[⑤] 郑旭东、杨现民、岳婷燕：《教育政务数据开放平台的区块链技术架构与运行机制设计》，《中国电化教育》2021年第3期。

部门，可通过数据访问身份认证与加密技术，按照身份权限实现教育政务数据进行分层分级开放，以及应用过程的监督与追责。而相对于企业和个人等社会大众而言，教育政务数据开放平台、API 接口、网络爬虫等平台技术，可为他们提供教育政务数据开放获取与共享应用等支持。

4. 社会环境：利益主体的参与影响力

数据已成为数字经济时代的重要生产要素，不仅变革性地推进社会经济转型与增长，并深刻影响了人们的活动方式与思维方式。这意味着，在当前的数据社会和建设开放型政府的双重背景下，教育政务数据开放也得到社会各行各业、各类组织和社会公众所高度关注，并在较大程度上影响、促进利益主体参与教育政务数据开放。如在升学就业和教育资源配置等教育工作中，新闻媒体作为社会行业型组织进行新闻报道的同时，不仅在履行社会监督责任和保护社会知情权，也会影响和促进社会公众参与教育政务数据的获取与应用。另外，第三方机构组织虽是教育政务数据开放的利益主体，但它们可以通过开展有关活动的方式行使其监督权和知情权，进而影响、促进甚至是要求区域教育部门推进教育政务数据开放工作。如华东师范大学联合光明日报社等部门机构，在《光明日报》向各级政府和教育行政部门发出大力开放教育数据的倡议[1]；万维网基金会发布的《全球数据开放晴雨表报告》（Open Data Barometer Global Report）[2]，以及复旦大学联合数字中国研究院发布的《中国地方政府数据开放报告》[3] 都具有较大的社会影响力，均促进了教育部门、教育机构和社会公众以不同形式、不同程度地参与教育政务数据开放。

（二）利益主体参与教育政务数据开放的动力作用机理

为进一步厘清和理解教育政务数据开放生态体系中不同利益主体之间的互动关系及参与教育政务数据开放的动力作用机理，本研究将基于

---

[1]《大力开放教育数据的倡议书》，https：//epaper.gmw.cn/gmrb/html/2015 - 10/27/nw.D110000gmrb_20151027_3 - 14.htm，2021 年 11 月 2 日。

[2] World Wide Web Foundation. *Open Data Barometer*，https：//opendatabarometer.org，2017 - 4 - 13。

[3] 复旦大学数字与移动治理实验室：《中国地方政府数据开放报告（2020 下半年）》，http：//ifopendata.fudan.edu.cn/static/report/中国地方政府数据开放报告（2020 下半年）.pdf，2021 年 11 月 2 日。

群体动力理论（Group Dynamics Theory）进行分析。从该理论看，"三类九主体"在参与教育政务数据开放时，围绕教育政务数据的生命周期构成了一个相互依存、相互影响的利益共同体，共同体成员之间显性与隐性、直接与间接的关系，以及互动交往等行为共同构成了参与动力系统。[1] 如公众对教育政务数据的应用、评价与反馈，将促使教育行政部门和信息技术服务商，提供更好的教育政务数据质量与获取服务。另外，教育企业作为主要的社会营利性主体，可以根据国家相关教育政策指引，合法获取和分析开放的教育政务数据，及时评估教育现状、需求与发展趋势，针对性地研发与提供各类教育资源、装备、咨询服务，满足不同利益主体的利益诉求。可见，利益主体参与教育政务数据开放的诉求，主要是教育公益事业的公共利益和面向个体或机构的功利利益，要同时满足参与教育政务数据开放的以上利益诉求，就需要利益主体之间避免零和博弈、相互包容，在诉求驱动力、政策引导力、技术支持力、社会影响力的推动下积极参与教育政务数据开放。

值得提及的是，群体动力理论从动态和系统的视角，提出凝聚力、驱动力和耗散力是群体行为的动力源。[2] 其中，凝聚力和驱动力均是正向推力，起着维系群体稳定和促进群体持续向前发展的作用；而耗散力是影响群体稳定和持续发展的阻力。事实上，教育政务数据开放的诉求驱动力、政策引导力、技术支持力、社会影响力，并非单纯的推动力，同时也是妨碍利益主体参与教育政务数据开放的负向阻力或耗散力。如从政策引导力层面而言，我国出台的《政务信息系统整合共享实施方案》等政策文件，为推动教育领域的政务数据的规范开放共享应用提供了政策指引，但在数据监管、数据标准化以及数据隐私保护等方面有关政策的缺失依然是亟须弥补的短板，阻碍了教育政务数据开放平台的规范化建设与安全运行。[3] 再如，大数据、区块链和人工智能等技术在教育政务

---

[1] Lewin, K., "Frontiers in Group Dynamics: Channels of Group Life; Social Planning and Action Research", *Human Relations*, No. 2, 1947, pp. 143–153.

[2] 任小云、段锦云、冯成志：《个体采纳与群体采纳：决策过程中的两类建议采纳行为》，《心理科学进展》2021年第3期。

[3] 杨现民、王英、李怡斐、王亚如：《教育政务数据开放共享体系的基本框架》，《中国电化教育》2020年第9期。

数据开放过程中的应用，可极大地提升不同利益主体在教育政务数据生命周期中的利益诉求，但是其技术应用门槛和投入成本比较高，而且仍存在一定的算法风险和数据漏洞等问题，成为教育行政部门深度参与数据开放共享的顾虑。总之，利益主体参与教育政务数据开放的四种正向推力，在一定程度上也是负向阻力，是"你中有我，我中有你"的相互作用、彼此抗衡及相互转化的关系。

综上可见，只有通过对教育政务数据开放过程进行综合治理，才能更好地平衡上述四类动阻力，促进不同利益主体之间的良性互动，以及最大可能地满足不同主体的利益诉求，从而构建一个健康、平衡与可持续发展的教育政务数据开放新生态。

三　促进利益主体参与教育政务数据开放的关键机制

在教育政务数据开放生态中，不同的利益主体扮演着数据的生产者、消费者和分解者等生物种群。这些生物种群为了满足其内在需求，在数据生命周期的各个阶段进行适当的分工协作，促进教育数据资源的开放共享。事实上，一个健康、稳定、持续发展的教育政务生态系统，还需要具备很强的生态自我调节能力，通过以下六个关键的系统调节机制，激发所有生物种群的活力，积极参与到教育政务数据开放的全生命周期，使教育政务数据资源能够最大限度地流动、共享、融合、迭代优化以及创造性应用，实现数据增值和增效。[1]

（一）数据治理与共享机制

发达国家的政府数据开放与治理工作，通常以构建纵横交错的开放式跨界政府数据治理协作机制，来广泛吸纳参与数据治理工作的社会力量[2]，并通过建立各种类型的数据治理机构或委员会，统筹多元主体参与数据开放与治理过程，以有效推进政府数据开放目的的实现。如美国在政府数据开放中设立了数据治理指导委员会、数据管理委员会、首席数据官办公室，以及数据治理工作群，还提供数据管理员、分析师、建模专

---

[1] 薛晓娜、佟泽华、丰佰恒、冯晓、孙杰、刘阳如冰：《5G环境下数据生态链的优化策略研究》，《情报理论与实践》2021年第3期。

[2] 夏义堃：《政府数据治理的国际经验与启示》，《信息资源管理学报》2018年第3期。

家、架构师以及安全分析师等职位①，制度化、体系化、规范化地推进数据开放工作。我国教育政务数据开放也可借鉴国外相关的数据治理与共享机制，一方面通过广泛吸收社会机构、专家学者和企业代表等利益主体，建立教育政务数据治理与开放指导委员会等机构，指导教育政务数据工作的规范化、常态化、长效化开展与推进；另一方面可通过教育政务数据标准化采集与处理、数据资产确权、数据安全管控等工作，既能在教育政务部门之间推进数据的分层分级按权开放共享，也能提高社会机构和公众的数据可获得性以及分析应用的体验性和成效性，循环反复，逐步形成一个利益主体积极参与教育政务数据开放的生态循环圈。

（二）协同合作与竞争机制

从生态学的视角看，在一个健康、有序运行的教育政务数据开放生态中，不同的利益主体围绕自身的利益诉求，形成了一种协同合作和相互竞争的共生关系，从而对教育政务数据开放的利益进行适度或均衡分配，缓减甚至是避免不同利益主体间的利益矛盾。为此，若要促进不同的利益主体积极参与教育政务数据开放，就需建立相对完善的协同合作及良性竞争机制。通过这一机制，一方面可促进利益主体围绕教育政务数据开放等环节，积极参与和开展更加紧密、稳定、互信的协同合作，甚至逐步演化为一个自组织的共生利益主体群②，实现各方利益主体的收益最大化。另一方面，不同利益主体之间的适度、良性竞争，能够保持利益主体在教育政务数据开放中的生态地位，提高利益主体参与数据开放的活跃性，甚至对部分利益主体进行"优胜劣汰"，或适度改变它们在数据生命周期中承担的重要功能，从而不断维系一个健康稳定的教育政务数据开放生态，使其以螺旋迭代的方式持续向前发展。

（三）风险防范与化解机制

2021年9月1日，我国正式施行《中华人民共和国数据安全法》，对规范数据的处理、开发与利用活动，维护国家、行业、组织和个人的数

---

① 夏义堃：《政府数据治理的国际经验与启示》，《信息资源管理学报》2018年第3期。
② 朱晓峰、盛天祺、张卫：《重大突发公共事件冲击下政府数据开放的共生运行机制研究：构建与演进》，《情报理论与实践》2020年第12期。

据安全，提供了重要的法律保障和维权依据。[①] 而我国教育政务数据开放工作还处于探索推进期，在具体的推进落实过程中不可避免地存在数据采集、管理、存储、发布等管控风险，轻则损害个别群体的信息隐私或数据拥有权，或对教育行政治理与决策工作形成挑战；重则有可能导致社会分化和国家教育数据主权安全风险，成为教育政务部门和学校深度参与数据开放的主要顾虑。为此，在教育政务数据开放工作中亟须确立完善的数据风险防范与化解机制，一方面应建立教育政务数据风险监控与应急管理中心[②]，对数据的全生命周期进行风险预警和及时管控，构建多利益主体协同联动的数据安全共治体系[③]；另一方面利用联盟链技术全流程保障在数据采集、传输与开放过程中的高度安全，并设立监管部门节点监督与管控潜在的数据安全风险。[④] 总之，通过确立与执行以上机制，可有效降低或消除利益主体有关潜在的数据安全风险顾虑，推动其积极参与到教育政务数据开放的相关工作中。

（四）评价考核与激励机制

为了更好地推进教育政务数据开放工作，需要充分发挥评价的"指挥棒"及其激励作用，需要建立相对完善的数据开放评价与激励机制，对参与教育政务数据开放相关工作的利益主体进行差异化考核与评价，以便在认识到存在问题与不足的基础之上精准施策，激励更广泛的利益主体积极参与教育政务数据开放的全流程。一方面要对教育政务部门、学校及相关教育人员的数据采集、安全存储和开放发布等工作进行绩效考核。如根据教育政务数据治理相关部门制定的评价标准，对教育数据采集质量、数量和时效性进行评价；委托独立的第三方评价机构对数据开放平台及其应用效能进行评价等。另一方面要对教育政务数据的开放应用主体进行适度评价，既要规范和激励企业与社会公众合

---

① 《中华人民共和国数据安全法》，http://m.xinhuanet.com/2021-06/11/c_1127552204.htm，2021年11月2日。
② 王娟、杨现民、郑浩、顾雯、李涵：《大数据时代教育政务数据开放的风险分析及防控策略研究》，《中国电化教育》2020年第6期。
③ 冉连、张曦：《地方政府数据开放全生命周期安全管理政策研究——基于全国17个省级政府的政策文本分析》，《情报杂志》2021年第8期。
④ 郑旭东、杨现民、岳婷燕：《教育政务数据开放平台的区块链技术架构与运行机制设计》，《中国电化教育》2021年第3期。

法、规范、符合伦理道德地应用开放教育数据，也要畅通开放数据的应用评价与反馈通道，以便优化和提升教育政务数据开放质量和创建更加良好的社会氛围与环境，影响和带动更多的利益主体参与教育政务数据开放。

（五）监督管理与问责机制

教育政务数据是非常重要的公共事务数据，其既关系到教育事务的跨部门协同处理，更关系到相关师生等用户的隐私安全及国家教育主权完整。为此，在教育政务数据开放工作中，应建立相对完善的监督管理与问责机制，即由政府部门或独立的第三方机构作为监督管理者，从教育政务数据的采集、处理、发布、共享与应用等所有环节进行监管，提高教育政务数据质量与开放效能。通过教育政务数据开放的监管与问责机制，一方面，有助于降低数据开放风险、提升数据质量、实现数据确权、避免数据滥用，降低"三类九主体"参与教育政务数据开放的相关顾虑，提高参与教育政务数据开放的积极主动性。另一方面，依据科学的政务数据审查、监管与问责流程，规范各类利益主体的数据开放共享行为，促进各类利益主体以互信平等、协同合作的方式参与教育政务数据开放全流程，维系教育政务数据开放生态系统健康有序运行。

（六）社会宣传与推广机制

诚如上文所言，社会影响力是促进利益主体参与教育政务开放的重要推进力之一。为此，各级部门在开展的教育政务数据开放工作中，应逐步建立起相对完善的社会宣传与推广机制，通过实施灵活多元的举措扩大教育政务数据开放宣传工作。一方面，要利用新闻媒体宣传和推广教育政务数据开放的有关政策、数据获取渠道，以及有关的鼓励性措施，旨在吸引更多的社会公众关注和参与教育政务数据开放、共享、应用及反馈等工作。另一方面，联合相关科研机构和社会组织，开展以教育政务数据开放为核心的主题活动，扩大各级部门教育政务数据开放的用户基础及影响力。[①] 此外，有调查显示，教育政务数据开放 API 接口服务和

---

① 曹雨佳：《政府开放数据生态链中的用户参与机制——以加拿大政府数据开放实践为例》，《情报理论与实践》2021 年第 6 期。

数据格式都相对单一①，在一定程度上影响了数据的开放和传播效果。为此，未来开展的教育政务数据开放宣传工作，还需要优化教育政务数据开放平台或有关网站，降低教育政务数据获取、开放和传播的门槛，提高开放数据的可获得性与传播流通性，让广泛的利益主体更加便捷，甚至无障碍地高效获取开放数据。

四 促进利益主体参与教育政务数据开放的实施路径

上文分析了利益主体参与教育政务数据开放的动力及关键机制，可为教育部门从数据生命周期视角开展教育政务数据治理及开放共享等工作提供借鉴与参考，让更广泛的利益相关者积极、协同、深度地参与到教育政务数据开放中。但是，如何将上述所提及的各类动力与参与机制落地实践，未来仍然需要从以下四个方面积极落实与推进。

（一）加强顶层设计，完善参与数据开放的规制保障

教育政务数据开放作为政府数据开放的组成部分，虽然获得了教育部门和社会的较高关注，但各类利益主体参与教育数据开放的积极性并不高，进而导致数据开放总量不足、质量不高、效果欠佳等问题。② 为此，我国各级教育部门应加强顶层设计，建立与完善利益主体参与数据开放的规制保障。其一，要持续完善数据确权法律及相关制度。2021 年，我国相继颁发《中华人民共和国数据安全法》和《中华人民共和国个人信息保护法》，为利益主体参与教育政务数据开放及相关工作提供了法律依据。但这些法律并没有涉及数据确权问题，且教育属于公益性事业，教育数据资产的确权问题涉及不同利益主体的利益。为此，我国政府亟须持续完善数据确权法律，各地教育行政部门也需要制定相关制度机制，在教育数据资产方面保障相关利益主体的合法权益。其二，要从标准化采集到应用评价的数据生命周期视角制定利益主体参与教育政务数据工作的体系化制度机制，规定不同阶段或环节中利益主体的权力、职责和

---

① 郑旭东、杨现民、岳婷燕：《教育政务数据开放平台的区块链技术架构与运行机制设计》，《中国电化教育》2021 年第 3 期。

② 郑旭东、杨现民、岳婷燕：《教育政务数据开放平台的区块链技术架构与运行机制设计》，《中国电化教育》2021 年第 3 期。

义务，规范教育行政部门的数据处理与分层分级共享流程，以保障开放教育政务数据的质量、规模与时效。其三，区域教育行政部门结合教育政务数据开放的实际情况，面向营利性企业组织等利益主体，灵活按需制定数据获取、应用、评价及反馈的黑白单制度，规范和保障教育开放数据的市场化应用。

（二）开展能力培训，提高各类利益主体的数据素养

教育政务数据开放的参与者主要包括"三类九主体"，但由于不同利益主体在教育领域或社会发展中的主要分工不同，使得这些主体不仅在信息资源优势以及信息功能特长方面各不相同[1]，甚至在信息素养、数据素养以及数字胜任力水平等方面存在差异，影响它们有效采集、分析和应用评价数据，最终妨碍它们深入参与教育政务数据开放过程。为此，各地区开展的教育政务数据开放工作，要关注并面向利益主体开展相关培训，提高它们参与教育政务数据开放的能力素养与伦理道德水平。其一，面向教育行政部门人员要坚持差异化培训原则，结合涉及教育数据生命周期不同阶段的工作岗位要求，提供精准化、微型化、动态性的培训，提高胜任该岗位必备的教育政务数据意识与处理能力，并对接受数据素养培训合格的人员进行岗位能力认证。其二，面向学校师生等社会公众要坚持普及性发展原则，各地区应结合现实需求和实际情况持续开展数字公民教育，一方面要提高社会公众的信息素养与数字胜任力；另一方面要激活公众的数据意识，提高符合伦理道德的获取、应用、分析数据的能力。其三，对于研究机构及企业组织等利益主体而言，要加强相关人员合法、合规、合理地参与数据开放的相关培训，为营造安全、有序、健康的教育政务数据开放生态贡献力量。

（三）采用智能技术，促进利益主体有序与互信参与

促进广泛的利益主体深度参与教育政务数据开放工作，不仅需要一系列"软管理"层面的制度机制进行适度引导和提供保障，同时也需要基于"硬管理"层面的智能化技术（如区块链和人工智能等）厘清不同利益主体在不同数据开放阶段的权责，促使它们以有序、安全、可信与

---

[1] 曹雨佳：《政府开放数据生态链中的用户参与机制——以加拿大政府数据开放实践为例》，《情报理论与实践》2021 年第 6 期。

智能的方式参与教育政务数据开放过程。其一，基于联盟链技术打造利益主体联盟。联盟链是某一领域群体或组织内部使用的区块链，本质上是一个广泛的治理共同体技术，其允许联盟链共同体下存在次级共同体，确保共同体内部开展具体的事务处理工作。[①] 为此，通过使用联盟链技术可以构建一种新型的教育政务数据开放平台，不同的利益主体基于这个平台形成一个从数据采集、共享、应用、评价和监督的联盟共同体，并能对数据全生命周期进行安全监管、权责追溯，实现针对不同利益主体进行数据的分层分级开放共享。其二，人工智能可通过神经网络、遗传算法、机器学习等技术算法，对教育数据进行广泛采集、自动整理、精准分析、智能预测、管控共享。一方面能有效提高教育政务数据的质量与体量，另一方面可降低教育政务数据治理过程中的人力、时间和成本消耗，能有效提高利益主体参与教育政务数据开放过程的体验性，较大程度地满足其参与数据开放的利益诉求。如利益主体可通过 24 小时在线人工智能助理，利用平台提供的语音搜索或提问功能，获取通过算法规则精准分析后匹配的数据查询结果。[②] 此外，5G、物联网和边缘计算等新技术也能为利益主体参与数据开放提供可靠、便捷和安全的技术支持，实现有序互信地参与教育政务数据开放工作。

（四）营造良好氛围，提高参与包容性与渠道多样性

教育政务数据开放有利于开展教育治理工作，促进教育现代化的实现进程，应得到全体社会成员的高度关注和积极参与。为此，各级教育部门除了关注教育政务数据开放自身工作之外，还应多措并举，在社会上积极营造良好的数据开放氛围，多渠道、多途径地带动与促进更多元的利益主体参与教育政务数据开放工作。其一，提供更具包容性的教育政务数据开放与获取渠道，极力避免弱势群体因自身能力原因或客观环境条件因素，妨碍他们参与教育政务数据开放过程的问题。其二，要对教育政务数据开放的相关制度、规范、条例，以及优秀的开放应用典型

---

① 郑旭东、杨现民、岳婷燕：《教育政务数据开放平台的区块链技术架构与运行机制设计》，《中国电化教育》2021 年第 3 期。

② 荣幸、高秦伟：《政府数据开放平台建设途径研究》，《理论探索》2021 年第 4 期。

案例进行宣传与推广，让更多社会成员、机构等利益主体了解、关注与参与教育政务数据开放过程。其三，借鉴国外经常开展的"开放政府周"活动①，联合高等教育机构、教育企业、第三方评估机构及社会公众，开展演讲、讲座、研讨会、工作坊等多样化的教育数据开放主题活动。其四，要鼓励研究机构持续开展公益性质的教育政务数据开放评估工作，并通过权威媒体发布评估报告的形式，提高社会公众的关注度，以促进教育部门改进与优化教育政务数据开放工作。值得提及的是，教育政务数据开放的宣传工作也并非越多越好，在何种领域、何种范围、以何种方式引导用户参与②，还需各教育部门结合实际情况集思广益，探求符合本地区现实状况和实际需求的途径与方法。

第四节　教育政务数据开放的绩效评估

近年来，随着教育信息化进程的持续推进，人们对开放教育数据的需求日益增加，而教育政务数据开放作为教育资源共享的重要环节，受到越来越多的关注。但开放的教育政务数据存在数据信息不明确、数据缺乏真实性、数据安全风险较高等问题严重阻碍了数据的开放共享。值得注意的是，教育政务数据开放绩效评估对解决上述问题、实现教育政务数据高质量开放共享具有重要意义，故而构建科学规范的教育政务数据开放绩效评估机制，深入推进教育政务数据开放的绩效评估工作，已经成为当下亟须关注的问题。

一　教育政务数据开放的绩效评估现状与挑战

（一）教育政务数据开放的绩效评估现状

自 2009 年美国联邦政府发布《开放政府指令》并上线政府数据开发门户网站 Data. gov 之后，英国、澳大利亚、欧盟等国家和地区也相继加

---

① Government of Canada, Open Government Week, https://open.canada.ca/en/content/open-government-week, 2021-5-17.

② 曹雨佳：《政府开放数据生态链中的用户参与机制——以加拿大政府数据开放实践为例》，《情报理论与实践》2021 年第 6 期。

入开放政府行列。① 2012 年,中国上海率先上线"上海市政府数据服务网",拉开了我国各省市建立开放政府数据平台的序幕。通过分析我国政务数据开放实践,发现目前我国已搭建众多政务数据开放平台,开放平台数量和开放数据质量呈爆发式增长与提升。2021 年 7 月 22 日,复旦大学和国家信息中心数字中国研究院联合发布的《中国地方政府数据开放报告:指标体系与省域标杆》中的统计结果显示,截至 2021 年 4 月底,我国已有 174 个省级和城市的地方政府上线了数据开放平台,地方政府数据开放发展迅速,已然呈现出蔚然成林的态势。② 结合 2021 年 1 月 20 日发布的《2020 下半年中国地方政府数据开放报告》③,浙江、上海、山东、贵州、广州、福建、北京等地在地方政府数据开放平台综合排名中总体表现优异。其中,浙江省人民政府依托浙江省政务服务网共开放 18538 个数据集,涉及涵盖医疗卫生、市场监督、教育文化、科技创新、交通出行、社会保险六大应用场景的 22 类数据,成为中国开放数据标杆省域。上海也依托上海市公共数据开放平台公开 5220 个数据集,与浙江省位列开放数级的第一等级。

另外,教育政务数据开放作为促进教育治理体系与能力改革的重要途径,也引起了广大教育研究者的关注。分析发现,当前教育政务数据开放的绩效评估研究主要体现在以下三个方面。

1. 教育政务数据开放共享研究

王娟等在分析教育政务数据开放现状和主要风险之后,从防控途径、防控领域、防控内容和防控技术四个方面构建了教育政务数据开放的风险防控体系。④ 杨现民等以推进教育治理现代化为切入点,围绕数据开放核心要素、动阻力因子和关键机制,构建了教育政务数据开放体系基

---

① 陆健英、郑磊、Sharon S. Dawes:《美国的政府数据开放:历史、进展与启示》,《电子政务》2013 年第 6 期。

② 《中国地方政府数据开放报告:指标体系与省域标杆》,http://www.dmg.fudan.edu.cn/?p=9014,2021 年 11 月 2 日。

③ 复旦大学数字与移动治理实验室:《中国地方政府数据开放报告(2020 下半年)》,http://ifopendata.fudan.edu.cn/static/report/中国地方政府数据开放报告(2020 下半年),2021 年 11 月 2 日。

④ 王娟、杨现民、郑浩、顾雯、李涵:《大数据时代教育政务数据开放的风险分析及防控策略研究》,《中国电化教育》2020 年第 6 期。

本框架，认为应从建构政策体系、解决实践问题、完善管理机制、创新应用模式、开展绩效评估五个方面推进实施教育政务数据开放共享。[1] 郑旭东等基于技术赋能数据开放的视角，提出用区块链技术核心支撑教育政务数据开放，为解决数据开放的现存问题提供了一个高效、可靠的路径。[2]

2. 政务数据开放绩效评估主体研究

国内研究者从不同角度对教育政务数据开放绩效评估主体进行了剖析。例如，从利益相关者视角看，教育政务数据开放绩效评估的利益主体可分为政府组织、非政府组织和个人三大类[3]；数据治理理论认为教育数据开放应由多元利益主体共同参与，故该理论视域下的教育数据开放共享利益主体应包括政府、学校、合作单位、社会组织、教师、学生和相关企业等。[4]

3. 地方政府数据开放平台的绩效指标体系研究

郑磊等依托"开放数据晴雨表"和"开放数据指数"两项国际评估，针对我国开放政府数据发展现状，构建了涵盖基础层、数据层和平台层的政府开放数据评估框架，并基于该框架对我国多个地区的政府数据开放实践进行对比分析。[5] 武琳等从投入、产出、效果三个维度对广东省八个地级市的政府数据开放平台的服务绩效进行了评估与分析。[6] 林明燕等则在借鉴国际政府数据开放评估项目的基础上，利用德尔菲法和层次分析法建立了我国政府数据开放平台的绩效评估指标体系，然后选择了8个省

---

[1] 杨现民、王英、李怡斐、王亚如：《教育政务数据开放共享体系的基本框架》，《中国电化教育》2020年第9期。

[2] 郑旭东、杨现民、岳婷燕：《教育政务数据开放平台的区块链技术架构与运行机制设计》，《中国电化教育》2021年第3期。

[3] 沈晶、胡广伟：《利益相关者视角下政府数据开放价值生成机制研究》，《情报杂志》2016年第12期。

[4] 董晓辉：《活动理论视角下高校教育数据治理体系构成要素研究》，《中国电化教育》2021年第3期；张培、夏海鹰：《教育领域数据治理的基本思路与实践路径》，《现代教育技术》2020年第5期。

[5] 郑磊、高丰：《中国开放政府数据平台研究：框架、现状与建议》，《电子政务》2015年第7期。

[6] 武琳、伍诗瑜：《城市开放政府数据平台服务绩效评估体系构建及应用》，《图书馆论坛》2018年第2期。

级政府数据开放平台的建设情况进行评估，并基于评估结果从基础层、数据层、平台层和应用层对我国政府数据开放平台建设提出改进策略。①

总体而言，随着开放政府及政府开放数据等相关工作的研究与推进，教育政务数据开放共享的有效性及其评估也获得了研究者的关注，可为教育政务数据的有效开放共享工作提供一定支持。同时值得关注的是，相较于教育政务数据的共享应用而言，其开放绩效的研究关注度还是非常有限的。正是教育政务数据开放绩效评估研究缺乏体系性和深入性，一定程度上导致当前的教育政务数据开放绩效评估面临相对严重的问题与挑战。

（二）教育政务数据开放绩效评估面临的问题与挑战

目前，我国在推进教育政务数据开放绩效评估实施的过程中主要存在政策机制尚未健全、指标体系有待完善、评估驱动力量薄弱、评估主体能力和意愿受限等问题。

1. 政策机制尚未健全，缺乏统一的顶层设计

教育政务数据开放的绩效评估要依照相关政策规范，确保绩效评估流程和操作标准规范、有据可依。但是我国教育政务数据开放绩效评估的研究刚刚起步，各地区、各层面的绩效评估政策和机制尚未健全。尽管已有部分地方政府出台相关实施办法加强对数据开放工作的考核，例如《贵阳市政府数据共享开放考核暂行办法》② 和《福州市政务数据资源共享开放考核暂行办法》③，但教育政务数据开放的绩效评估仍缺乏统一的顶层设计，需从宏观角度制定教育政务数据开放的绩效评估实施办法，建立更加系统全面的政策体系，指导和规范教育政务数据的绩效评估工作朝着更加规范化和制度化的方向发展。

2. 指标体系有待完善，绩效评估的可操作性不强

细致明确的指标体系和评分标准是绩效评估的操作指南，也是衡量

---

① 林明燕、张廷君：《地方政府数据开放平台绩效评估指标体系实证研究》，《图书馆理论与实践》2019 年第 12 期。

② 《贵阳市政府数据共享开放考核暂行办法》，https：//www. guiyang. gov. cn/zwgk/zfxxgks/zcwj_5889695/gz/202111/t20211130_71846856. html，2018 年 9 月 1 日。

③ 《福州市政务数据资源共享开放考核暂行办法》，http：//www. fuzhou. gov. cn/zfxxgkzl/dflf/gfxwj/gfxwjk/201911/t20191115_3083181. htm，2019 年 11 月 15 日。

数据开放质量的依据，特别是指标体系的设计将直接影响绩效分值。虽然，已有研究者从不同切入点对数据开放的评估指标体系开展研究（例如武琳等提出的基于逻辑框架法的评估指标[1]、郑磊等提出的开放政府数据整体评估框架等[2]），但仍存在评估标准的统一性不高、指标设计和权重占比的科学性、合理性有待考量等问题，致使评估结果缺乏准确性。另外，现存的评估指标以全类型的政务数据为考核对象，针对性不强，影响教育政务数据开放绩效评估工作的可操作性，而且这种弱相关的评估指标极易带来评估结果公正性、科学性欠缺等问题，引起被评估者的不满和质疑。

3. 评估驱动力量薄弱，致使评估深度和效果欠佳

在智能时代，数据成为重要的战略资源，是制定教育决策、提升教育治理能力的重要驱动力量。但如果只有数据而无技术支撑，教育数据则很难释放其战略价值。与政策机制相比，技术是保障绩效评估精准、可靠的"硬"手段和核心驱动力，是影响评估结果的深度和效果的重要因素。一方面，绩效评估数据的全方位获取离不开技术的支持。由于教育政务数据开放的绩效评估涉及的数据体量较大、评估主体多元，传统的数据采集方式无法满足用户评价数据全方位采集的要求，影响绩效评估结果深度。另一方面，大规模数据挖掘与分析离不开智能技术。数据分析是发挥绩效评估数据价值的途径，如若数据整合、数据分析等技术不到位，数据中关键信息的提取便会困难重重，致使绩效评估结果难以真实地反映教育政务数据开放存在的缺陷，更无法为教育政务数据开放提出建设性的改进意见。

二 教育政务数据开放的绩效评估框架构建

（一）理论基础

1. 共生理论

"共生"一词最早是德国真菌学家德贝里为形容两种或多种生物之间

---

[1] 武琳、伍诗瑜：《城市开放政府数据平台服务绩效评估体系构建及应》，《图书馆论坛》2018 年第 2 期。

[2] 郑磊、关文雯：《开放政府数据评估框架、指标与方法研究》，《图书情报工作》2016 年第 18 期。

的依赖关系而提出的,该理论认为共生是生物之间的一种平衡状态,是保障其生命周期持续健康发展的必然要求。① 随着共生理论应用范围的扩展,研究者逐渐认识到,共生不仅是一种生物学现象,更是一种社会现象或社会组织方式,反映了共生主体间合作共赢的本质特征②,并围绕该理念在社会、经济、教育等多领域开展研究。例如,陈茜等从共生理论的视角出发,探讨了在创新区内开展企业绩效评估与审计的模式和对策。③ 蒋开东等在厘清各种共生模式的演化逻辑的基础上提出了高校协同创新的共生实践模式,以期通过高校协同创新促进创新型国家建设。④

教育政务数据开放自身就是一个涉及多种利益主体的活动,故其绩效评估也势必要依靠政府、教育行政部门、学校、社会组织等多元主体的合作,才能对其过程和结果进行客观、有效的监管。因此,本研究将源于自然科学领域的共生理论作为我国教育政务数据开放的绩效评估理论基础。一方面,共生理论的引入有利于建立评估主体之间的协同共生关系,完善多元主体参与的绩效评估机制,进而有效规避评估对象"既是运动员又是裁判员"的现象。另一方面,能够助力明确各评估主体在评估运行中的权利和职能,有利于构建民主、科学的评估结构,保障绩效评估工作顺利、高效运行。

2. 数据生命周期理论

前文已介绍了数据生命周期理论,此处不再赘述。参考该理论,绩效评估应该贯穿教育政务数据开放全周期,确保绩效评估的稳定、健康和可持续运行;其次,教育政务数据开放环境复杂,具体体现在评估主体参与的评估阶段不同、评估主体对评估的影响程度不同、数据开放不同阶段具有不同的工作内容和属性三个方面,因此需要结合数据生命周

---

① 赵曼丽:《公共服务协同供给研究:基于共生理论的分析框架》,《学术论坛》2012年第12期;王雪梅:《共生理论视阈下的生态治理方式研究》,《理论月刊》2018年第3期。

② 李灿:《基于共生理论的企业利益相关者关系研究——基本逻辑与演进机理》,《湖南师范大学自然科学学报》2013年第6期。

③ 陈茜、田治威:《共生理论视角下创新区内企业绩效评估与审计》,《河南社会科学》2017年第8期。

④ 蒋开东、詹国彬:《共生理论视角下高校协同创新模式与路径研究》,《科研管理》2020年第4期。

期各阶段的具体特征确定不同的绩效评估内容,以满足该阶段的实际需求。

(二) 教育政务数据开放绩效评估的基础框架

由万维网基金会(The World Wide Web Foundation)和开放数据研究所(Open Data Institute)联合研发的"开放数据晴雨表"(Open Data Barometer)是国际上认可度较高的开放政府数据评估框架之一。[①] 该框架设置了准备度、执行力和影响力三个一级标题,评估内容覆盖数据开放的全流程,对分析数据生命周期视角下的教育政务数据开放绩效评估有重要指导意义。因此,本研究在共生理论和数据生命周期理论的指导下,结合开放数据晴雨表、我国地方政府数据开放共享考核暂行办法以及现有研究,以评估内容、评估方式、评估主体和评估保障体系为核心要素,构建了教育政务数据开放的绩效评估基础框架,如图6-6所示。

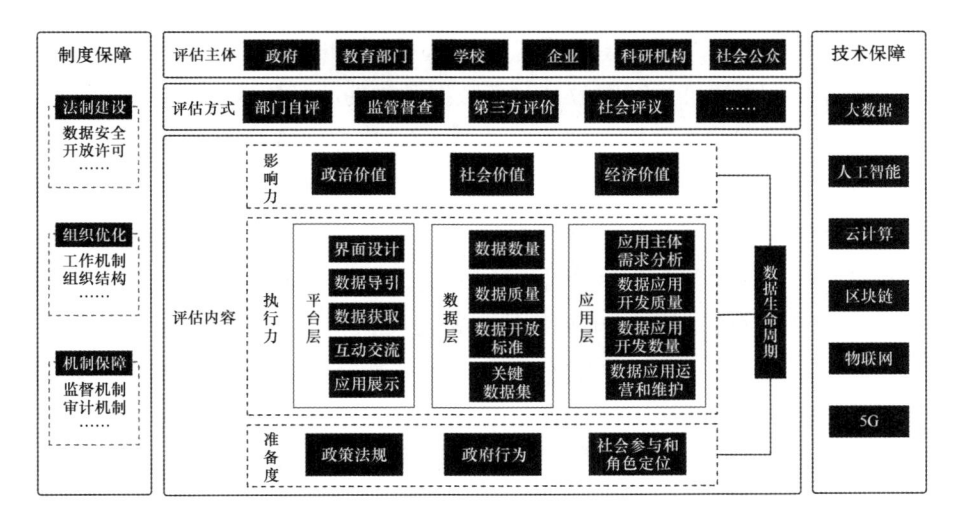

图6-6 教育政务数据开放绩效评估的基础框架

1. 明晰教育政务数据开放绩效评估内容

教育政务数据开放包括制度设计、流程规范、数据标准化管理、数

[①] 张晓娟、孙成、向锦鹏:《基于开放数据晴雨表的我国政府数据开放提升路径分析》,《图书情报知识》2017年第6期。

据创新应用等不同方面①，为提高教育政务数据开放水平和绩效，需对数据开放全生命周期进行绩效评估。文章在结合已有研究的基础上，构建了"准备度、执行力与影响力""三位一体"的绩效评估内容体系，具体内容如下。

（1）教育政务数据开放的准备度

教育政务数据开放的准备度指的是政府为施行数据开放在政策制定和管理举措方面的努力②，主要包括政策法规、政府行为以及社会参与和角色定位。

第一，数据开放的绩效评估是一项系统工程，不仅需要以立法的形式对开放数据内容、数据管理流程、数据应用主体行为、数据应用成果发布、数据安全和隐私保护等进行管理和约束，还需要有配套的政策制度保障数据开放落实，以此提高教育政务数据开放的系统化、程序化、规范化和标准化水平。值得注意的是，我国贵阳、上海等地已在大数据开放建章立法方面开展探索且成果颇丰③，国家和各级地方政府应从中吸取宝贵经验，加快推进我国教育政务数据开放的政策法规建设。

第二，政府行为是指国家和各级地方政府为实施教育政务数据开放所做的努力，包括完善政务数据开放组织体系、提高领导人重视程度、强化数据开放利益主体的数据开放意识与能力等。一方面，通过设计工作专班、任命首席数据官和数据管理人员、定期开展培训等方式提升数据开放部门和人员的专业化水平，完善教育政务数据开放的组织架构；另一方面，通过转变政府职员信息理念、营造政府内部数据开放文化氛围的方式深化相关人员对教育政务数据开放共享的认识，实现其数据开放意识和能力的稳步提升。

第三，教育政务数据开放的公共服务特性要求教育政务数据开放的绩效评估需社会各界广泛参与。社会组织、个人、教育机构等利益主体

---

① 陈朝兵、简婷婷：《政府数据开放中的责任四题：依据、定位、反思与改进》，《情报理论与实践》2019年第11期。

② 姜鑫、马海群：《开放政府数据评估方法与实践研究——基于〈全球开放数据晴雨表报告〉的解读》，《现代情报》2016年第9期。

③ 王法硕：《我国地方政府数据开放绩效的影响因素——基于定性比较分析的研究》，《情报理论与实践》2019年第8期。

作为开放教育数据的受益者和供给者，具有教育治理、教育决策的参与权和监督权。因此，本研究将社会公众在数据开放活动中的参与度和角色定位视为考察教育政务数据开放准备度的重要维度。

（2）教育政务数据开放的执行力

教育政务数据开放的执行力指的是数据开放实施的效果，包括平台、数据和应用三个层面。

第一，平台层面。数据开放平台是发布和获取数据的主要渠道，平台的功能建设和服务水平将直接影响数据开放效果。对数据开放平台的评估包括界面设计、数据导引、数据获取、互动交流和应用展示等。[①] 其中友好的界面设计有助于提升用户体验；完善的数据导引功能可以降低数据获取门槛，可通过开辟多种导航途径提升数据检索精准度；及时回应用户反馈和诉求、积极展示第三方使用平台数据资源开发的具体应用案例，有助于提升用户满意度，对激励用户创新开发和利用数据具有重要实践意义。

第二，数据层面。数据是教育政务数据开放的核心要素，随着数据开放活动的日益推进，人们对数据质量的要求愈加严格，如何提升开放数据质量也成了数据层评估的重要内容。开放政务数据评估主要聚焦数据质量、数据数量、数据开放标准和关键数据集四个方面。其中，数据质量包括可用性、易用性、准确性、完整性等；数据数量要求在扩大数据种类、拓宽数据覆盖范围的同时，优化数据增量，避免数据的重复采集[②]；数据开放标准对元数据、数据格式、数据存储与发布流程等作出明确规范，可以从数据生命周期每一环节严格把控开放数据质量，提高教育政务数据利用率；关键数据集是数据开放的普遍路径，世界银行开放数据团队认为开放政府数据应遵循"二八法则"，即用20%的数据贡献80%的社会价值[③]，故教育政务数据开放的绩效评估工作也应重点关注这

---

① 郑磊、韩笑、朱晓婷：《地方政府数据开放平台研究：功能与体验》，《电子政务》2019年第9期。

② 林明燕、张廷君：《地方政府数据开放平台绩效评估指标体系实证研究》，《图书馆理论与实践》2019年第12期。

③ 翟军、李晓彤、林岩：《开放数据背景下政府高价值数据研究——数据供给的视角》，《图书馆学研究》2017年第22期。

类数据的供给情况。

第三，应用层面。教育政务数据开放共享的最终目的是通过社会应用教育资源发挥数据红利。应用层可以从数据应用主体需求出发，优化数据供给，为用户提供高质量的数据开放服务。可通过加强数据应用案例的运营管理和维护服务（如 App 下载和版本更新），深化用户对数据集及其潜在价值的认识[①]，提高公众参与教育数据开放的主动性，在教育决策、产品研发、合作创新中发挥开放数据的政治、经济和社会效益，实现教育政务数据的价值增值。

（3）教育政务数据开放的影响力

教育政务数据开放的影响力评估主要考察数据开放应用带来的现实效益[②]，即教育政务数据开放的价值属性，包括政治、经济和社会三大核心价值。[③]

第一，政治价值指教育政务数据开放为优化国家和地区教育公共治理、提升教育治理能力等带来的效益。一方面，教育政务数据开放有助于政府和教育行政部门办公透明化，打破政府与公民之间信息不对称的桎梏，赋能公众参与教育管理和决策，实现政府和公民之间的双向互动。另一方面，教育政务数据开放有助于实现数据的跨部门、跨层级流动，冲破部门之间的数据壁垒，促进教育政务数据的全面开放和创新应用，进而提升教育服务质量和效益，实现更好的教育治理。

第二，经济价值指教育政务数据开放为经济发展带来的效益。数据的共享与流通在很大程度上促进了资源的配置，为激励企业创新、增加就业机会带来前所未有的机遇。教育政务数据的开放共享可以降低获取高质量数据的成本，企业通过获取、开发教育政务数据，在准确定位用户需求的基础上推进产品研发。[④] 另外，新生代的教育企业还可以依靠开

---

① 孟显印、杨超：《我国开放政府数据应用开发的现状与问题——基于开放政府数据平台的分析》，《情报杂志》2020 年第 3 期。

② 姜鑫、马海群：《开放政府数据评估方法与实践研究——基于〈全球开放数据晴雨表报告〉的解读》，《现代情报》2016 年第 9 期。

③ 付熙雯、郑磊：《开放政府数据的价值：研究进展与展望》，《图书情报工作》2020 年第 9 期。

④ 杨现民、王英、李怡斐、王亚如：《教育政务数据开放共享体系的基本框架》，《中国电化教育》2020 年第 9 期。

放数据的创意开发优化产品和服务，提升自身竞争力，实现数据价值向经济价值的转换。

第三，社会价值指教育政务数据开放对个体和社会组织产生的效益。首先，数据开放降低了社会组织和个人参与教育治理的门槛，有利于提高公众参与的主动性，深化社会对教育政务数据开放和教育信息化的关注与认识。其次，可以通过教育政务数据与医疗卫生、城市建设等领域数据关联、分析，促进公民生活质量提升。需要注意的是，教育政务数据开放影响力的三个维度并非界限分明，例如政务数据开放在完善政府教育管理服务的同时，提升了公众满意度，即实现了政治价值和社会价值的同步提升。①

2. 构建多元协同参与的绩效评估主体体系

如上文所述，教育政务数据开放的利益主体众多，但按其所属领域可以分为教育行政主体和非教育行政主体两大类。其中教育行政主体包括政府和各级教育行政部门，而非教育行政主体则包括第三方机构、教育企业、科研机构、学校以及社会公众等教育行政体系外部的主体，由此则形成了绩效评估主体的多元化特征。研究表明，共生是各利益相关者之间关系的本质。② 故按照共生理论的观点，不论评估主体属于教育行政体系内部还是外部，均可被视为教育政务数据开放共生环境中的共生单元，它们之间相互依赖、相互促进、相互协调，共同构成多元协同的绩效评估共生体，通过多层次的协同操作提升绩效评估过程和结果的公信力。多元主体的参与体现了教育政务数据开放的绩效评估理念从"政府本位"向"社会本位"转变的趋势，有利于增强评估工作的民主性和评估结果的客观性，体现了教育行政管理的公开透明。但需要注意的是，由于评估主体复杂多元，评估时要考虑到各评估主体与教育政务数据开放联系的密切程度及参与评估的意愿、能力等因素。一方面，绩效评估指标的设计要做到共性和个性兼顾，即在

---

① 付熙雯、郑磊：《开放政府数据的价值：研究进展与展望》，《图书情报工作》2020年第9期。

② 李灿：《论企业绩效评价系统优化——基于共生理论的思考》，《中南财经政法大学学报》2010年第6期。

各类主体都适用的共性评估指标基础上依据主体间差异设计个性化的指标，保证各评价主体在充分理解指标内容的情况下作出最公正的判断。另一方面，根据不同主体意见的重要性及其对政务数据开放的影响力，为不同主体的评估结果设计不同权重，进而保证绩效评估结果的信效度，实现科学评估。①

3. 优化教育政务数据开放绩效评估方式

为了更真实、客观地评估教育政务数据开放绩效，需围绕教育政务数据开放主体构建内部评价与外部评价相结合的绩效评估方式。内部评价包括部门自评和监管督查两种形式。教育行政部门是教育政务数据最大的生产和开放主体，相对于其他评估主体而言，其对教育政务数据开放涉及的行政事务、工作职责、运行方式以及绩效评估的内容和目标有更加清晰的认识。因此，部门自评往往能够捕捉到其他评估主体注意不到的细节，从而主动发现和弥补数据开放过程中的不足，提升工作绩效。监管督查是指政府机构内部专门行使监管职权的机关依法对教育政务数据开放共享进行的监督和评价的活动，旨在从权威视角对政务数据开放进行全方位的审查，保证评估专业性。外部评价是保证绩效评估结果客观公正的必要途径，主要包括第三方评估和社会评议。其中，第三方评估是由独立于政府和行业主管机构的专业评价组织实施的评估活动，具有提供专业绩效评估、破解政府内部评估困境等功能。② 社会评议指社会对教育行政部门数据开放水平和能力的评价，体现了社会公众对教育政务数据开放成效的认可和满意度。外部评价和内部评价之间的互补性不仅可以有效消除教育行政部门"自己评自己"可能出现的绩效评估流于形式的问题，还能为公众参与教育治理搭建桥梁，是公众行使教育知情权、参与权和监督权的重要方式，也是评估工作民主性、公正性的重要体现。③ 另外，教育行政部门还可以通过外部评价激发相关

---

① 庄国波、陈万明：《领导干部政绩评价主体的系统构建——利益相关者理论视角》，《中国行政管理》2011年第1期。

② 杜娟、杜义国、张微：《我国政府绩效第三方评估的研究现状及未来展望》，《领导科学》2019年第6期。

③ 谢能重、廖逸儿：《依法行政考评社会评议：公众参与和"专家"理性》，《广西民族大学学报》（哲学社会科学版）2018年第4期。

部门及其工作人员的动力,推进教育政务数据开放共享,使其更加符合社会需求。

4. 健全制度与技术双效支撑的绩效评估保障体系

(1) 制度保障

绩效评估工作的实施离不开制度的引导,教育政务数据开放绩效评估的制度保障包括法制建设、组织优化和机制保障。首先,完善绩效评估法制建设。健全的法律法规是推动教育政务数据开放绩效评估有序实施的重要保障。绩效评估涉及数据安全、隐私保护等诸多法律问题,模糊的法律界限不利于评估工作的健康、长远发展。[①] 各级政府应依托相关法律法规,立足绩效评估中可能出现的问题,构建相关实施办法,以立法的方式消除复杂环境和主体利益冲突等因素对绩效评估带来的冲击,夯实绩效评估基础保障。其次,推动组织优化,建设协作高效的组织结构。一方面,要建立健全工作机制,保障组织工作有效运转;另一方面,要推进完善组织管理,纵向精简管理层级,提升组织灵活性,横向优化权责分配、明确问责,进而建立协同、高效的组织结构。[②] 最后,为切实落实教育政务数据开放的绩效评估、保证评估结果科学公正,还需要健全长效的绩效评估落实机制,如监督机制、问责机制、审计机制等,进而通过动态监督、行政问责、质量审计等方式搭建坚实的支撑体系,保障教育政务数据开放的绩效评估工作落到实处。

(2) 技术保障

推动落实教育政务数据开放的绩效评估,不仅要具备健全的制度体系,还需构建多重技术赋能的技术保障体系,制度与技术双管齐下,才能确保绩效评估工作高效运行。可以借助大数据、云计算、人工智能、区块链、物联网、5G 等为代表的新型技术搭建绩效评估的技术保障体系。大数据技术是教育政务数据开放绩效评估工作的基础性技术,贯穿评估数据全生命周期,可以实现绩效数据的全流程实时采集、规模化存储、挖掘和分析,助力探索教育政务数据开放的绩效评估机制。云计算的分

---

① 黄如花、赖彤:《数据生命周期视角下我国政府数据开放的障碍研究》,《情报理论与实践》2018 年第 2 期。

② 靳文辉、王星云:《地方政府组织结构的优化进路》,《理论探索》2020 年第 2 期。

布式存储和超强算力,可以实现绩效信息的安全存储,提高绩效评估效率。人工智能技术可以通过系统分析绩效数据,精准预测教育政务数据开放的绩效评估结果。还可以对绩效评估过程实施动态监督,精准识别评估过程的不合理行为,提升教育政务数据开放绩效评估的智能化水平,实现精准、高效的评估与反馈。区块链的共识机制、去中心化等技术特征,为数据开放提供了安全透明的评估环境,有助于构建多主体协同参与的精准评估机制,提升绩效评估质量[1];同时,区块链的非对称加密算法极大地提高了篡改评估数据的难度,对实现绩效评估的可信化管理起到了积极作用。物联网可借助信息传感器、射频识别等各种技术装置,识别、审查、跟踪教育政务数据(特别是有条件开放类数据)的应用和开发过程,保障开放数据的合理合法使用。5G将成为新一轮科技革命的核心驱动力,为大数据、云计算、人工智能、区块链、物联网等技术的融合和赋能发展带来机会[2],提升数据挖掘与分析效率,助力绩效评估质量提升,让教育政务数据开放共享更好地服务社会。

三 教育政务数据开放绩效评估的实施策略

(一)稳步推进绩效评估机制改革

教育政务数据开放的绩效评估工作的优劣直接影响数据开放效果,故需在各级政府带领下稳步推进教育政务数据开放的绩效评估机制改革。

首先,完善制度建设,从宏观层面保障评估有序进行。制度是机制形成的基础[3],教育政务数据开放绩效评估内容的制定、评估权责的行使、评估信息和结果公开以及社会参与等都要受到相关政策和法律制度的约束,这是全面推进依法治国的时代要求,也是推动实现绩效评估机制改革的关键。因此,应发挥政府在立法中的地位和作用,积极推动地方教育政务数据开放绩效评估的制度建设,为国家层面立法做准备。例如,《福州市政务数据资源共享开放考核暂行办法》提出从组织管理、基

---

[1] 刘光星:《"区块链+教育":耦合机理、风险挑战及法律规制》,《电化教育研究》2021年第3期。

[2] 庄国波、韩惠:《5G时代政府数据开放共享的安全风险及防范》,《理论探讨》2020年第5期。

[3] 张序、张霞:《机制:一个亟待厘清的概念》,《理论与改革》2015年第2期。

础保障、数据共享等五个维度加强对政务数据资源开放工作的考核[1]，为提升当地政务数据开放服务水平、扩大政务数据开放范围提供了法律支撑。

其次，完善实施细则，从操作层面落实绩效评估。各地应根据本地区实际情况，围绕流程制定、评估实施、质量管控、结果应用等职能构建一套权责明晰、高效运作的绩效评估实施机制，严格把控绩效评估的各个环节，推进教育政务数据开放绩效评估的系统化发展。

最后，组建专业的管理机构。教育政务数据开放的绩效评估对推进实现教育现代化具有重要意义，为保证绩效评估本身的权威性、公正性和稳定性，亟须组建独立的、高度专业化的组织机构，对绩效评估进行全过程、全方位管理。如杭州市专门设立了独立的政府绩效管理机构对政府绩效执行审议、监督、评价职能，有效保证了政府绩效评估的权威性和可持续发展性，同时，该地区绩效评估工作的专业化和规范化水平也随着对管理人员的持续培训有了显著提升。[2]

（二）加快构建绩效评估指标体系

绩效评估指标是教育政务数据开放绩效评估目标的量化及具体化表现，是进行数据开放评估工作的重要依据，其规范性和科学性程度与绩效评估结果的信效度息息相关。[3] 目前我国教育政务数据开放研究正处于起步阶段，相关的评估指标体系尚未健全。鉴于此，需加快构建教育政务数据开放绩效评估指标体系，进一步提升绩效评估的科学化、精细化水平。本研究认为，绩效评估指标体系的构建应注意以下几点。

第一，明确教育政务数据开放绩效评估对象。从整体上看，我国政务数据开放主体主要分为中央和地方两个层面，而地方政府又可以细分为省、市、县、乡四个层级。不同行政层级的政务数据开放绩效评估内

---

[1] 《福州市人民政府关于印发〈福州市政务数据资源管理办法〉〈福州市公共数据开放管理暂行办法〉〈福州市政务数据资源共享开放考核暂行办法〉的通知》，http://www.fuzhou.gov.cn/zfxxgkzl/dflf/gfxwj/gfxwjk/201911/t20191115_3083181.htm，2021年11月2日。

[2] 冉敏：《我国地方政府绩效管理实践模式比较——基于五种典型实践模式》，《理论月刊》2018年第5期。

[3] 刘朋朋：《中国地方政府综合绩效评估指标体系设计的比较研究》，《中共福建省委党校学报》2017年第11期。

容和侧重点会因组织职能不同而存在差异。因此，教育政务数据开放绩效评估指标的设计要结合我国数据开放相关法律条文对各级行政机关的数据开放职能进行分解，并在此基础上采用不同的评估思路设计绩效指标和权重系数。①

第二，指标体系的设计要兼顾科学性和实践性。科学性是指绩效评估指标的设计要建立在科学的理论基础之上，而实践性则要求能够利用该评估指标体系持续、及时地获取有效的绩效评估数据。也就是说，应结合绩效评估的理论研究与具体应用实践，不断优化设计路径，以保证评估指标体系的专业性和实践落地。

第三，要有配套的指标描述和评分标准。清晰准确的评分标准能够直接影响量化考核结果，而规范的评估指标内容描述可以加深评估主体对指标含义的认识与理解，增加评估结果的有效性。除此之外，还可以在教育政务数据开放的绩效评估指标体系中增设特色指标，如设计加分项或减分项，以此促进地方政府数据开放。②

（三）健全科学合理的绩效评估实施机制

教育政务数据的绩效评估实施流程包括制订评估计划、组建评估队伍、实施评估、收集评估信息、撰写绩效评估报告和评估结果应用与反馈等多个环节。本研究主要从以下三个方面探讨如何构建科学合理的绩效评估实施机制。

一是建立绩效信息数据库，打造教育政务数据开放绩效数据中心。通过互联网将教育政务数据开放的绩效信息汇聚到数据库，在提高绩效信息采集和处理效率的同时，还能有效推进教育政务数据开放绩效信息的科学化管理，为有关部门制定教育政务数据开放规划和科学决策提供数据支撑。

二是定性评价与定量评价相结合，保证绩效评估结果真实可靠。定量评价是指通过量化的绩效评估指标对教育政务数据开放绩效进行考核。定性评价是指通过问卷、电话访问等方式调查公众对教育政务数据开放共享的主观满意度。然而，由于绩效评估环境的开放性和复杂性，以及

---

① 负杰：《中国地方政府绩效评估：研究与应用》，《政治学研究》2015年第6期。
② 杨勇：《加强和改进地方政府绩效管理的四个着力点》，《中州学刊》2020年第11期。

教育政务数据开放的公共服务属性，使得单纯的定量评价方式存在局限；而公众信息素养普遍偏低、公众与政府之间信息不对称等问题，又使教育政务数据开放绩效评估工作不能仅依靠定性评价。故需综合应用定量评价和定性评价，二者相辅相成，进一步提高绩效评估结果的可信度。

三是积极推进评估信息公开，深化绩效评估结果应用。绩效评估信息公开是社会公众实施评估的主要信息来源，也是政务公开理念的重要体现。一方面，要完善信息公开的制度保障，在保护国家机密、个人隐私等敏感内容的前提下，最大限度地公开绩效信息。另一方面，教育组织、企业和社会公众等作为绩效信息使用对象，要积极发挥其在绩效信息公开过程中的监督作用，及时反馈信息公开过程中的不作为行为和违法行为，确保绩效信息公开合理合法和公众参与评估结果的科学有效，为深化绩效评估结果应用奠定基础。

（四）推动提升多元主体联动的有效性

诚如上文所述，多元参与是教育政务数据开放的绩效评估理念从"政府本位"转向"社会本位"的必要条件，也是实现教育治理现代化的内在要求。但由于主客观条件的限制，多元主体参与绩效评估实践的广度和深度仍需进一步扩展，公众参与绩效评估的有效性还有待提升。

首先，加强评估监管，维护评估数据安全。绩效评估数据是进行绩效分析的依据，若被恶意开发或使用，不仅会影响评估结果，甚至会增加泄露评估主体个人信息的风险，影响多元主体参与绩效评估的积极性和主动性。因此教育政务数据开放绩效评估工作应强化评估数据监管，保障数据安全。

其次，努力培养良好的绩效评估社会氛围。数据的价值在于创新利用，若将开放数据束之高阁，那么再完善的评估机制也无法助力绩效提升。[①] 政府作为绩效评估的组织者和引导者，应充分认识到公众在绩效评估中的重要性，积极发挥政府的组织能力，加强教育政务数据开放绩效评估的宣传工作，提高社会公众对绩效评估的理解和认识度，通过"政

---

① 王法硕：《我国地方政府数据开放绩效的影响因素——基于定性比较分析的研究》，《情报理论与实践》2019 年第 8 期。

府带动—社会参与"的方式在全社会营造良好的绩效评估氛围。例如，上海市主办的SODA开放数据创新应用大赛，为全球创新创业团队提供展示开放数据创新应用案例的平台，进而在全社会营造积极的开放数据应用创新氛围。

最后，提升评估主体数据素养。完善的数据监管机制和良好的社会氛围，使社会公众的思想观念逐渐发生转变，公众参与绩效评估的意识和意愿也随之提高。在此基础上，相关部门要从理论和实践两个维度出发，在加大绩效评估理论知识宣传力度的同时，积极为公众提供参与绩效评估实践演练的机会，为发展公众能力和数据素养提供机会，确保其在真实的评估操作中作出合适选择。

第七章

教育政务数据开放的监管机制

随着教育大数据的快速发展及深入应用,包括教育政务数据在内的政府数据资源开放共享日益受到重视。然而,当前我国教育政务数据开放整体上仍处于起步阶段,还存在数据安全与伦理问题突出、平台开放总量偏低、共享深度有限、开放共享机制不健全[1]、数据开放程度不足、民众参与能力缺乏[2]等问题。总体来看,教育政务数据开放缺乏系统有效的监管,制约了其快速发展的进程。2021年,《教育部关于加强新时代教育管理信息化工作的通知》中明确提出要促进教育数据开放共享,强化教育数据质量保障,推进督导和监管信息化。[3] 本章从教育政务数据开放的监管主体、监管方式、监管技术、监管内容以及监管应用等核心要素入手,构建教育政务数据开放的监管框架及机制,以期能为提高我国教育政务数据管理水平、推进教育政务数据开放提供参考。

第一节 教育政务数据开放监管的主要目的

随着国家大数据战略的推进,教育数据开放的战略意义已提升到新

---

[1] 郑旭东、杨现民、岳婷燕:《教育政务数据开放平台的区块链技术架构与运行机制设计》,《中国电化教育》2021年第3期。

[2] 李青、王海兰:《教育数据开放研究与实践现状述评》,《中国远程教育》2019年第11期。

[3] 《教育部关于加强新时代教育管理信息化工作的通知》,2021年3月15日,http://www.moe.gov.cn/srcsite/A16/s3342/202103/t20210322_521669.html,2022年9月17日。

的高度。① 教育政务数据开放能够提升教育政务行政水平,但其有序开放、有效共享需要加强监管,教育政务数据开放的监管目的集中体现在如下六个方面。

一 规范教育政务数据开放秩序

监管可以促进教育政务数据开放的秩序流动,形成稳定、合理的教育政务数据开放标准以及开放规则;② 通过加强教育数据规范管理,规范全生命周期的数据活动,有助于保障教育政务数据开放的有效性。例如,《南京市政务数据共享实施细则》《南京市政务数据安全管理规定》对地方政务数据的采集、归集和共享作出了细化规定;《青岛市教育局政务信息数据资源共享开放目录》界定了政务信息数据资源共享开放的范围和平台、归集与更新。这些规定和细则的发布,在很大程度上能够规范政务数据开放共享秩序,推进政务数据的整合共享与开放应用。

二 改善教育政务数据开放质量

教育数据质量管理是大数据时代教育数据有效应用的重要环节。③ 目前因存储空间受限、共享质量差等原因引起了较多的教育数据质量问题,例如通过去标识方法避免数据隐私的泄露,却导致教育数据集丢失关键信息;而传输渠道不通畅、传输信息失真增加了有用信息提取的难度等。④ 通过监管可以实现对教育政务数据的元数据、数据格式、类型以及开放质量进行规范管理,确保采集、开放的数据具有准确性、完整性、可靠性和一致性。例如,广西创新教育督导机制,采集审核地方政府履职评价等数据,确保了政务数据的准确、合理和有效,推动了高质量教

---

① 杨现民、周宝、郭利明、杜沁仪、邢蓓蓓:《教育信息化2.0时代教育数据开放的战略价值与实施路径》,《现代远程教育研究》2018年第5期。

② 王玲:《教育法的秩序价值研究》,《求索》2011年第9期。

③ 王正青、但金凤:《大数据时代美国教育数据质量管理流程与保障》,《现代远程教育研究》2019年第5期。

④ 赵磊磊、张黎、代蕊华:《智能时代教育数据风险治理:实然困境与实践路径》,《湖南师范大学教育科学学报》2021年第6期。

育体系建设。

三 扩大教育政务数据开放参与主体

开放数据意味着可用和可访问，允许普遍参与。[①] 通过对教育政务数据开放的监管，公众可以更加全面地了解教育政策制定以及公共项目的相关信息，通过表达个人对于政策制定的意义或直接参与公共项目，解决特定问题，促进新数据的产生。[②] 这既有助于保障数据的公平使用与重用，又能更好地落实社会群体、个体平等参与教育政务的权力，实现社会公众对教育政务的知情权、监督权。而鼓励社会公众参与监管，确保其具有教育政务知情权，享有教育政务参与的平等权，可以有效推进教育行政的规范与透明。目前，国内多个政府数据开放平台设置了公众意见和反馈模块，保证了公众间接参与政府数据治理，保障了政务数据开放的参与公平。

四 提升教育政务数据开放效率

社会各主体有效参与，规范教育政务数据的开放标准、开放格式以及开放程度，可以促进政府监管效率从"低效"向"高效"转变。[③] 对教育政务数据开放的监管，一方面有助于及时发现开放过程中存在的问题，并提前预知、解决与规避风险，推动各地区教育政务融通；另一方面政府部门可以据此了解教育参与者和社会公众对教育政务数据开放的现实需求，提升教育政务数据的利用效率及教育行政水平。例如，广东省构建了覆盖全省的数字政府公共支撑体系，实现了数据资源开放利用，提高了政府数字化效能。

---

① Pereira G. V., Macadar M. A., Luciano E. M., "Delivering Public Value Through Open Government Data Initiatives in a Smart City Context", *Information Systems Frontiers*, Vol. 19, No. 2, 2017, pp. 213 – 229.

② Jetzek T., Avital M., Bjorn-Andersen N., "Data-driven Innovation Through Open Government Data", *Journal of Theoretical and Applied Electronic Commerce Research*, Vol. 9, No. 2, 2014, pp. 100 – 120.

③ 王宇航、王西：《论大数据在政府监管应用中的法律障碍与完善》，《河南社会科学》2020年第5期。

五　推进教育政务透明与行政问责

政务数据开放可以增加政府信息的可访问性，提高政府透明度，以便公众能够更好地监督政府行为。[1] 美国《开放政府指令》规定，"领导人应努力将透明、参与和协作的价值观纳入其机构的持续工作，通过向公众提供政府正在做的信息来促进问责"。[2]《国务院关于落实政府工作报告重点工作部门分工意见》中也提出，要加强对政策执行情况的检查监督，强化政府的行政问责。[3] 对教育政务数据开放的监管可以通过追踪教育政务数据的责任，对违规的主体进行行政问责，提升教育政务数据的透明度。例如，《四川省教育厅关于全面推进政务"五公开"工作的实施意见》要求，主动推进行政决策、执行、管理、服务、结果的公开，明确公开责任主体，加强考核监督以促进行政问责。

六　加强教育数据安全与隐私保护

《关于印发促进大数据发展行动纲要的通知》中提出在依法加强安全保障和隐私保护的前提下，应稳步推动公共数据资源开放，健全大数据安全保障体系。[4] 但目前隐私和可公开信息间的界限日渐模糊，且大多数政务数据没有防止隐私泄露的标识符，导致数据隐私安全得不到充分保护。[5] 目前，欧美已经建立了相对全面的教育数据隐私保护法律体系，形成了较为完善的隐私保护框架。[6] 但我国仍需建立教育政务数据开放的监管机制、数据隐私保护制度和安全审查制度，完善数据分类分级安全保

---

[1] Tai K. T., "Open Government Research Over a Decade: A Systematic Review", *Government Information Quarterly*, 2021, p. 101566.

[2] White House, "Open Government Directive", 2009, https://obamawhitehouse.archives.gov/open/documents/open-government-directive.

[3] 《国务院关于落实〈政府工作报告〉重点工作部门分工意见》，http://www.gov.cn/zhengce/content/2020-06/11/content_5518699.htm，2020年6月6日。

[4] 《国务院关于印发促进大数据发展行动纲要的通知》，http://www.gov.cn/zhengce/content/2015-09/05/content_10137.htm，2015年8月31日。

[5] Lee J. S., Jun S. P., "Privacy-preserving Data Mining for Open Government Data from Heterogeneous Sources", *Government Information Quarterly*, Vol. 38, No. 1, 2021, p. 101544.

[6] 王明雯、李青、王海兰：《欧美学生数据隐私保护立法与实践》，《现代远程教育研究》2021年第2期。

护制度，推动教育数据的规范有序发展，保证个人隐私不受侵犯、学校核心数据不被泄露、企业的数据不被非法利用，进而保证国家教育数据的安全。

第二节　教育政务数据开放监管的基本框架

教育政务数据开放受到教育系统内外部因素的影响以及相关技术手段的限制，其监管过程中涉及政府、企业、学校、师生及社会公众等多元主体。基于 TOE 理论以及多中心治理理论构建监管框架，可以形成多主体协同监管的治理格局，最终通过系统的监管实现教育政务数据的规范、安全、持续的开放共享。

一　框架构建的理论基础

教育政务数据开放监管基本框架构建的指导理论主要包括 TOE 理论和多中心治理理论。前文已介绍了 TOE 理论，此处不再赘述。本章节借鉴 TOE 理论分析教育政务数据开放的组织、环境、技术等因素，有助于实现对教育政务数据的有效监管。接下来，将重点对多中心治理理论进行阐释。

多中心治理理论由美国学者奥斯特罗姆夫妇（Vincent Ostrom and Elinor Ostrom）率先提出，最早于 2000 年引入我国。[1] 该理论倡导社区、市场、公众等共同作为治理的中心，形成多个中心协同管理公共事务、权力回归民众的公共事务管理模式。公共部门、企业、非营利机构、个人均可参与公共事务的治理，并以平等的地位处理公共事务、协调各主体之间的利益关系。[2]

该理论主张采用分级别、分层次、分阶段的多样性制度设置，加强政府、市场、社会之间的协同共治。其价值在于"通过社群组织自发

---

[1] 刘俊英：《区块链技术之于社会治理创新的影响分析——基于多中心治理理论的视角》，《社会科学战线》2021 年第 6 期。

[2] 孙玉、彭金玉：《国内对多中心治理理论应用的研究综述》，《学理论》2016 年第 11 期。

秩序形成的多中心自主治理结构、以多中心为基础的'多层级政府安排',具有权力分散和交叠管辖的特征,多中心公共论坛以及多样化的制度与公共政策安排,可以在最大限度上遏制集体行动中的机会主义,实现公共利益的持续发展"。[1] 这意味着有许多在形式上相互独立的"决策中心"从事合作性的活动,或者利用核心机制来解决冲突,在这一意义上各种各样的政治管辖单位可以以连续的、可预见的互动行为模式一致地运作。[2] 多中心治理理论包括政府、市场、社会三个层面的内涵:首先,在政府层面,该理论强调政府不是单一治理的主体,政府不再是简单地发号施令或采取行政措施来解决问题,而是要通过与市场和社会协调合作以达成治理目标;其次,在市场层面,强调市场参与公共事务的治理,市场机制下公共物品的供需平衡以及供给效率和效益的提升使得市场成为公共事务治理主体中必不可少的主体之一;最后,在社会层面,该理论强调社会作为第三个中心参与治理,奥斯特罗姆夫妇通过系统地分析"公地悲剧"[3]"囚徒困境"[4]"集体行动的逻辑"[5] 等公共事物治理典型模型,用博弈论否定了前人认为公共事务的治理或彻底私有化或强化中央集权的观点,提出了政府与市场以外的解决方法,即人们通过自筹资金与自主合约可以达到问题的有效解决。

多中心治理理论在一定程度上弥补了由单一政府治理带来的不足,通过政府、社区、市场、公众等多个中心共同协商、合作进行公共事务管理,促进了公共事务处理效率的提高。教育政务数据开放共享过程中包含了政府、市场、社会等多个群体,契合多中心治理理论提出的理论观点。借鉴该理论,教育政务数据开放的监管须联合政府、企业、学校、师生和社会公众等监管主体,形成多主体协同监管体系。

---

[1] 朱新林、曹素芳、陆豪:《小城镇多元小集体协同治理的行动逻辑——以湖北省武汉市凤凰镇生态治理为例》,《湖北社会科学》2018 年第 6 期。

[2] [美] 奥斯特罗姆、帕克斯、惠特克:《公共服务的制度建构》,朱全喜、任睿译,上海三联书店 2000 年版。

[3] 池静、崔凤军:《乡村旅游地发展过程中的"公地悲剧"研究——以杭州梅家坞、龙坞茶村、山沟沟景区为例》,《旅游学刊》2006 年第 7 期。

[4] 钱津:《"囚徒困境"案例思想的深度探讨》,《河北经贸大学学报》2022 年第 2 期。

[5] 毛寿龙:《集体行动的逻辑与公共治理理论》,《社会科学研究》2017 年第 1 期。

二　基本框架的总体结构

目前，有学者从数据的管理过程、质量、安全和隐私、利用等方面构建了政府开放数据监管模式[①]；也有学者从设立数据开放的准入标准、防控数据开放的安全风险、开展评估问责等方面提出了数据开放中政府监管责任框架[②]；本研究从防控的途径、技术、领域、内容等方面构建了教育政务数据开放的风险防控体系。[③] 结合既有研究，借鉴 TOE 理论和多中心治理理论，本研究以监管主体、监管方式、监管技术、监管内容、监管应用等为核心要素，构建了教育政务数据开放监管的基本框架，具体如图 7-1 所示。

教育政务数据开放需要政府、企业、学校、师生及社会公众等主体参与，形成多主体协同监管治理格局。其中，政府通过对教育政务数据进行教育法制监管和教育行政监管，为教育政务数据开放提供法理支持和行政管理。企业通过市场监管，对教育政务数据开放行为进行干预，丰富教育政务数据开放监管的形式。学校之间成立督察小组，以校际合作督察的方式对教育政务数据的开放共享进行校际合作监管；师生及社会公众直接或间接地参与监管工作，对教育政务数据的开放共享进行社会公众监督。在多主体协同监管过程中，运用大数据、人工智能、区块链等监管技术，通过数据采集与分析、智能识别与检查、精准识别与追踪、分布式存储与行为预测，以及数据溯源等功能，将智能电子监察贯穿整个监管过程，对教育政务数据开放标准、开放质量、开放隐私与安全、开放利用等内容进行全生命周期监管。其监管结果可应用于开放行为规范、数据监测与报送、违法行为追踪、行政管理与服务等场景，以促进监管主体对监管结果的应用与反馈，提高教育政务数据开放的质量。

[①] 迪莉娅：《政府开放数据的监管模式研究》，《情报理论与实践》2018 年第 5 期。
[②] 陈朝兵、程申：《政府数据开放中的监管责任：实践困境与优化路径》，《情报杂志》2019 年第 10 期。
[③] 王娟、杨现民、郑浩、顾雯、李涵：《大数据时代教育政务数据开放的风险分析及防控策略研究》，《中国电化教育》2020 年第 6 期。

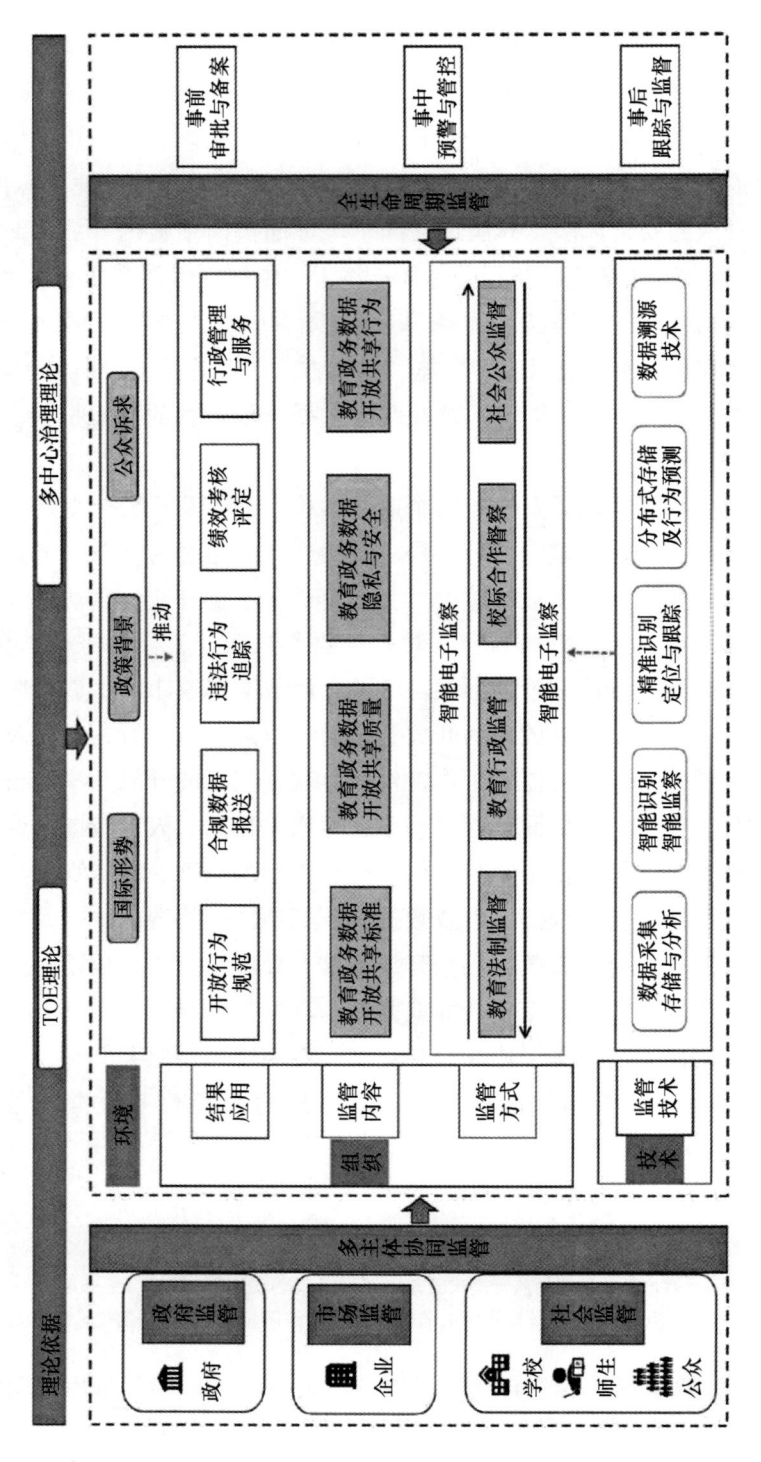

图7-1 教育政务数据开放监管机制的基本框架

第三节　教育政务数据开放监管的核心要素及运行方式

教育政务数据开放的监管是一项系统工程，需要从多个层面予以规范。基于上文提出的监管框架，结合教育政务数据开放的现实问题，本研究进一步从关键支撑技术、多样监管方式、多元监管内容、全周期监管流程、多维监管应用等方面，探讨教育政务数据开放监管的核心要素及运行方式。

一　教育政务数据开放的监管技术

（一）基于大数据的采集、存储与分析

将大数据技术应用于教育政务数据开放的监管可以提高监管效率。首先，利用大数据采集技术，可以实现教育政务数据的全流程实时收集，使收集的数据更全面、收集方式更高效。其次，大数据存储技术将收集的数据存储在数据库中，可以为数据的溯源和责任认定提供便利。最后，大数据挖掘和分析技术，可以全面分析教育政务数据开放的风险点及运行问题，探索风险防控策略和数据监控机制。例如，贵州省数据调度中心通过对数据共享、交换进行统一管控、追溯、统计、分析以及可视化，明晰了数据在共享交换过程中的归集、使用、管理等权限问题；福建省公共信息资源统一开放平台，对政府数据开放情况进行多维度统计，便于公众利用大数据信息提出建议及反馈，促进政府数据融合发展。

（二）基于人工智能的智能识别与监察

人工智能技术使教育政务数据开放的监管效率进一步提升。首先，智能图像识别、语音识别等人工智能技术，可以更精准地预测数据开放共享的结果，较大程度地识别数据开放共享过程中的行为失当问题，促进教育政务数据开放行为的规范与统一[1]；其次，人工智能还可以智能识别、实时监测教育政务数据开放的风险，分析并生成解决方案，从而提

---

[1] 杨小微：《人工智能助推学校现代化的意义与可能路径》，《华中师范大学学报》（人文社会科学版）2021年第2期。

高教育行政部门的工作效率。此外，人工智能还扮演智能监察官的角色，可以促进教育政务数据开放监管更加精准化、透明化和数据化。

（三）基于物联网的精准识别、定位与跟踪

物联网借助射频技术、信息传感设备等，可以实现信息的实时交换与通信。① 将物联网应用于教育政务数据开放监管，可以实现对数据的识别、定位、跟踪与监管，及时发现并精准识别数据开放的问题及风险，实现对教育政务数据开放的动态监管。例如，西安交通大学通过物联网技术，分析学生就餐、宿舍出入以及在校情况，精准、实时掌握学生动态；天津大学则采用物联网技术，建设"天津大学大型仪器共享管理平台"，实现了仪器信息公开和实时监控。

（四）基于云计算的分布式存储及行为预测

云计算技术具有便捷性、安全性等特征以及强大的数据挖掘能力，在数据风险防控和智能监管等方面起着重要作用，有助于提升风险控制和监管效率。一方面，通过云计算建立科学合理的仿真模型，可以跟踪监测有关教育政务数据开放的制度和政策实施效果，对数据开放行为进行预测②，进而智能生成教育政务数据风险防控预案，提高教育政务数据开放监管的针对性和有效性，增强数据开放风险的控制水平，降低监管成本。另一方面，基于云计算的分布式数据存储系统，可以保证监管数据更安全的存储，防止监管数据的泄露以及非法利用。

（五）基于区块链的数据溯源

区块链技术的去中心化、共识机制、非对称加密算法等特征，可以保证教育政务数据开放标准的统一、数据开放的公开透明，其链式数据结构可以实现教育政务数据的全流程追溯。③ 具体而言，利用去中心化可以突破对教育政务数据的绝对管理权，促进各参与主体对教育政务数据的监督，提高数据开放的公开与透明；通过共识机制可以实现教育政务数据跨部门开放共享，保障数据格式、开放类型、开放范围保持一致；

---

① 李卢一、郑燕林：《物联网在教育中的应用》，《现代教育技术》2010 年第 2 期。
② 李萍：《推进制度优势在教育信息化领域更加显著展示》，《中国教育报》2020 年 1 月 7 日第 1 版。
③ 郑旭东、杨现民、岳婷燕：《教育政务数据开放平台的区块链技术架构与运行机制设计》，《中国电化教育》2021 年第 3 期。

通过非对称加密算法防止数据被伪造和篡改,保障数据安全。目前,深圳市电子政务资源中心、深圳市政务数据管理服务局都利用数据溯源技术进行数据存储和质量管理,实现了开放政府数据从开放平台到共享平台的溯源反馈。

二 教育政务数据开放的监管方式

(一) 教育法制监督

教育政务数据开放监管需要教育行政部门对数据开放的过程、结果等进行法制监督。[1] 政府应通过法律法规发挥宏观调控作用,协调教育行政部门、企业、学校、社会进行多方联动监管,规制数据泄露和非法利用乱象,提高监管的准确性和合理性。例如,可以出台教育政务数据开放管理办法、违规行为问责办法等文件,规范教育政务数据的开放、共享与利用。各级教育部门应依法开展教育政务数据开放工作,保障教育政务数据开放的合法性。例如,《安徽省政务数据资源管理办法》从数据的使用、提供、资源以及技术支撑等方面建立数据共享机制,从政策上规范了政务数据资源依法有序共享。

(二) 教育行政监管

教育行政部门是教育政务数据产生的最大主体,也承担着教育政务数据开放监管的主要职责。一方面,教育行政部门应采取恰当的监管模式,将教育行政监管贯穿教育政务数据开放的全过程,进行全生命周期的监管,同时,将监管结果向社会公开,监管过程应全程留痕,实现责任可追溯。另一方面,教育行政部门还应成立专门的监管部门,设定监管小组,通过对监管成员进行专业培训,提升监管部门和监管人员专业化水平,提高教育行政监管的准确性、专业化和科学性。目前,北京市政务服务局从咨询、预约、受理、审查、告知、送达等环节,对政务数据的时限标准、服务渠道、责任部门等全流程进行规范,保证了政务数据的公开透明,为教育政务数据开放的行政监管提供了可资借鉴的案例。

---

[1] 杨现民、王英、李怡斐、王亚如:《教育政务数据开放共享体系的基本框架》,《中国电化教育》2020 年第 9 期。

(三) 校际合作督查

学校参与教育政务数据开放监管对规范教育政务数据至关重要。校际合作督查主要涉及两个方面，一是对学校内部数据的督查，需要各学校签署保密协议，保护学校和师生的隐私；二是校际合作数据的督查，要求学校成立专项数据督查委员会，负责各项监管规则的制定与实施，落实监管责任，确保监管结果的公正与准确。例如，陕西省董家河学校实施了校际合作督察，对学校政教管理工作进行全面督查，促进了教育政务工作的优化。

(四) 社会公众监督

社会公众是教育政务数据开放的重要主体。公众参与教育政务数据开放可以分为告知型、咨询型、合作型以及授权型四种。[1] 告知型公众参与是指教育行政部门通过告知公众教育决策信息，保证公众知情权和参与权的公众参与方式；咨询型公众参与是指教育行政部门向公众咨询改进意见，基于公众意见改进教育政务数据开放标准和内容，形成科学决策的公众参与方式；合作型公众参与是指公众通过一定的制度安排，实现对教育政务数据开放的监管的公众参与方式；授权型公众参与是指公众拥有政策制定和执行权力，能积极、主动地参与教育政务数据开放监管的公众参与方式。公民参与教育政务数据开放的监管，不仅可以提高公共政策制定的质量，还可以提高政府提供公共服务和解决社会问题的能力[2]，增强公众满意度。[3] 例如，福建省数据开放平台提供了社会公众发表意见和开放答疑功能，促进了公民参与政府的决策，为教育政务数据开放中公众的普遍参与提供了借鉴。

(五) 智能电子监察

推进教育督导和监管信息化，需要构建统一开放的教育督导信息化

---

[1] 陈朝兵、简婷婷：《政府数据开放中的公众参与模式：理论构建与案例实证》，《图书情报工作》2020年第22期。

[2] Purwanto A., Zuiderwijk A., Janssen M., "Citizen Engagement With Open Government Data: A Systematic Literature Review of Drivers and Inhibitors", *International Journal of Electronic Government Research (IJEGR)*, Vol. 16, No. 3, 2020, pp. 1–25.

[3] 莫祖英、丁怡雅：《政府数据开放公众反馈机制构建研究》，《情报杂志》2021年第3期。

平台，从人工督导转向智能实时督导。智能电子监察具有实时监控、预警纠错、绩效评估和信息服务等功能。[1] 一方面，智能电子监察可以实时监控教育政务数据开放的全生命周期，及时发现数据安全或质量问题并报警，促进监管工作高效推进；另一方面，智能电子监察可以结合数据溯源技术，绘制数据溯源图谱，对数据进行溯源追踪。例如，江西省政府数据开放网站设置了数据指数版块，可以对网站访问来源进行追溯，倒逼数据发布者和数据利用者对数据的准确性和合理利用负责，规范了教育政务数据开放标准。

三 教育政务数据开放的监管内容

教育政务数据开放包含开放机制的建立、开放标准及开放流程的规范、开放数据的应用反馈，需要对数据的管理过程、质量、安全及隐私、利用等进行监管。[2] 结合已有研究，本研究认为教育政务数据开放的监管内容包括教育政务数据的开放标准、开放质量、隐私与安全以及开放行为四方面。

（一）教育政务数据的开放标准

教育政务数据的开放标准包括教育数据的元数据标准、存储的格式标准、发布的格式与类型标准、数据的可用性和准确性、数据开放的范围以及开放许可的设定等内容。[3] 目前，我国教育领域的政务数据标准仍不统一，尤其是各级机构平台的数据库不同，其数据内容、格式不统一，无法对数据进行大规模、智能化的分析，这需要对数据的开放标准加以规范，从数据源头解决教育政务数据存在的风险问题。《浙江省公共数据开放与安全管理暂行办法》中通过对政府数据开放共享的标准进行规定，对公共数据进行分级分类，保证了教育政务数据开放的统一与规范，为教育政务数据开放标准的构建提供了借鉴。

---

[1] 黎军：《行政审批改革的地方创新及困境破解》，《广东社会科学》2015年第4期。
[2] 童楠楠：《我国政府开放数据的质量控制机制研究》，《情报杂志》2019年第1期；迪莉娅：《政府开放数据的监管模式研究》，《情报理论与实践》2018年第5期。
[3] 陈朝兵、程申：《政府数据开放监管的国际经验与中国路径》，《图书情报工作》2020年第12期。

（二）教育政务数据的开放质量

美国白宫管理与预算委员会办公室（Office of Management and Budget，OMB）在其公布的"信息质量指南"中将"信息质量"定义为由"客观性""实用性"和"完整性"组成的综合性术语。[1] 教育政务数据开放质量可以界定为在教育政务数据开放实施过程以及结果中的固有特性，以及满足教育行业数据的相关规定和教育参与者的利用要求的程度，包括教育数据本身固有的质量以及数据开放利用的价值。然而，多数门户网站发布数据往往不能保证数据的质量。[2] 影响教育政务数据质量的因素包括数据的完整性、准确性、可信度、有用性、及时性和可靠性，影响数据开放利用价值的因素主要有可用性、可访问性、保密性、平台的可操作性等。通过对这两方面的数据开放质量进行有效监管，有利于保障教育政务数据开放的准确性、客观性、实用性和完整性。

（三）教育政务数据的隐私与安全

教育政务数据开放的跨境流通必然会带来安全隐患，既造成数据的流失，也可能会出现信息泄露等问题。因此，需要在教育政务数据开放的监管过程中，保护数据的隐私与安全。可通过出台权威的数据隐私与安全标准、开展数据安全风险评估等措施，切实保护教育参与者的合法利益。同时，还可以构建多层次的信息安全保障体系，解决使用授权许可不完善、管理不到位、隐私与可公开信息界限模糊等问题。例如，陕西省对教育单位的信息系统中存在的网络安全隐患和管理机制漏洞以及数据开放过程中的安全风险进行监控，保障了师生的个人信息安全。

（四）教育政务数据的开放行为

对教育政务数据的开放行为的追踪和反馈可以反映教育政务数据开放的质量和效果。因此在教育政务数据的开放过程中，需从法律、权益、技术保障等方面加强对数据开放行为的监管，通过跟踪反馈，及时

---

[1] 宋立荣、彭洁：《美国政府"信息质量法"的介绍及其启示》，《情报杂志》2012 年第 2 期。

[2] Attard J., Orlandi F., Scerri S., "A Systematic Review of Open Government Data Initiatives", *Government Information Quarterly*, Vol. 32, No. 4, 2015, pp. 399 – 418.

发现教育政务数据开放的问题，提出相应解决方案，提高数据开放利用的质量。例如，《浙江省公共数据开放与安全管理暂行办法》要求数据开放主体对数据开放利用情况进行后续跟踪与服务，及时了解数据利用行为是否符合公共数据安全管理规定和开放利用协议，开展数据挖掘、可视化、安全与隐私保护等研究，提高了数据开发利用水平。

四 教育政务数据开放的监管流程

教育政务数据开放的监管流程贯穿教育政务数据开放的全生命周期，包括事前审批与备案、事中预警与管控、事后跟踪与监督三个阶段。

（一）事前监管：审批与备案

教育政务数据开放的事前监管主要包括履行数据开放前的申请、报批及备案程序。需要通过立法规范教育数据开放共享标准，不仅要确定数据开放属性、数据名称、开放主体、开放属性、数据格式、类型、更新频率等内容，还要规范开放受限类数据执行流程，确保数据的开放质量。教育政务平台可以从开放数据的格式、类型、范围、可用性等方面提出开放申请，向上级部门报批开放许可，对数据的内容及标准进行备案处理，并对元数据标准、数据格式、数据开放范围等进行事前监管，确保教育政务数据开放的规范。

（二）事中监管：预警与管控

事中监管主要是对教育数据开放过程进行监督，涉及开放数据的真实性、合法性、安全性、开放过程的规范性以及数据质量的合格性等，表现形式一般是抽查以及电子监察。首先，可以委派专业人员，对数据发布部门进行随机抽检，公开教育政务数据开放共享的情况；其次，可以通过"技术+监管"模式，对数据开放过程中的风险进行实时预警和管控，探索基于大数据分析的信用监管，促进事中监管的有效实施；最后，可以组织跨部门、跨区域、跨层次的联合协同监管，通过多方合力改善教育政务数据开放质量。

（三）事后监管：跟踪与监督

事后监管是针对教育政务数据开放的结果进行跟踪和监督，以确定其合法性和潜在风险。其监管形式通常为随机抽检监督，监管更为复杂。① 数据开放主体应对数据开放利用的情况进行后续跟踪与服务，及时了解数据利用行为是否符合公共数据安全管理规定和开放利用协议，及时处理各类建议和投诉。事后监管主要涉及教育政务数据的质量检验和验收，并针对教育政务数据利用情况进行监督，一旦发现问题可以利用数据回溯技术进行数据源跟踪，精准找出问题所在，确定责任归属并对其进行整治规范。

五 教育政务数据开放的监管应用

教育政务数据开放的监管应用可以出现在多种教育场景中。通过数据可视化、数据跟踪反馈、监管沙盒以及数据开放图谱等形式，将监管结果反馈给政府、企业、学校、师生以及社会公众等教育政务数据开放主体，以实现开放行为规范、数据监测与报送、违法行为追踪、绩效考核评定以及行政管理与服务等，如图 7-2 所示。

图 7-2 教育政务数据开放监管结果的应用场景

（一）呈现方式

1. 数据可视化

教育政务数据开放的监管结果可以通过可视化的形式呈现给各监管

---

① 董淳锷：《市场事前监管向事中事后监管转变的经济法阐释》，《当代法学》2021 年第 2 期。

主体。可以鼓励高校、科研机构和市场主体开展数据挖掘、数据可视化等关键技术研究，提高数据开发利用和安全管理水平。政府可以利用新技术，智能处理收集到的监管数据，形成可视化的监管结果，更直观地观察并确定问题所在，制定更系统、安全的教育政务数据开放标准；学校、师生以及社会公众可以通过可视化数据，发现并规避个人和学校数据开放的安全风险，以便学校和个体对教育政务数据进行社会监督。

2. 数据跟踪反馈

教育政务数据开放的监管结果可以用于对教育政务数据开放的跟踪反馈，实现动态监管。可以通过对数据进行实时监测和管控，及时发现数据开放共享过程中存在的潜在风险并作出预警；也可以通过建立数据发布和访问溯源图谱，对数据进行实时追踪反馈，明确问题责任归属，确保"一数一源"，并将监管的数据反馈给教育行政部门，为教育政务数据开放的调整和优化以及违法行为问责提供依据。例如，山东省数据开放平台可以追溯数据利用的访问用户所在地，实现数据应用追踪，为教育政务数据开放监管结果的跟踪反馈提供案例启示。

3. 监管沙盒

监管沙盒最早出现在金融监管领域，指金融监管部门设立的一种框架。[①] 它是在真实可控的环境下，以真实用户为对象进行产品测试的监管理念，其在减少监管成本的同时可以降低监管的不确定性。教育政务数据开放的监管可以借助监管沙盒的手段，在可控的环境下对教育政务数据开放监管结果进行反馈应用。这样不仅可以改变传统的事前授权的监管模式，有效把控数据开放过程中的潜在风险，还可以为政府制定数据开放政策、发现和调整数据开放共享监管体制中的漏洞与缺陷提供支持。

4. 数据开放图谱

教育政务数据的开放图谱可以为公众提供直观的教育政务数据开放情况，实现公众对教育政务数据开放的监督与反馈，促进教育政务数据开放应用的调整与优化。目前已有多个省市开放数据平台将政府数据开

---

① 肖翔、周钰博、杨海盟：《金融科技监管沙盒实践的国际比较》，《金融市场研究》2020年第12期。

放的情况绘制成全局图谱。例如,深圳市政府数据开放平台从数据开放的领域、部门以及主题三方面为政府开放数据画像,形成三方面的全局图谱,以直观显示政府数据开放情况;江西省的公共数据开放平台,形成标签云数据图谱,可以帮助政府了解社会公众的需求,促进政府开放数据的优化调整。

(二)应用场景

教育政务数据开放的监管结果可以应用于规范数据开放行为、合规报送教育政务数据、追踪问责违法行为、提高数据开放监管绩效、优化教育数据管理与服务等场景。

1. 开放行为规范

教育政务数据开放的监管结果可用于规范教育行政部门数据开放行为。通过可视化、跟踪反馈、监管沙盒等手段,可以将监管结果传递给教育政务数据开放主体,帮助他们正确认识其开放行为,最终实现对相关主体开放共享行为的规范。

2. 数据监测与报送

监管结果应用可以引导教育政务数据的监测与报送,促进教育政务数据开放合法合规。教育行政部门应确保开放共享的数据真实、准确,可以组织专家采取数据复审、实地查看等形式核查数据合规性,分析教育政务数据开放的风险点及原因,并及时督促整改,确保报送的教育政务数据符合数据开放标准与规范。例如,教育部通过对多省培训机构进行实地走访、考察抽查,确保了校外培训机构整改工作数据报送的真实性和准确性。

3. 违法行为追踪

监管结果也可应用于教育政务数据的追溯与定责。政府部门可以通过技术手段识别、定位和追踪教育政务数据开放过程中存在的问题,确定主要责任主体,对相关违法行为进行事后追踪与监督,保障教育政务数据开放的合法性。例如,石家庄教育局对复兴中学进行监管,发现该校存在违规招生行为,严格追究了其责任并采取了处罚措施。

4. 绩效考核评定

监管结果还可与教育政务数据开放机构的绩效考核、数据开放负责人的晋升与奖惩、教育政务数据开放利用的个人信用挂钩。将监管结果作为教育政务数据开放机构以及个人的绩效考核指标之一，可以提高各主体参与教育政务数据开放监管的积极性，提升教育政务数据开放的质量。例如，河南省将政务数据开放共享的监管结果作为地方党政领导班子和领导干部综合考核评价、奖惩任免的重要参考；福州市则出台政务数据资源共享开放考核暂行办法，推进市政务数据汇聚、共享、开放和利用，为政府部门业务赋能。

5. 行政管理与服务

监管结果应用于教育管理与服务活动中，能够帮助教育管理者实现对学习、科研以及支持服务等教育数据的高效配置和科学管理，实现对教育数据管理与数据开放服务工作流程的再造，进而优化教育政务数据开放管理与服务。通过监管可以发现教育行业存在的诸多问题，监管反馈能助其"少走弯路"，避免不必要的损失；同时，可以通过智能化手段优化教育政务数据开放的流程，提高教育行政管理效率。例如，上海市公共数据开放平台通过对用户提出的数据纠错要求进行及时、详细的处理，提高了政府的行政管理与服务能力。

随着国家大数据战略的持续推进，教育政务数据开放已是大势所趋。本研究从监管的核心要素入手，构建了教育政务数据开放的监管框架和运行机制，旨在提高教育政务数据的开放共享的效率。但我国教育政务数据开放过程中仍存在诸多问题，后续研究将重点围绕两方面展开：一是如何精准、及时、有效地推进教育政务数据开放监管，并做好风险防控；二是如何有效地评估教育政务数据开放监管的实际效用，解决伴随监管技术所产生的伦理问题。这些还需要政府出台相关政策文件，做好顶层设计监管工作。教育政务数据开放的监管主体，在监管过程中应遵守技术应用规范，建立风险防控机制，保障教育政务数据的安全。在多主体的协同治理下，教育政务数据开放水平有望进一步提高，从而推进国家教育治理体系和治理能力现代化。

第八章

教育政务数据开放的风控机制

教育领域拥有海量的数据,但随着教育政务数据的开放,数据安全与伦理问题逐步凸显,数据的碎片化、孤岛化、私有化现象也日益突出。目前,教育界对教育政务数据开放尚未形成完全清晰的认识,因此如何有重点、有步骤地推动了教育政务数据开放,如何识别教育政务数据开放带来的风险,并进行有效监管和防范,已成为当下亟须解决的热点和难点问题。本章从宏观、中观、微观以及数据管控视角分析了教育政务数据开放引起的潜在风险,构建了教育政务数据开放的风险防控体系,包括一条防控主路、两个防控领域、四项防控内容以及五种防控技术,最后从主体防控、技术防控、共享防控和保障防控等层面提出了教育政务数据开放的风险防控策略。

第一节 教育政务数据开放的风险分析

一 教育政务数据开放的过程分析

教育政务数据开放是一系列有关联、连续的动态过程,是相关部门开放教育数据回应公共数据需求的过程;是包含数据的采集、整理、发布等一系列数据操作过程的开放,以及提供的各种数据处理流程、原则、技术、服务的开放。

教育政务数据开放需要政府或社会机构建立教育政务数据开放网站,需要创建教育数据集发布,并利用数据提高教育决策的科学性,因此本研究将教育政务数据开放过程分为分析、设计、实施、监管四个环节,如图8-1所示。

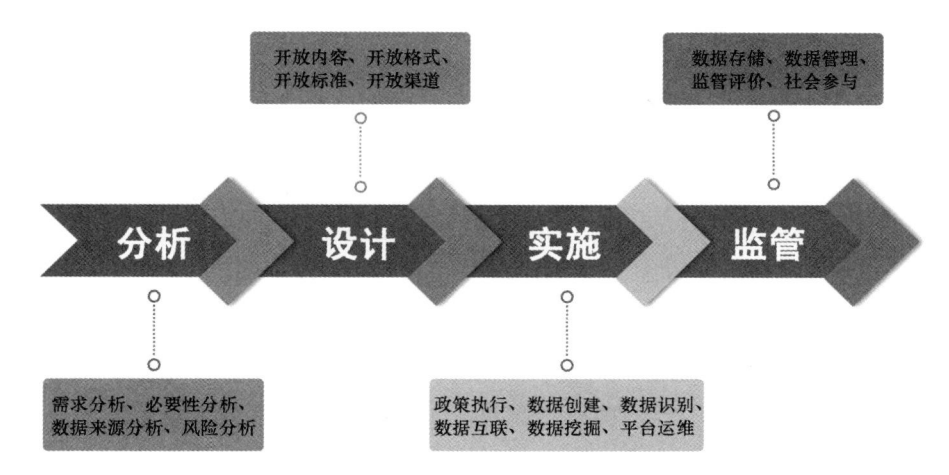

图 8-1　教育政务数据开放的过程

（一）分析

该环节主要包括教育政务数据开放的需求分析、必要性分析、数据来源分析和风险分析。首先，教育政务数据开放要考虑教育部、省市教育主管部门、各级各类学校及广大用户的需求，这些部门积累了大量的、结构化的数据。其次，教育政务数据开放，有助于提高部门行政决策的透明度和治理水平，需要确定可以开放的教育数据范围与情境，对符合公开标准的数据加以整合。再次，开放数据的主要来源是政府、教育行政部门、教育培训机构和第三方。最后，对确定可以采集到的数据开放风险进行预警，对可能存在的存储、管理、共享和发布等开放风险进行系统分析。

（二）设计

该环节涉及教育政务数据的开放内容、开放格式、开放标准和开放渠道。数据开放的政策法规不健全，在一定程度上影响政务数据开放的顺利推进，开放内容涉及教育整体情况、教学及其评估等信息。教育政务数据开放渠道主要是数据开放接口或统一数据开放平台，可建立校级、县级、市级、省级、国家级五级数据开放平台以及数据中心，建立国家统一的数据开放平台，采用统一标准、建立大数据安全防护系统，依法依规打击数据滥用、侵犯隐私等行为，引导、规范每个社会主体有序参与数据开放。

(三) 实施

该环节包含政策执行、数据创建、数据识别、数据互联、数据挖掘和平台运维。政府对教育政务数据开放制定相关政策，统一数据标准，确定数据的保密等级以及查看范围，依据相关法律法规，明确各数据开放和使用主体的责任和义务；明确管理制度，建立透明化、可审计、可追溯的全过程管理机制；去除冗余信息，根据数据来源划分数据主题、类别以及保密程度。数据互联是使用户在搜索和访问开放数据时，能以某种方式探索或与之交互，同时处理数据使之符合数据出版发布的国际标准。数据挖掘是用户主动使用或通过关联分析、统计分析等技术发掘开放数据背后的隐藏价值。在平台运维上，坚持"政企校"合作的机制创新，相关部门上传数据到平台，由企业对数据进行更新、分析、处理和存储，政府对平台进行监管，防止数据泄露、篡改和滥用。

(四) 监管

该环节对需要监管的数据实现存储、管理和维护，使其可以被再利用，主要包括数据存储、数据管理和监管评价和社会参与。教育政务数据开放应建设多级数据中心，对无用信息进行识别，明确各种数据的类型、归属、层级等信息，以便检索查阅，这里还涉及元数据、备份元数据、更新数据、清理与销毁数据等。政府层面制定规范的数据审查流程，对数据安全与伦理进行监管，并甄别数据是否涉及个人隐私；企业层面明确开发人员的权限和责任，对数据进行加密处理；教育部门针对平台问题进行改进。此外，采取行为记录、数据纠错、权益保护等措施，打造高效便捷、安全可靠的服务载体，鼓励学生、教师、教育机构、学校管理者等有需求的第三方合理利用数据，加大社会参与度。

二 教育政务数据开放的主要风险

数据信息潜在价值巨大，但数据开放风险更加隐秘复杂。如果教育政务数据开放风险得不到有效防范、避免和化解，则会引发各类数据风险事件。教育政务数据开放风险，是指因政务数据开放可能引发的对国家、社会和个人造成危害的所有不确定性，以及技术开发、信息制度、信息管理等不当缺位而导致的数据安全漏洞和隐私泄露问题。例如，多部门、多来源、跨领域的数据汇聚后经关联、推理、统计分析等技术，可以攻击相关的背景知识、敏感信息，挖掘出数据之间的隐含关系。教育数据开放风险涉及数据获取问题、治理问题、成本问题、数据自身问题、法律问题、技能问题等，为此本研究从宏观、中观和微观角度提出教育政务数据开放存在国家安全风险、社会分化风险、经济投入风险、部门行政风险和个人隐私风险，从数据管控角度存在数据管理风险、数据存储风险、数据共享风险和数据发布风险。

（一）宏观、中观、微观领域存在的风险

1. 国家安全风险（宏观）

一方面，教育政务数据开放可能会造成国家机密的泄露。尽管单一的数据集不会产生安全问题，但来自不同数据集的"海量数据经过采集和分析"会产生重要的情报信息价值，成为某些国家对我国教育的监控和控制的工具，进而危害数字主权与国家安全。另一方面，教育政务开放平台公布的数据背后常常隐藏着不易察觉的意识形态侵入，会被西方国家利用，如果未经审核、不加选择地公开数据，在一定程度上会导致公众对教育数据的错误解读，激化社会矛盾，甚至危害国家政权稳定。

2. 社会分化风险（宏观）

跨主体的教育数据开放共享使得数据的所有权与治理权难以界定，造成数据监管体系建设困难，同时教育政务数据开放意味着降低使用数据的门槛，方便用户对数据的获取和分享。但由于不同用户的信息获取能力、分析数据的条件与技术不同，这形成了新的数据分化，造成社会不平等与社会分化。例如，在部分国家和地区，特权和不公平已经潜入数据活动中，普通用户无法操控处理复杂的数据，教育政务数据开放不能完全纠正教育背后的阶层分化。

3. 经济投入风险（宏观）

教育政务数据开放造成了教育机构经济负担居高不下，数据开放不仅没有直接收入，大多效益是间接的，甚至有时需要较大的、一次性成本投入和持续的人财物支出，可能会导致教育机构经费紧张。目前，尚无证据表明开放数据能够产生经济附加值，从开放数据的市场结构看，开放数据初衷是通过免费的数据供给实现教育市场的民主化和多元化，但实际上产生了相反的效果，导致了更多的市场垄断。

4. 部门行政风险（中观）

教育政务数据开放要提高数据安全的等级，建立数据目录和数据交换体系，实现不同部门之间的跨地域协调合作、完成对数据的归档保存和利用等关键环节的规范管理；同时，区域教育政务数据开放应构建立体化的区域教育数据网络，形成全区教育政务数据采集、共享、更新与创新应用的完备机制。因此，教育政务数据开放运行存在的部门行政风险，主要体现为：第一，跨部门的数据开放与流动使得教育相关数据的所有权与治理权变得愈加模糊，冲击着原有部门数据监管体系；第二，原始数据的大量披露容易造成政策误导与部门执行力的弱化；第三，数据开放透明增加了相关部门的责任风险，开放数据要放弃一定的控制权；第四，开放数据提供者、加工者、所有者和维护者等角色的交叉重叠，使得部门机构与人员的权责归属变得复杂，难以界定清晰。

5. 个人隐私风险（微观）

大数据时代隐私泄露的风险无处不在，导致众多数据被非法利用，其中个人身份识别的隐私保护和地理位置隐私保护是亟待解决的问题。我国政府对公民隐私保护的法律相对于西方国家起步较晚，保护力度较小，相关法律法规建设还很不完善，尤其是泄露数据在网络上迅速传播导致侵权人难以界定，调查取证困难，部分数据一旦被公布将造成侵权损害的范围和程度难以估计。目前国家出台了相应的政策，例如2012年我国在《侵权责任法》中首次明确对隐私权的保护；2015年《刑法修正案（九）》新增了"拒不履行信息网络安全管理义务罪""非法利用信息网络罪""帮助信息网络犯罪活动罪"，为网络个人隐私信息提供了刑法保护；2016年《网络安全法》从个人信息收集、使用以及保护的角度进行了规定；2017年民法总则确认了个人信息自主权。

（二）数据管控领域存在的风险

1. 数据管理风险

教育政务数据来源错综复杂，要进行科学的管理。目前，部分教育政务数据平台数据开放的种类、主体以及责任划分不清楚，数据使用权限不明；部分机构将数据存放在共享交换平台上，没有服务商的配合很难完整地将数据安全迁出，损害用户对数据的所用权和支配权；部分平台数据采用粗放式管理，准入审核不严，安全审计不足，当这些数据被关联分析、统计分析等技术进行数据挖掘后，会造成政务信息的安全和泄密风险。

2. 数据存储风险

目前，国内教育政务开放平台的数据获取以文件共享和 API 接口调用两种方式为主，这存在数据残留风险；当用户退出平台时，应完全删除备份数据和运行过程中产生的用户数据，但目前缺乏有效的机制、标准或工具来检验是否实施了这一操作。此外，教育政务数据来源众多、机密性高，应建立完善的数据容灾备份机制应对可能发生的各种意外。而目前国内的教育政务数据平台只对自身部门的数据具有较完备的备份机制，对跨学科、跨领域的数据则缺少有效的容灾备份机制，一旦数据丢失或遭受攻击，后果十分严重；同时计算机及移动存储介质等发生遗失、数据网络加密不足等，都是防范数据管理风险的重点关注领域。例如，部分教育政务数据采用国外软件进行数据存储，如 SQL Server、MySQL 等，这些软件的安全性和机密性尚不可知，迫切需要完善国外软件准入的审查机制和考核机制。

3. 数据共享风险

由于缺乏统一的标准和接口，目前部分教育政务平台上的数据难以相互迁移，导致用户数据随着服务商的干扰或停止服务而停止运转；某些平台的政务数据缺少对数据共享风险的控制，这些被共享的数据容易被非法攻击者窃取。同时，由于缺少相关开放标准和法规政策的指引，部分教育政务数据机构对开放哪些数据、开放风险等级、开放对象等没有清晰的认识，易造成机密数据泄露。因此，教育政务数据开放平台提供的授权协议应对用户免费获取、不受歧视获取、自由利用、自由传播与分享开放数据的权利作出明确授权。

4. 数据发布风险

教育数据集发布分为持续发布、阶段持续发布、阶段发布以及无发布四种模式。如平台每季度均持续发布新的教育数据集，属于持续发布；平台至少连续两季度发布数据集，属于阶段性持续发布；平台在某一季度集中发布少量数据集，属于阶段发布；平台无新的数据集发布，属于无发布。但无论哪种发布模式，目前的数据发布多缺乏撤回机制、缺乏必要的安全使用技术，数据一旦发布很难收回，发布的数据容易被攻击者利用，因此管理部门应采用必要的监控措施和技术手段，如限制访问、防拷贝等技术。

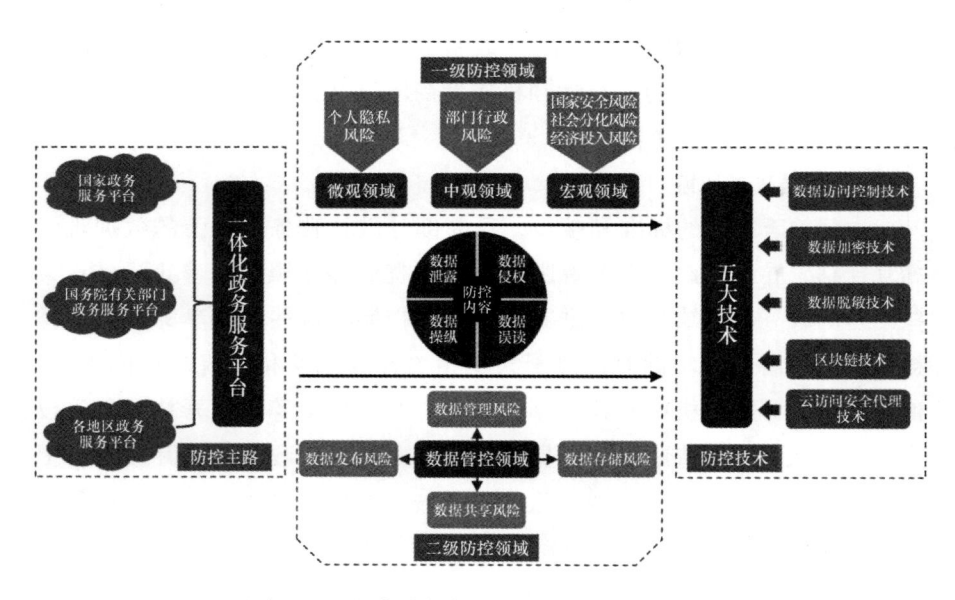

第二节　教育政务数据开放的风险防控体系

教育政务数据开放风险防控是通过风险分析达到数据开放的预期成效，是将风险管理方法运用到教育政务数据开放过程，包括对教育政务数据开放风险的识别、预防、监控，最终促进教育政务数据开放效益的整体实现与用户满意度的提高。因此，本研究从一条主路、两个领域、四项内容、五种技术等方面构建了教育政务数据开放的风险防控体系，如图 8 – 2 所示。

图 8 – 2　教育政务数据开放的风险防控体系

一　一条防控主路：一体设计，平台防控

《国务院关于加快推进"互联网 + 政务服务"工作的指导意见》《国务院关于加快推进全国一体化在线政务服务平台建设的指导意见》指出，加快建设全国一体化在线政务服务平台，推进各地区各部门政务服务平

台规范化、标准化、集约化建设和互联互通，形成政务服务数据资源有效汇聚、充分共享。建设统一平台，构建统一的数据安全管理体系，通过分层建设、分级防护，达到数据开放平台能力及应用的可成长、可扩充。全国一体化平台应由国家政务服务平台、国务院有关部门政务服务平台和各地区政务服务平台组成，采用统一数据开放标准，规范数据收集、存储、分享、发布等行为，这涉及统一政务服务门户、统一政务服务网络支撑、统一身份认证、统一电子印章、统一电子证照、统一数据共享等；国务院有关部门政务服务平台，应依托国家政务服务平台办理跨地区、跨部门、跨层级的政务服务业务；各地区政务服务平台，应建成本地区各级互联、协同联动的政务服务平台。这些平台通过分层建设、分级防护，创造面向数据的安全管理体系框架。

二 两个防控领域：明确责任，界限防控

教育政务数据开放风险主要涉及宏观、中观和微观领域以及数据管控领域。其中宏观层面主要是国家安全风险、社会分化风险、经济投入风险，中观层面为部门行政风险，微观层面主要是个人隐私风险；数据管控风险包括数据管理、数据存储、数据共享和数据发布等风险。通过这两个领域的风险界定，明确哪些数据可以开放，对敏感数据进行分类管理，为教育政务数据开放提供安全措施。在教育政务数据开放过程中，如何防控风险，最大限度地给用户提供服务及系统安全，这是教育政务数据开放部门极其关心的问题。因此，必须在重点领域进行隐私、安全保护；强调数据技术标准统一，注重数据质量管理，建立完善的数据开放标准；制定信息法律制度，健全部门数据风险防控体系，形成全社会数据风险防控生态。

三 四项防控内容：分层分类，监管防控

教育政务数据开放要防控数据泄露、数据侵权、数据操纵、数据误读等问题。数据泄露涉及开放的数据审查不严，发布了机密或者隐私数据，或是由于技术缘故、系统漏洞、设备失窃引发的网络入侵等；数据侵权指开放数据所带来的隐私泄露和人权侵害；数据误读指数据不完整、准确性以及用户信息素养差异导致的数据误解；数据操纵指操纵数据发布和更新时间、渠道等，限制访问或者不同网站的分散获取等。因此，需要相关部门对风险现象进行识别与评估，并采取相应策略，如建立风险监控与应急管理中心，对数据进行加密处理、设置数据开放分级分类管理体系，提高工作人员风险防控意识，完善隐私制度，规定用户数据访问权限等；同时建立教育政务数据开放风险监控机制，确保数据安全。

四　五大防控技术：技术赋能，全层防控

通过数据挖掘发现知识、更新知识，是大数据时代计算机信息处理的理想产品。因此，可以借助数据访问控制、数据加密、数据脱敏、区块链和云访问安全代理（CASB）等技术，对教育政务服务平台数据进行智能识别，整体架构自下而上可分为数据分析层、敏感数据层、数据防泄露层、数据脱敏层和数据加固层。其中，数据分析层是对收集的各种数据进行分析，针对不同数据确定其类型及安全等级，设置访问与管理权限；敏感数据层可以通过密码输入、指纹识别、面部识别、数据加密、隐私保护等技术手段，对数据访问与管理者进行身份验证；数据防泄露层针对数据共享、复制等需求，实现数据的规范使用，阻止未授权的外部设备、非法用户介入系统。数据脱敏层可以检测信息系统内的异常程序行为、阻止并清除系统内的恶意程序，保护数据的机密性；数据加固层具有数据库状态监控、审计、风险扫描、访问控制、告警机制等功能，可提供黑白名单、用户登录和用户访问权限控制，并实时监控数据库访问行为。

第三节　教育政务数据开放的风险防控策略

教育政务数据开放风险防控体系是一个集风险识别、分析、应对为一体的整体，忽视教育政务数据开放引发的风险将会给国家和社会带来一系列安全隐患。为此，本研究从统筹层、技术层、核心层、应用层和基础层，从主体防控、技术防控、共享防控和保障防控等层面提出了教育政务数据开放的风险防控策略，如图 8-3 所示。

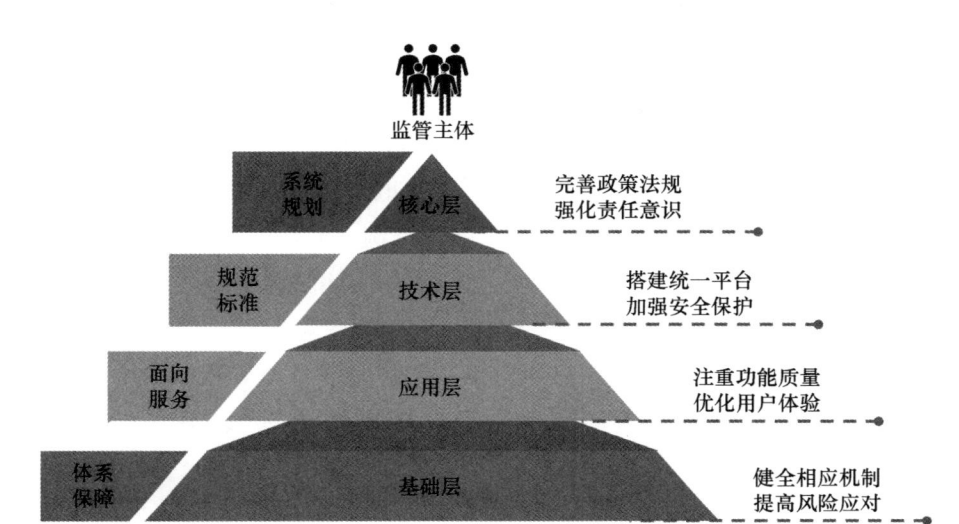

图 8-3　教育政务数据开放的风险防控策略

一　核心层（系统规划）：完善政策法规，强化责任意识

教育政务数据开放要保证各部门的数据需求与数据交互的安全性，必须完善管理制度、技术手段以及法律法规。因此，国家相关部门要制定教育政务数据开放工作计划，从高层到地方应层层建立数据管理机构或数据开放中心，实现教育政务数据机构之间的横向协调，以及地方到高层的纵向协调；应完善国家、省、市层面相应的法律法规、政策制度，使其成为数据开放过程中利用相关数据的行为规范。目前我国对数据开放隐私保护的政策较少，而国外的政策相对完善，如英国的《大数据与信息保护》和新西兰的《隐私法》，都是通过法律保障和政策环境的结合，形成立体的、多层次的隐私保护法律。

教育政务数据开放应建立健全安全的管理制度体系，面向数据采集、数据使用、数据发布等环节，对数据开放行为进行约束管理，保障数据开放的安全性和有效性。同时，应明确数据共享和开放的范围、责任边界，落实各环节的安全责任人，规范行为，提高数据管理者、使用者的责任意识，健全问责体系。此外，应保证政务数据在交互使用中的信息安全，严格数据采集源头管理，制定数据安全防护机制，加强对数据盗取等不法行为的处罚力度；通过合理的管理规范，引导用户正确使用教育政务数据。

二 技术层（规范标准）：搭建统一平台，加强安全保护

《教育信息化2.0行动计划》指出，到2022年建成"互联网＋教育"大平台，建成互联互通、多级分布、覆盖全国、共治共享、协同服务的国家数字教育资源公共服务体系，发布系列技术和功能标准规范。因此，推进国家级教育政务数据开放平台建设，需要建设统一政务服务门户、统一政务服务网络支撑、统一身份认证、统一电子印章、统一电子证照、统一数据共享，进而实现教育政务数据的跨部门、跨区域、跨层级共享，推动公共数据资源开放。

有效推进教育政务数据开放，需要建立开放数据的统一标准和格式规范。例如，建立统一数据服务和数据规范标准（数据访问、数据存储、数据推送、数据分析、数据交换）、计算服务标准（数据统计、实时计算、批量计算）、管理服务标准（接口管理、监控管理）、数据集成标准（数据采集）等。这需要相关部门打破数据壁垒，对开放数据进行分级保护，提升加密技术；对隐私数据进行脱敏处理，建立统一的脱敏标准；完善信息安全保护技术，如利用数据加密、计算机密钥、验证码、人脸识别、指纹识别等技术控制用户对隐私信息的传播，完善用户登录验证，防止数据失窃。例如，广东省标准研究院制定《数据开放和共享标准》，贵州省编制了《政府数据分类分级指南（试行）》等工作规范文件。

三 应用层（面向服务）：注重功能质量，优化用户体验

教育政务数据开放的应用层集中体现了用户的主体地位，主要涉及数据分享、数据查询和数据获取。教育政务数据开放门户应满足数据分类、数据检索、可视化呈现结果等功能的要求，根据整体规划设置数据开放目录，对数据进行合理的主题划分；采用多种检索方法和检索技术，采用多种可视化手段呈现检索数据；重视对广大用户的个性化服务，降低用户使用和分享数据资源的技术难度，降低数据获取的社会化分层。

教育政务数据开放在为广大用户提供数据资源的同时，还应对用户的咨询、疑问或意见给予及时的回应，增加数据服务定制功能，对某些特定主题的数据有持续需求的用户，酌情增设主题数据服务。此外，教

育政务数据开放平台建设也影响数据开放水平和用户体验，应由国家层面以标准化形式统一主要数据，规范业务流程，完善地方教育政务数据平台，提高数据质量，优化用户体验。这里可以借鉴美国国家教育数据开放体系的组织方式，由跨部门小组负责制定数据开放战略，由具体业务部门负责推动开放数据进程。

四 基础层（体系保障）：健全相应机制，提高风险应对

教育政务数据具有挖掘和分析价值，可以为教育管理向教育治理转变提供技术帮助和智力支持。防范教育政务数据开放风险，需要政府、企业与相关部门的共同努力，需要强化教育政务数据主体部门与社会之间的信息沟通与互动；加强系统内部管控，排查数据采集、存储、发布、分享等环节可能存在的漏洞，提高教育政务数据开放主体的风险应对能力，共同预防和化解因数据开放而带来的风险。

此外，应构建完善的数据开放风险防控识别机制、评估机制、预警机制等，加强对数据开放的风险识别，对数据风险可能产生的后果进行预判，杜绝数据泄露、数据篡改、数据误导、数据孤岛等现象，引导使用者科学、规范地开展数据分析；构建科学的监管防控体系。例如，美国教育研究与数据中心帮助各州政府和地区/学区完成教育数据开放，鼓励更多社会机构参与其中，与地方政府相互监督和合作。我国于2019年正式开通了数据确权平台，从国家层面监督数据流动过程，审核数据的合法性和合规性。

第四节 教育政务数据开放的风险防控技术

教育数据信息潜在价值巨大，但数据开放风险更加隐秘复杂。如果教育政务数据开放风险得不到有效防范、避免和化解，则会引发各类数据风险事件，进而对国家、社会和个人造成危害。我们可以借助数据访问控制技术、数据加密技术、数据脱敏技术、云访问安全代理等数据安全防护技术，对教育政务数据进行智能识别和防控，保障数据开放安全。

一 数据访问控制技术

数据访问控制（Access Control）指系统对用户身份及其所属的预先定义的策略组限制其使用数据资源能力的手段。[1] 其目标是依据数据访问控制技术对用户的数据访问权限和范围进行维护和控制，防止非法入侵者对数据系统进行数据的窃取或清空。[2] 作为保护数据安全的有效手段之一，数据访问控制技术可以定义教育政务数据在什么时候以何种方式被哪些合法用户读取，其中教育政务数据拥有者可以定义数据访问控制策略，并使用该访问控制策略加密数据，既能防止数据被非法实体窃取，还能实现经过访问控制策略加密过的数据再上传到第三方实体中可以有效保护数据的完整性。数据访问控制下的用户必须在允许访问的情况下才可以访问数据，可以有效防止非法用户对于数据安全的威胁。由于在数据访问的起始阶段就已对用户进行了控制，可以从源头保障教育政务数据开放共享的安全，其工作原理如图8-4所示。

数据访问控制一般包括自我访问控制、强制访问控制和基于角色的访问控制三种模式。自我访问控制是指每一个数据客体的权限都有一个所有者，用户可以对自己创建的数据进行访问并赋予、收回其他用户访问权限。这是最普遍也是最灵活的访问控制模式，但是相对于其他模式，其安全性较低。强制访问控制是指通过分别设置用户和访问数据的安全级别，以此赋予用户相应权限的模式，该模式下的用户无法随意改变自身属性，只能在安全级别允许范围内进行数据访问，比如机密级用户只能访问机密级及以下安全级别的数据，而无法访问机密级以上的数据。在教育政务数据开放共享过程中，还可以使用基于角色的访问控制模式对角色的访问进行控制，根据数据开放标准定义不同的角色，并为不同的角色分配资源和操作权限。比如在数据访问过程中，公众享有查看、反

---

[1] 王静、辛玉明：《高校档案服务平台构建方案研究与实践——以吉林大学档案综合服务平台建设为例》，《情报科学》2019年第9期。

[2] 崔新会、陈刚、何志强：《大数据环境下云数据的访问控制技术研究》，《现代电子技术》2016年第15期。

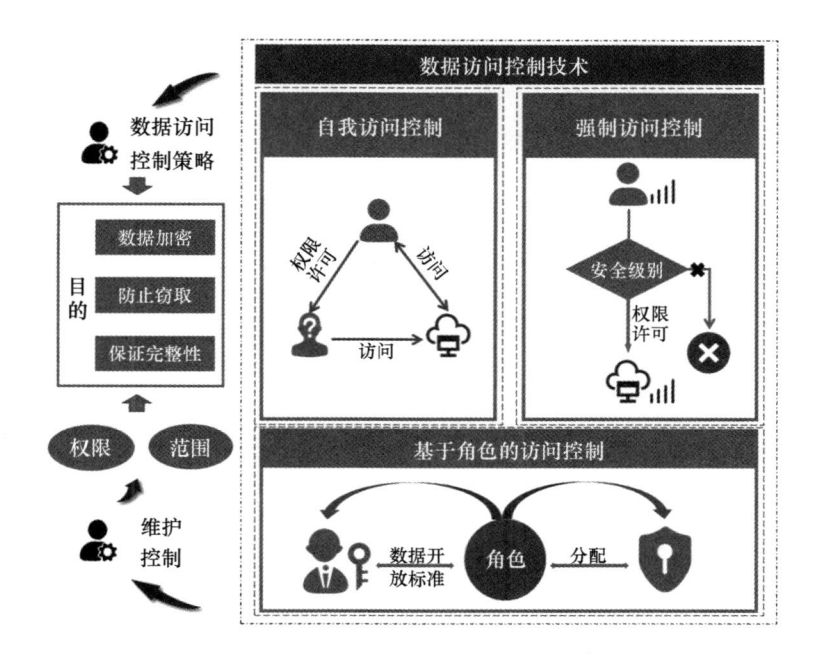

图 8-4 数据访问技术工作原理

馈的权限,但不具备数据修改的权限,教育行政部门数据开放共享的专业人员享有查看、编辑、删除、分享等诸多权限。例如,浙江省教育政府数据平台使用了数据访问控制技术,当用户在登录系统时,系统根据其用户角色从数据库中抽取相应的待审阅的政务材料,这样就可以根据用户提供的角色信息来判断是否有黑客入侵,是不是危险违法入侵。

二 数据加密技术

数据加密（Data Encryption）技术是指根据一定的加密算法将明文转化成无法理解的密文的技术,通过密钥的变化能够将同一个明文转化成不同的密文。① 加密技术是网络安全技术的基石,是为提高信息系统及数据的安全性和保密性,防止秘密数据被外部破解所采用的主要技术手段之一。② 在教育政务数据开放的过程中,由于黑客等非法用户的入侵,可

---

① 范秋生：《数据加密技术在计算机安全中的应用》，《煤炭技术》2013 年第 7 期。
② 尹敬齐：《煤炭企业计算机网络安全策略》，《煤炭技术》2012 年第 9 期。

能导致重要数据的泄露,通过合理地利用加密技术,将教育政务数据进行加密处理,利用变化的密钥使得教育政务数据无法被黑客攻破,可以在很大程度上降低窃取泄露数据的风险。

教育政务数据开放共享过程中可以通过多种技术手段对数据进行加密处理,其一,可以在数据传输前使用端到端加密的方法对源节点和目的节点中传送的协议数据单元(PDU)进行加密,保证数据安全性不会因为中间节点的不可靠而受到影响,其工作原理如图8-5所示;其二,可以通过链路加密的方法对数据传输、通信过程进行动态加密,经过每一个节点均需解密后再使用后一链路进行加密,整个链路上的数据均以密文呈现,可隐藏数据传输的源头和终点,有助于保障数据传输的安全性,其技术原理如图8-6所示;其三,运用节点加密的手段在数据传输节点设置安全模块,并保证密文在每个节点的安全模块中被解密并由另一套密钥重新加密,所有数据在各节点均以密文形式呈现,而数据发送节点和接收节点是以明文形式呈现。[1] 但由于各加密算法对于数据加密的控制均存在一定的局限性,需要融合运用多种加密手段,保证教育政务数据开放共享过程中的数据安全。

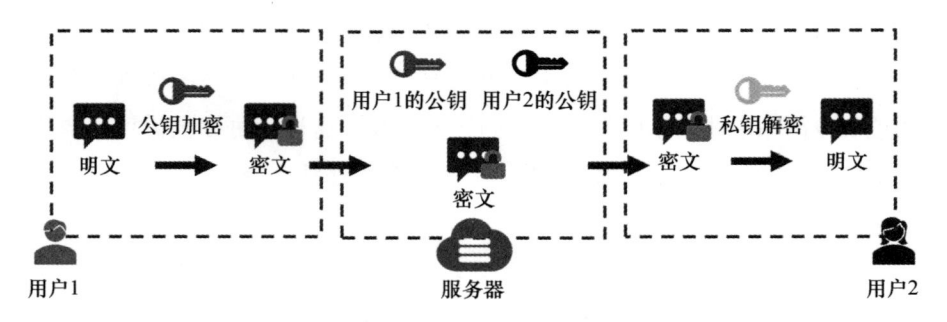

图8-5 端到端加密技术工作原理

(参考 Preveil "What is end-to-end encryption & how does it work?"[2] 中的案例进行改编)

---

[1] 丁群、杨自恒:《基于硬件逻辑加密的保密通信系统》,人民邮电出版社2015年版,第17页。

[2] Preveil:"What is end-to-end encryption & how does it work?",https://www.preveil.com/blog/end-to-end-encryption/,2022-7-31.

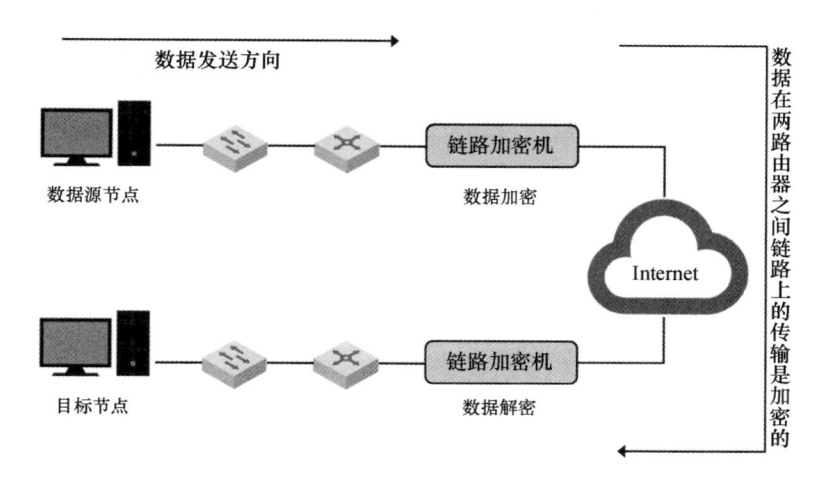

图 8-6　链路加密技术工作原理

（参考百度百科"端对端加密"词条进行改编，网址：https://baike.baidu.com/item/端到端加密/11048996）

三　数据脱敏技术

数据脱敏（Data Masking），又称数据漂白、数据去隐私化或数据变形，常用于实现敏感数据在共享和利用过程中的安全保护。数据脱敏技术是对某些敏感信息通过相关算法进行数据变形，以实现对敏感隐私数据的可靠保护。在教育政务数据开放的过程中，使用数据脱敏技术对敏感数据进行去隐私化或变形操作，保留原始教育政务数据的局部特征，隐藏教育政务数据的隐私部分，结合恰当的管控手段，可以有效防控数据泄露的风险。

目前多数教育政务数据平台都融入了数据脱敏技术，通过数据脱敏，将那些可能危及国家安全、企业机密以及个人隐私的数据进行处理，保护了公众隐私，降低了教育政务数据开放的安全风险。教育政务数据的脱敏流程包含多个环节，如图 8-7 所示。首先，发现教育政务敏感数据，确定要脱敏的敏感字段，建立敏感字段库以及关系库，要保持原数据的依赖关系与数据结构；其次，定义教育政务数据脱敏规则，根据国家数据脱敏处理标准对数据去隐私化；再次，选择合适的脱敏方法，明确教育政务数据脱敏后的可恢复脱敏规则和不可恢复脱敏规则，灵活选择静态数据脱敏（Static Data Masking，SDM）与动态数据脱敏（Dynamic

Data Masking，DDM）方式，在平衡数据隐私保护和服务质量的前提下对数据进行脱敏；最后，执行脱敏操作，对隐私数据进行高效的脱敏，对教育政务数据平台的用户认证体系、权限管理体系，以及隐私数据不同保护级别的权限管理体系，实现基于审批的数据访问机制。在尽可能保护用户隐私数据、减少数据泄露风险的前提下，最大化保留数据分析挖掘的价值。

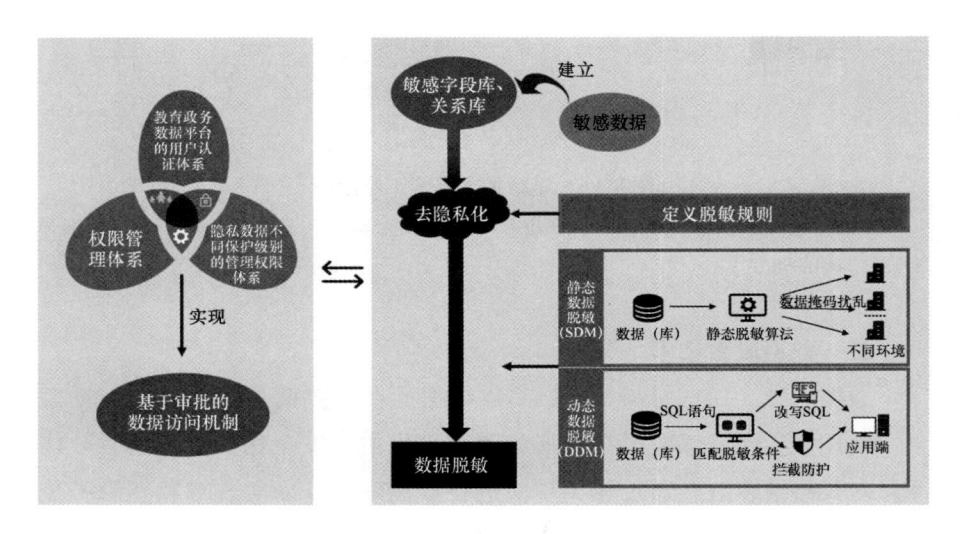

图 8-7　数据脱敏技术工作原理

四　区块链技术

区块链的技术特征符合教育政务数据开放共享的利益诉求，其去中心化的特性能够通过分布式系统实现点对点的交易、协调与协作，为中心化机构普遍存在的高成本、低效率和数据存储不安全等问题提供解决方案。[1] 在教育政务数据开放中，区块链技术可创制分散且不可改变的网络，没有中央数据库，有效规避了教育政务数据过于集中带来的安全隐患。[2] 区块链技术的去中心化、公开透明和可追溯性与教育政务数据开放

---

[1] 袁勇、王飞跃：《区块链技术发展现状与展望》，《自动化学报》2016 年第 4 期。

[2] Jason Tashea, "Special Edition: Digital Dangers: What Does Emerging Technology Like AI and Blockchain-as well as Regulations Like GDPR-Mean for Cybersecurity", *ABA Journa*, Vol. 104, No. 12, 2018, p. 31.

共享具有天然的契合性，一方面，通过去中心化和智能合约可以保证教育政务数据开放共享中的主客体的安全、对等的联通，保证数据共享可信、点对点数据安全传输；另一方面，区块链的时间戳、共识算法等在数据标准的统一、数据归属权的确定、数据属性标签的赋予以及数据区块的验证和存储等方面具有天然优势，将数据进行分布式存储和备份，所有参与者都可以对数据进行维护，实现服务的高度可用性。

区块链技术在教育政务数据开放共享过程中的工作原理如图 8-8 所示。教育行政机构、学校等多种数据集合将数据上传到云端形成区块链分布式网络，并通过可信多链共识维持区块链网络的正常运行，所有分布存储的数据会被传输至教育政务数据开放共享平台的共享池中，用户请求访问、校验通过后，根据机密性中转访问协议实现对区块数据的访

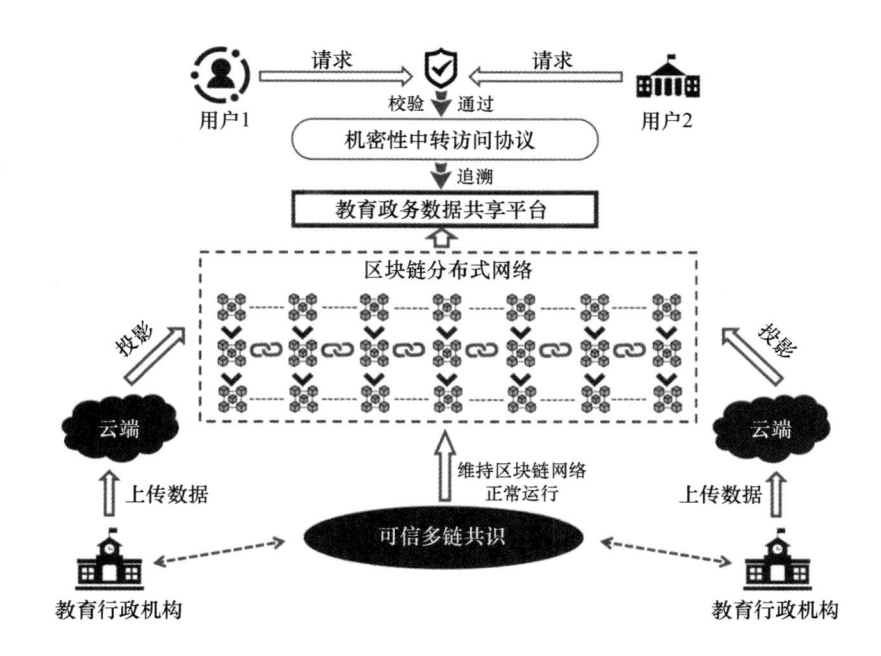

图 8-8　区块链工作技术原理

（参考冯景瑜等人的"多云多链协同模式下的医疗数据安全共享整体框架"[1] 进行改编）

---

[1] 冯景瑜等：《基于多云多链协同的医疗数据安全共享机制》，《信息网络安全》2022 年第 1 期。

问和追溯。区块链技术为教育政务数据共享和教育行政协同提供了有价值的解决方案。通过区块链的分布式账本技术，可以为社会公众、市场以及教育行政机构内部搭建协同治理的数据开放平台，实现政务底层数据的互联互通，为社会公众参与政府治理和分享政府数据提供场域，有利于规避"信息孤岛"现象与数据篡改现象①；同时，区块链上的教育政务数据可全流程追溯，具有高度公开性和防篡改性特征，防止政府的越权或虚假行为，保障数据开放和教育行政工作的透明度，使相关方对数据的可信度达成共识。例如，上海市政府数据服务网将区块链去中心化技术作为其底层基础设施，实现了分布式数据存储与共享，对政府数据共享全程进行监控，明确各机构数据主权和权责范围，确保隐私侵权行为的可追溯。

五 云访问安全代理技术

云访问安全代理（Cloud Access Security Broker，CASB）的概念是由Gartner在2012年提出的，它在新的云计算时代背景下，定义了企业或用户掌控云上数据安全的解决方案模型。② CASB可以保护企业软件即服务（SaaS）应用程序以及基础架构即服务（IaaS）和平台即服务（PaaS）等服务的安全，使其免受网络攻击和数据泄露的危害。③ 在教育政务数据开放共享中，CASB可以在数据可视化（Visibility）、数据安全（Data Security）、威胁防护（Threat Protection）和合规性（Compliance）四个方面为教育政务数据的安全风险防控提供支持。主要表现在：为提供对用户活动的持续监控，并帮助识别未记录在案且可能带来未知风险的教育数据开放共享系统和流程；通过提供访问控制策略、加密密钥管理、令牌化和授权等以数据为中心的安全性措施，防止敏感教育政务数据的泄露；检测和分析可疑流量，保护内、外部威胁和攻击；帮助教育数据并运行业务流程的公

---

① 童云峰：《应用区块链技术开放政府数据的原则和规则》，《行政法学研究》2023年第1期。

② Gartner, "The Growing Importance of Cloud Access Security Brokers", https://www.gartner.com/en/documents/2032015, 2012-5-30.

③ Ahmad S., Mehfuz S., Mebarek-Oudina F., et al., "RSM Analysis Based cloud Access Security Broker: a Systematic Literature Review", *Cluster Computing*, Vol. 25, 2022, pp. 1-31.

第八章 教育政务数据开放的风控机制　247

司或组织机构实现法规遵从。① CASB 的技术原理如图 8-9 所示。

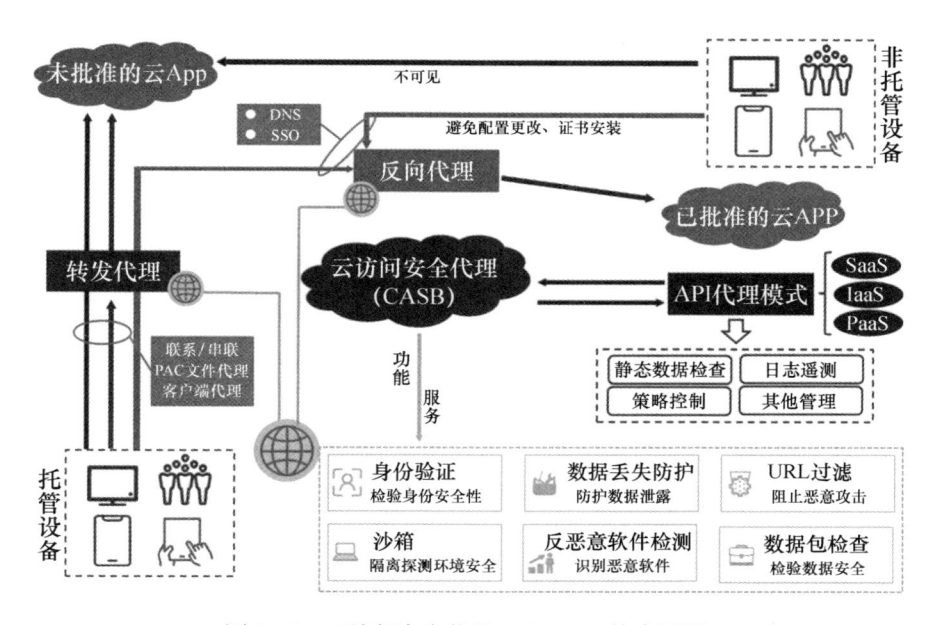

图 8-9　云访问安全代理（CASB）技术原理

（参考青藤云安全发布的《云安全的未来》报告②进行改编）

　　CASB 可以通过 API 代理、反向代理和转发代理等实现③，具体表现在以下几个方面：第一，反向代理模式侧重于安全性，其不需要在端点上安装代理，可以通过避免配置更改、证书安装等来更好地为非托管设备工作，所有来自托管端点的数据都通过它进行定向，包括未批准的云 App，因此非托管的设备有可能会从网络中溜走，从而需要进行转发代理④；第二，转发代理通过在端点安装代理或 VPN 客户端以检查托管设

---

① Wason R.，"An Integrated CASB Implementation Model to Enhance Enterprise Cloud Security"，https：//era. library. ualberta. ca/items/199f33ce - 010c - 412d - 93d2 - b5d16b7fd927/view/10195851 -63af -492a - b456 - fbf535bd6947/Wason_2020_Spring_MISSM. pdf，2020 -4 -20.

② 《云安全的未来》，https：//new. qq. com/rain/a/20211201A0796F00，2021 年 12 月 1 日。

③ 《什么是云问安全代理（CASB）》，https：//new. qq. com/rain/a/20210524A02WQU00，2021 年 5 月 24 日。

④ Wason R.，"An Integrated CASB Implementation Model to Enhance Enterprise Cloud Security"，https：//era. library. ualberta. ca/items/199f33ce - 010c - 412d - 93d2 - b5d16b7fd927/view/10195851 -63af -492a - b456 - fbf535bd6947/Wason_2020_Spring_MISSM. pdf，2020 -4 -20.

备中的敏感数据，如果代理或 VPN 客户端配置错误或错误关闭，托管设备的流量将无法通过检查转发到 CASB；第三，API（应用程序编程接口）代理模式专注于通过 SaaS、IaaS、PaaS 服务提供 API 管理 SaaS 应用程序等，主要包括静态数据检查、日志遥测、策略控制以及其他管理功能，能够很好地与非托管设备一起工作。通过多种代理部署的 CASB 可在教育政务数据开放共享过程中为数据安全提供更广泛的选择。通过身份认证、数据丢失保护、URL 过滤、沙箱、反恶意软件检测和数据包检查等多模式云访问安全代理功能，帮助在教育政务数据开放共享过程中检验身份安全性、防护数据泄露、阻止恶意攻击、隔离探测环境安全、识别恶意软件以及检验数据安全等，为教育政务数据开放共享的风险调控提供了技术支持。

大数据时代，数据已经渗透到人类生产和生活的方方面面。教育政务数据开放，关系着国家的网络安全和数据主权，关系到教育相关部门对教育形势判断的正确性及决策的科学性。我们必须高度重视教育政务数据开放面临的风险，充分利用和挖掘数据价值，通过制定数据开放计划推动教育政务数据向全社会开放，推进教育数据的互联互通互享，把教育事业发展纳入法治轨道，推进国家教育治理体系和治理能力现代化。

第 九 章

基于区块链的教育政务数据开放平台建设

随着教育大数据的快速发展与应用,教育政务数据开放已成为各级教育部门的重点推进工作。目前,我国各省(市)已基本建成"政府数据开放平台",并专门设置教育政务数据开放功能模块,因而也未专门架构独立运行的教育政务数据开放平台,这也一定程度上带来了教育政务数据开放共享不足,甚至出现教育政务数据孤岛等问题。本章在分析政府数据开放平台建设现状、调研教育政务数据开放平台功能的基础上,采用区块链技术构建了一种新型的教育政务数据开放平台架构,并针对平台区块链运行机制进行了创新设计,期望为我国推进教育政务开放共享平台建设提供借鉴及可行方案。

第一节 政府数据开放平台研究现状

大数据时代,数据信息蕴藏着巨大的财富价值。政府部门在管理社会资源、处理社会政务的过程中产生了大量数据,倘若这些数据只保留在政府部门而不流动,那这些数据就失去了其本身蕴含的经济、社会和教育价值。所以,在实施大数据战略和推进教育治理现代化过程中,需明确一个理念,即数据只有在共享与流通的过程中,才能最大限度地发挥其战略价值,而政府数据开放平台正是政务数据开放共享的关键渠道。为此,本节对开放平台的研究现状进行分析,旨在为我国当前开展的教育政务数据开放提供借鉴与参考。

一　研究主题分析

本研究以"政府数据开放平台"为主题词，从CNKI数据库中对2013年以来的文献进行梳理，共检索出225篇文献。如图9-1所示，文献数量随时间的变化趋势表明，国内关于政府数据开放平台的研究数量整体呈现上升趋势，特别是在2015年到2017年基本呈现出直线上升趋势。此外，通过研究主题分析发现，政府数据开放平台的研究主要集中在以下方面：政府数据开放平台的建设途径研究、政府数据开放平台的功能研究、政府数据开放平台的数据分析研究、政府数据开放平台的评估研究、政府数据开放平台的用户参与研究、政府数据开放平台的数据安全研究等方面。

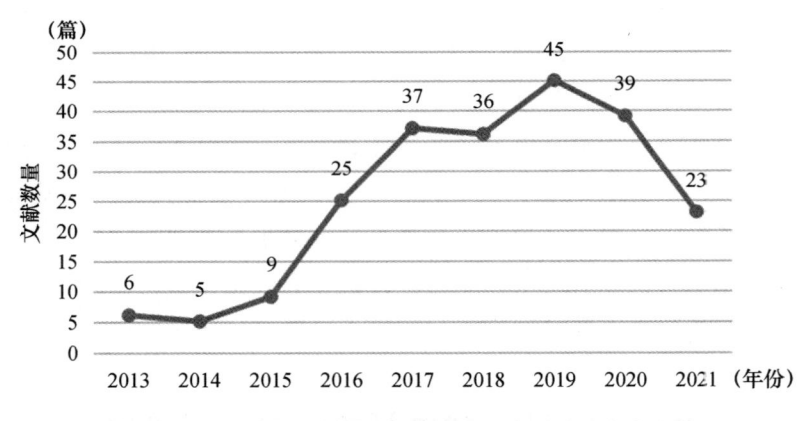

图9-1　2013—2021年政府数据开放平台相关论文发表情况

（一）政府数据开放平台的建设途径研究

政府数据开放平台的建设基础关系到平台未来的发展，因而如何对其建设，以及建设途径有哪些备受研究者关注。如荣幸等从优化组织管理、完善平台功能、强化数据治理、加强数据安全保障四个方面提出政府数据开放平台的建设途径，为平台的建设提出了宝贵的建议[①]；吴群英等对政府数据开放平台的准备度、数据层、平台层的建设现状进行了分

---

① 荣幸、高秦伟：《政府数据开放平台建设途径研究》，《理论探索》2021年第4期。

析，认为应从政策制定与管理规划、数据总量与数据标准、平台功能以及数据开发与应用等方面完善我国政府数据开放平台建设[1]；相丽玲等通过构建涵盖数据整合与利用、数据开放与协作、数据管理与评估三个层面，共 15 个维度的评估体系，对多个国家和地区的数据开放平台建设情况进行对比分析，认为我国应在深化领导组织建设的基础上，借鉴国外优秀的技术与方法，通过"试点先行，逐步推广"的方式，推进建设国家级数据开放平台。[2] 可见政府数据开放平台的建设途径研究大多涉及数据、平台两个维度。

此外，平台的制度保障也是推进平台建设的主要途径，周文泓等从政策法规、标准规范、开放机制三个方面对政府数据开放平台的建设进行优化，促进了开放数据资源建设，提升了数据应用程度。[3] 综上所述，政府数据建设要兼顾平台的每个方面，如何确保平台各方面机制的完整性，仍是政府数据平台建设有待深入研究的话题。

（二）政府数据开放平台的功能研究

目前，我国专门研究政府数据开放平台功能的文献并不多，通常是数据检索功能、API 建设现状、可视化工具等政府数据开放平台功能作为组成部分为相关研究提供支持。例如，周文泓等在研究开放数据资源建设时提出，数据获取时的检索方式和排序方式较为单一，平台要提高数据的可获取性[4]；黄如花等在谈到开放政府数据资源的管理时指出，政府数据开放平台要保证开放数据的易获取性，用户获取数据是利用数据的前提，并且提出了 12 条数据获取政策，有效地推动了数据的获取。[5] 上述研究也展现出政务数据检索功能的重要性。

---

[1] 吴群英、马蕾：《我国省级政府开放数据平台建设现状调查研究》，《情报探索》2020 年第 9 期。

[2] 相丽玲、李彦如、陈梦婕：《中外政府数据开放运行机制的实证分析》，《现代情报》2020 年第 1 期。

[3] 周文泓、夏俊英、代林序：《我国地方政府开放数据平台建设进展及优化策略探析》，《图书情报知识》2019 年第 3 期。

[4] 周文泓、夏俊英：《我国政府开放数据资源建设进展、问题与对策研究》，《情报理论与实践》2019 年第 3 期。

[5] 黄如花、温芳芳、黄雯：《我国政府数据开放共享政策体系构建》，《图书情报工作》2018 年第 9 期。

然而，当前我国政府数据开放平台的数据检索功能仍较为单一，需进行不同程度的提升与完善。为此，梁艺多等基于数据检索功能类型提出了 API 分类，即数据接口、分页接口、总数接口、更新接口、文件接口等[1]；当然，不同的数据接口也承担着不同的功能。总之，丰富我国政府数据开放平台的接口类型，可有效拓宽平台的数据检索功能，进而提升政务数据的获取便捷性与利用效率。

（三）政府数据开放平台的数据分析研究

政务数据资源是政府数据开放的重要内容，数据的存储、分析、利用是政府数据开放平台建设的关键环节。为此，近年来政府数据开放平台相关研究从多种角度对政府开放数据进行了深入探讨，包括数据数量、数据质量、数据维护等。例如，纪江明等在对长三角区域政府数据开放平台的研究中，发现政府数据开放平台的数据体量与质量整体情况不乐观，且各地区甚至同一地区的不同部门在数据总量上存在明显失衡[2]；陆莉指出部分平台对数据摘要、关键字、数据标签等要素的描述无法涵盖数据特征，存在包含的信息量有限、信息不准确、数据的内容和特征得不到准确描述等问题，严重影响政务数据质量。[3]

此外，政府数据开放平台中的数据在保障数量和质量的前提下，也要注重后期维护。季统凯等指出各地政府在更新平台上的数据集之后，应及时清理失效数据，实现政府开放数据的按频率更新[4]；黄如花等则通过访问 10 个地方政府数据开放平台，发现多数平台未能及时更新数据集，影响了数据时效性[5]；此外，数据标准不统一、数据种类不完善也是数据开放平台的薄弱点，这些问题仍值得研究者不断进行深入探讨。

---

[1] 梁艺多、翟军：《我国地方政府数据开放平台 API 的建设现状及优化策略研究》，《数字图书馆论坛》2021 年第 9 期。

[2] 纪江明、刘冬：《协同视域下地方政府数据开放平台建设机制考察与优化策略——以长三角区域 12 个城市为例》，《江淮论坛》2021 年第 2 期。

[3] 陆莉：《"数据资产框架"视角下我国政府公共安全数据开放现状、问题与对策》，《情报杂志》2020 年第 11 期。

[4] 季统凯、刘甜甜、伍小强：《政府数据开放：概念辨析、价值与现状分析》，《北京工业大学学报》2017 年第 3 期。

[5] 黄如花、王春迎：《我国政府数据开放平台现状调查与分析》，《情报理论与实践》2016 年第 7 期。

（四）政府数据开放平台的评估研究

对政府数据开放平台进行科学、规范的评估，是发现平台现存问题、促进平台建设的有效途径。为此，各地政府纷纷出台相关评估管理办法，研究者也积极探讨政府开放数据的评估框架。如郑磊等从基础、平台、数据、使用、效果五个方面搭建了开放政府数据评估框架，弥补了已有框架只评估基础和平台两个层面的不足[①]；时秀晶等从平台、数据、使用三个维度对我国的政府数据开放网站绩效进行分析，认为我国政府数据开放网站的建设仍有待完善，数据质量、使用情况等还需要进一步提高[②]；武琳等从投入、产出、效果三个方面构建了政府开放数据平台服务绩效评估体系，发现不同的城市存在明显的差异[③]；朱晓峰等认为服务接触是评价平台服务质量的有效方式，他从服务接触视角构建了政府数据开放平台理论模型和平台的评估框架，并对十个国家的政府数据开放平台开展评估研究，依据评估结果对我国政府数据开放平台建设提出针对性建议。[④]

（五）政府数据开放平台的用户参与研究

如上文所述，数据只有在开放和利用的过程中才能释放自身价值。如果说政府数据开放平台为数据流通提供了支持渠道，那么用户参与则是促进数据流通与共享的关键所在，并且研究者也积极开展用户有效参与政府数据开放研究。如王今等基于用户视角建立了数据质量的指标体系，认为用户在政府数据开放中处于主体地位，应当提高用户对开放平台的满意度[⑤]；王卫等在分析用户参与对政府数据开放平台发展重要性的基础上，根据平台完善程度、用户参与意识以及用户参与深度将用户参

---

① 郑磊、关文雯：《开放政府数据评估框架、指标与方法研究》，《图书情报工作》2016年第18期。
② 时秀晶、马海群：《我国政府开放数据门户网站绩效分析》，《图书情报研究》2018年第1期。
③ 武琳、伍诗瑜：《城市开放政府数据平台服务绩效评估体系构建及应用》，《图书馆论坛》2018年第2期。
④ 朱晓峰、盛天祺、程琳：《服务接触视角下政府数据开放平台的评估框架与实效研究》，《电子政务》2021年第10期。
⑤ 王今、马海群：《政府开放数据质量的用户满意度评价研究》，《现代情报》2016年第9期。

与分为四种模式[①]；完颜邓邓等对政府数据开放平台用户协议的合规性进行研究，认为开放平台应当保障用户的利益，并针对性地提出了开放平台用户协议的规范建议。[②]

值得注意的是，政府数据开放平台用户数量和类型多样，其在数据素养、职业类型等方面存在一定程度的差异，所以如何促进不同用户参与政府数据开放，仍是平台建设需要考虑的问题。

（六）政府数据开放平台的数据安全研究

信息技术应用在提升数据传播速度的同时，也引起了一系列数据安全问题。如何保障数据安全已成为政府数据开放亟待解决的重大问题之一，其也获得了研究者的一定关注。如黄平平等通过分析政府数据开放中个人隐私保护的核心影响因素，构建了政府数据开放中个人隐私保护影响因素递阶结构模型，并从完善法律法规、挖掘先进技术、加强流程审查以及提升公众数据安全素养四个方面为保障政府数据开放平台的个人隐私提出改进建议[③]；赵润娣认为数据安全监管应覆盖政务数据开放全生命周期，对数据安全的保护应实现制度和技术"两手抓"[④]；梁玥总结出政府数据开放及其利用中存在的个别性问题、任意性问题和利益勾连性问题，提出了数据治理的法治对策，将数据安全与法律法规结合起来，强调了数据安全的重要性。[⑤]

综上所述，政府数据开放平台的安全监控研究较多集中于个体的隐私保护，对于平台中数据的安全监管相对研究较少，涉及的数据安全技术研究也较少，所以未来还需进一步深入探讨。

二 研究建议提出

综上分析可知，当前政府数据开放平台相关研究已取得积极进展，对

---

① 王卫、王晶：《开放政府数据用户参与研究》，《情报理论与实践》2020年第12期。
② 完颜邓邓、陶成煦：《政府数据开放平台用户协议合规性评估》，《图书馆论坛》2021年第7期。
③ 黄平平、刘文云、孙志腾：《基于ISM-MICMAC模型的政府数据开放中个人隐私保护影响因素分析》，《情报理论与实践》2021年第9期。
④ 赵润娣：《政府数据开放的兴起、现状和问题》，《团结》2021年第3期。
⑤ 梁玥：《政府数据开放与公共数据治理的法律机制》，《江汉论坛》2021年第8期。

促进政府数据开放实践起到了很好的指导作用。为进一步深化和拓展政府数据开放平台研究，本小节从政府数据开放安全与伦理、政府数据开放平台功能、政府数据开放平台反馈及用户体验等三方面提出研究建议。

（一）加强政府数据开放安全与伦理研究

大数据时代，数据成为重要的公共资源与生产要素，政府将依法采集获取的数据向社会公众开放共享，推进政府政务公开、打造透明型政府、促进社会经济发展。但从数据安全角度来看，若毫无限制地开放政府数据，也会为个人信息保护与网络环境带来难以估量的安全风险。因此，数据的获取与利用需要一定的政策制度加以规范，尤其是涉及国家机密、商业机密和个人隐私的数据。此外，完善的制度规范不仅可以对涉及隐私和机密的数据加以保障，还能够提升政府数据开放平台的安全性。[①] 值得提及的是，解决政府数据开放中可能出现的问题，也离不开新型技术手段的支持，所以建议应用区块链等智能技术提高政府数据开放平台管理水平，进而保障数据和隐私的安全性。此外，我国还应继续加强关于政务数据伦理的理论探索，加强新型智能技术在数据开放中的应用，为政府数据开放的数据安全及隐私保护提供新方法、新路径。

（二）加强政府数据开放平台功能研究

目前，政府数据开放平台的研究少有针对平台功能的详尽论述，对功能的描述比较分散，政府数据开放平台的功能研究还不够深入，并且多倾向于政府数据的呈现与获取等方面的研究。为此，在后续的政府数据开放平台功能研究方面，其一，建议开展政务数据开放平台功能升级完善研究，特别是要在数据的呈现与获取环节融入先进的检索与可视化技术，借助知识图谱、动态图表等促进数据的多维度发现。[②] 其二，开展政府数据开放平台应加强 API 接口建设研究，建议提供更为广泛的 API 公众服务，以促进用户实现对平台部分功能和应用的二次开发，甚至支持用户在合法合规的前提下获取数据。其三，建议研究者加大对平台的功能的论述，构建一体化的功能体系，弥补平台功能理论基础的不足。

[①] 邓林艳：《中国政府开放数据现状研究》，《信息技术与信息化》2018 年第 9 期。
[②] 周文泓、夏俊英：《我国政府开放数据资源建设进展、问题与对策研究》，《情报理论与实践》2019 年第 3 期。

(三) 注重政府数据开放平台反馈及用户体验研究

2021年中国地方政府数据开放报告中减少了政府数据开放平台部分功能类指标，加强了对平台是否帮助用户有效获取和利用数据的重视，提高了互动反馈评估的权重。[①] 政府数据开放平台归根结底是为社会公众服务，为此必须将用户需求摆在数据开放的首要位置。此外，政府数据开放工作还要关注用户体验，可集中于提供个性服务、简化操作流程、收集用户智慧、接收用户反馈等方面。

1. 提供个性化服务

提供个性化服务是指政府数据开放平台可以根据用户需求，自动化、智能化地推送相关数据信息、支持数据分享等服务。值得提及的是，智能推送功能已经广泛使用于各种软件平台，能够智能化地识别、记录、分析软件平台用户的喜好和需求，以及主动推送符合用户需求的信息，这在一定程度上为用户提供了便利。但类似的个性化服务在政府数据开放平台中的应用及研究存在"短板"，所以亟须开展政府数据开放平台的个性化、差异化、精准化数据开放与推送研究及建设。

2. 简化操作流程

当前政府数据开放平台的操作相对复杂，正成为政府数据高效开放与有效共享的限制条件。研究者和建设者应关注如何简化平台操作流程，扩大平台用户群体、节省数据获取时间。需要特别注意的是，政府数据开放平台的使用对象并非都是有较好数据素养的专业人士，因此简化平台操作流程可被视为保障数据用户权益，助力用户快速、便利地检索到目标数据集的重要措施。

3. 收集用户智慧

收集用户智慧是指政府数据开放平台可以设置优秀案例展示模块，鼓励用户上传优质的数据开发应用案例。这种方式不仅能够将用户的"个体智慧"发展成"群体智慧"，激发社会的数据利用意识，还有助于平台在这一过程中收集有用的数据信息，推进平台建设的进一步完善。

---

① 复旦大学数字与移动治理实验室：《中国地方政府数据开放报告（2020下半年）》，http://ifopendata.fudan.edu.cn/static/report/中国地方政府数据开放报告（2020下半年）.pdf，2021年11月2日。

4. 接收用户反馈

接收用户反馈强调平台的交互功能,具体表现为意见反馈、常见问题、调查问卷、部门信箱、联系客服、咨询建议和用户指南等。[1] 平台交互与反馈模块是实现平台与用户之间沟通交流的纽带,也是政务数据平台开放性、社会性的重要体现。所以,研究者要关注和探讨如何加强政府数据开放平台的用户反馈功能,提升用户交流反馈的时效性、准确性与便捷性,服务好政府数据的有效开放共享。

第二节　教育政务数据开放平台的主要功能

当前,我国各省(市)已基本建成地方政府数据开放平台,并将教育政务数据开放列为平台的主要版块之一,一定程度上推进了教育政务数据开放工作。但是,政府数据开放平台并非专门面向教育领域构建,这就导致平台功能并非十分契合教育政务数据开放需求,影响了教育政务数据的利用效率与价值转换。本节将通过对我国各地教育政务数据开放平台的功能服务进行调研,梳理教育政务数据开放平台的主要功能,以期为教育领域的政务数据开放平台建设工作提供参考。

一　调研对象选取

2021年7月22日,复旦大学和国家信息中心数字中国研究院联合发布了《中国地方政府数据开放报告:指标体系与省域标杆》(以下简称《报告》)。《报告》显示:截至2021年4月底,我国已有174个省级和城市的地方政府上线了数据开放平台,其中包含省级平台18个,城市平台156个。本节结合开放数据指标标杆省域与城市、教育政务数据版块开发情况等条件,最终选取30个(6个省域政府数据开放平台、4个直辖市政府数据开放平台、10个副省级政府数据开放平台、10个地级政府数据开放平台)政府数据开放平台的教育政务数据开放模块作为本研究的调研对象(见表9-1)。通过对这30个教育政务数据开放平台的调研分析

---

[1] 张林轩、储节旺、蔡翔、杜孟飞:《我国地市级政府数据开放发展现状及对策探析——以安徽省为例》,《情报工程》2021年第4期。

与评价，总结现阶段我国教育政务数据开放平台的主要功能。

表9-1　　　　　　　　　调研对象汇总表

层级	地方政府名称（排序无关先后）	数量
省级	浙江　山东　四川　广东　广西　江苏　上海　天津　北京　重庆	10
副省级	青岛　济南　深圳　宁波　杭州　武汉　成都　广州　哈尔滨　厦门	10
地级	福州　贵阳　烟台　日照　温州　临沂　台州　德州　潍坊　威海	10

二　平台功能分析

本研究参考郑磊等人提出的政府数据开放平台功能与体验的研究框架[①]，结合我国教育政务数据开放平台现状，对30个政府数据开放平台的教育数据开放功能进行统计分析，如表9-2所示。

表9-2　　　　　　　政府数据开放平台功能统计

序号	平台名称	教育数据发现功能		教育数据获取功能		工具提供功能		利用展示功能		互动反馈功能			公共传播功能		
		数据展现	数据导引	已开放数据	未开放数据	图表分析工具	地理空间工具	利用成果展示	利用成果提交	客服方式	数据集评价	意见建议	数据纠错	资讯提供	分享功能	社交媒体
1	浙江·数据开放	√	√	√	√	√	√	√	√	√	√	√	√	√	√	√
2	山东公共数据开放网	√	√	√	√	√	√	√	√	√	√	√	√	√	√	√
3	四川省公共数据开放网	√	√	√	√	√	√	√	√	√	√	√	√	√	√	√

---

① 郑磊、韩笑、朱晓婷：《地方政府数据开放平台研究：功能与体验》，《电子政务》2019年第9期。

续表

序号	平台名称	教育数据发现功能			教育数据获取功能		工具提供功能		利用展示功能		互动反馈功能			公共传播功能		
		数据展现	数据导引		已开放数据	未开放数据	图表分析工具	地理空间工具	利用成果展示	利用成果提交	客服方式	数据集评价	意见建议	数据纠错	资讯提供	分享功能	社交媒体
4	"开放广东"政府数据统一开放平台	√	√		√	√	√	√	√	√	√	√	√	√	√	√	√
5	广西壮族自治区公共数据开放平台	√	√		√	√	√	√	√	√	√	√	√	√	√	√	√
6	江苏省人民政府数据开放栏目	√	√		√	√	√	√	√	√	√	√	√	√	√	√	√
7	上海市公共数据开放平台	√	√		√	√	√	√	√	√	√	√	√	√	√	√	√
8	天津市信息资源统一开放平台	√	√		√	√	√	√	√	√	×	√	√	√	√	√	√
9	北京市公共数据开放平台	√	√		√	√	×	√	√	√	√	√	√	√	√	√	√
10	重庆市公共数据开放系统	√	√		√	√	√	√	√	√	√	√	√	√	√	√	√

续表

序号	平台名称	教育数据发现功能 数据展现	教育数据发现功能 数据导引	教育数据获取功能 已开放数据	教育数据获取功能 未开放数据	工具提供功能 图表分析工具	工具提供功能 地理空间工具	利用展示功能 利用成果展示	利用展示功能 利用成果提交	互动反馈功能 客服方式	互动反馈功能 数据集评价	互动反馈功能 意见建议	互动反馈功能 数据纠错	公共传播功能 资讯提供	公共传播功能 分享功能	公共传播功能 社交媒体
11	青岛公共数据开放网	√	√	√	√	√	√	√	√	√	√	√	√	×	×	×
12	济南公共数据开放网	√	√	√	√	√	√	√	√	√	√	√	√	√	√	√
13	深圳市政府数据开放平台	√	√	×	×	√	√	√	√	√	√	√	√	√	√	√
14	宁波市数据开放平台	√	√	√	×	√	√	×	√	√	√	√	√	×
15	杭州市数据开放平台	√	√	√	√	√	√	×	√	√	√	√	×	×
16	武汉市公共数据开放平台	√	√	√	√	√	√	√	√	√	√	√	√	×
17	成都市公共数据开放平台	√	√	√	√	√	√	√	√	√	√	√	×
18	广州市政府数据统一开放平台	√	√	×	√	√	√	√	√	√	√	√	√

续表

序号	平台名称	教育数据发现功能			教育数据获取功能	工具提供功能		利用展示功能		互动反馈功能			公共传播功能		
		数据展现	数据导引	已开放数据	未开放数据	图表分析工具	地理空间工具	利用成果展示	利用成果提交	客服方式	数据集评价	意见建议	数据纠错	资讯提供	分享功能	社交媒体
19	哈尔滨市政府数据统一开放平台	√	√	√	√	√	√	√	×	×	√	√	√	×	√	×
20	厦门市大数据安全开放平台	√	√	√	×	√	√	×	√	√	√	√	√	√	√	×
21	福州市政务数据开放平台	√	√	√	√	√	√	√	√	√	√	√	√	√	√	√
22	贵阳市政府数据开放平台	√	√	√	√	√	√	√	√	√	√	√	√	√	√	√
23	烟台公共数据开放网	√	√	√	√	√	√	√	√	√	√	√	√	√	×	×
24	日照公共数据开放网	√	√	√	√	×	√	√	√	√	√	√	√	√	√	×
25	温州市公共数据开放平台	√	√	√	√	√	√	√	√	√	√	√	√	×	×	×
26	临沂公共数据开放网	√	√	√	√	√	√	√	√	√	√	√	×	√	×	×

续表

序号	平台名称	教育数据发现功能		教育数据获取功能		工具提供功能		利用展示功能		互动反馈功能			公共传播功能	
		数据展现	数据导引	已开放数据	未开放数据	图表分析工具	地理空间工具	利用成果展示	利用成果提交	客服方式	数据集评价	意见建议	数据纠错	资讯提供	分享功能	社交媒体
27	台州市公共数据开放平台	√	√	√	√	√	√	√	√	√	√	√	√	√	×	×
28	德州公共数据开放网	√	√	√	√	√	√	√	√	√	√	√	√	×	√	×
29	潍坊公共数据开放网	√	√	√	√	√	√	√	√	√	√	√	√	√	√	×
30	威海公共数据开放网	√	√	√	√	√	√	√	√	√	√	√	√	×	√	×

整体分析表 9-2 可以发现，在 30 个政府数据开放平台仅有 10 个平台能涵盖表中的所有功能；各平台的教育政务数据开放功能侧重点有一定差异。本研究综合分析上述 30 个政府数据开放平台中的教育数据开放主要功能（某功能若有 12 个平台缺失，则不算在主要功能中），结合教育政务数据开放特征，总结出以下教育政务数据开放平台需建设的六大功能。

（一）教育政务数据发现功能

该功能可细化分为数据展现与数据导引两个子功能。

1. 教育政务数据展现功能

数据展现是指平台以汇总的形式向用户展示数据开放状态，包括数据概况、数据动态以及数据展现的方式等，支持用户直观地了解教育政务数据开放的总体情况。

2. 教育政务数据导引功能

数据导引是指教育政务数据开放平台提供的数据索引功能，支持用户高效、便捷地寻找所需数据。数据导引功能包含分类导航、搜索、排序、相关数据推荐等，可满足用户按照访问量、数据更新时间、下载量、数据集大小、评分等标准对数据集排序的需求，为用户提供快速搜索数据集等差异化服务。

（二）教育政务数据获取功能

教育政务数据获取功能是指用户可以在平台规范获取符合规定的数据或数据集文件。但是，教育政务数据主要分为"已开放"和"未开放"两类。

1. 已开放教育政务数据的获取

已开放教育政务数据获取包括无条件开放教育数据获取、有条件开放教育数据获取两类。用户获取无条件开放教育数据时，可通过数据开放平台直接获取或公众按照用户名登录获取。而有条件开放数据集则对用户身份、数据格式、数据用途等进行了规定或限制，用户需通过平台向数据提供方进行数据开放申请，只有在获得数据提供方的审核同意后才可获取及下载。

2. 未开放教育政务数据的申请

未开放数据的申请是指用户可通过平台的"数据需求""需求申请"等版块表达自己的诉求，向教育部门申请某些数据在脱敏后进行适度开放。该功能的开设有利于教育政务数据开放平台汇聚社会各领域的数据集，在一定程度上提升了用户的参与度。调研发现，贵阳市教育政务数据开放平台在数据申请方面与用户交互频率较高，能够给予用户及时的反馈，对设计教育政务数据开放平台的数据开放申请功能，有一定参考价值。

（三）数据分析工具提供功能

数据分析工具提供功能是指平台可支持用户对数据进行图表分析、查看地理空间数据等可视化操作，进而探寻数据蕴含的某些规律。

1. 图表分析工具

图表分析工具是指平台为数据用户提供的数据可视化或统计分析工

具。用户可以通过设置数量、关键词、排序等条件，将数据分析结果以图表形式可视化呈现，如饼状图、柱状图和曲线图等。以浙江数据开放网站的数据可视化工具为例（见图9-2），用户可对数据项、统计项、数据量等条件加以限制，再选择适宜的图表类型直观地呈现数据信息。

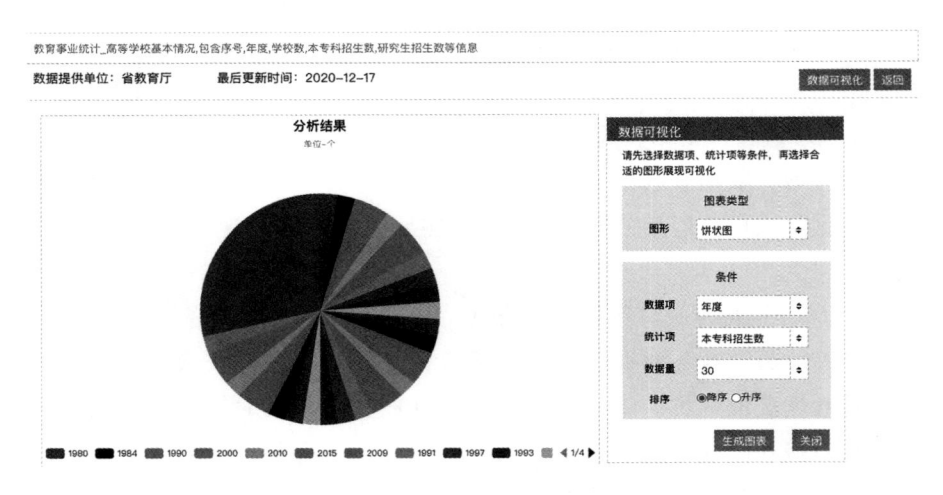

图9-2　数据可视化工具

2. 地理空间工具

地理空间工具是一种将位置类数据叠加在地图上进而进行可视化展现的工具，便于用户直观具象地分析和利用数据。以成都教育政务数据开放平台的地理空间工具为例（见图9-3），用户通过输入关键字进行筛选，选择自己所需要的数据便可在线呈现所选信息的地理位置。

（四）教育政务数据应用展示功能

应用教育政务数据开放平台的应用展示功能，可以在特定版块公开展示平台数据共享应用的优秀案例。该功能允许用户向平台提交数据应用成果的展示申请，在平台管理人员审批通过之后，便可将案例上传到平台进行公开展示。此外，平台管理人员也会按照案例性质、类型对这些展示案例归类管理，以便用户快速、高效地检索到目标案例。

教育政务数据应用展示功能主要有以下三个目的：第一，满足案例开发者的现实需求，即通过分析下载量、评分、用户使用反馈等信息，进一步完善案例设计；第二，通过优秀案例展示，激励用户对教育政务

图 9-3 地理空间工具

数据开发和创新应用的积极性;第三,促进数据用户与平台之间的良性互动,助力实现平台的持续健康发展。

(五) 互动反馈功能

互动反馈功能概指平台中一切与用户产生交互行为的功能服务,包括平台客服、用户评价、意见反馈、数据纠错等。

1. 客服功能

客服功能是为用户解答疑难困惑、给出问题解决方案的功能服务。目前各地方平台的客服可分为传统类与智能类两大类型。传统类客服依旧采用电话、邮箱等方式,而智能客服则使用内嵌于平台的智能客服机器人。两者相比,智能客服可同时回复大量用户,更加快捷高效。以山东省公共数据开放网为例(见图9-4),借助智能客服功能,让用户能够实时获得来自客服的帮助,大大提升了服务效率与用户体验感。

2. 评价、建议功能

评价功能支持用户通过评分、评论、星级评价等形式对开放的数据集或平台服务进行评价,以便平台根据用户反馈做出相应修改与调整。用户也可通过平台的建议功能模块,提出数据开放方面的有关建议或意

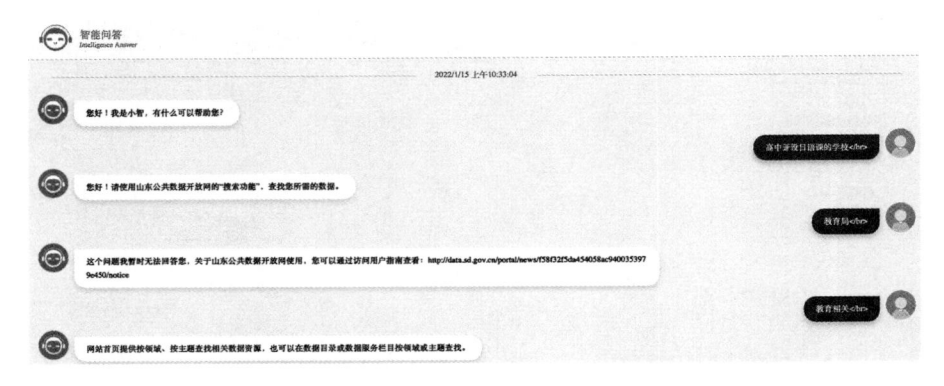

图 9-4　智能机器人客服功能

见，有效提升用户的参与感，加强用户与平台间的联系与交互，促进平台不断改进与完善。以上海市公共数据开放平台为例（见图 9-5），用户可以将自己的使用感受、平台功能建议、数据集需求等反馈给平台，帮助平台功能升级优化。

图 9-5　上海市公共数据开放平台评价功能

3. 纠错功能

数据纠错赋予用户向平台反馈开放数据错误漏洞的权限，有助于数据提供方持续查漏补缺，提升开放数据的质量。用户可选择数据纠错的反馈类别，包含数据与实际情况不符、资源过时、数据无法下载等。

(六) 教育政务数据传播功能

1. 教育政务资讯更新功能

教育政务资讯更新功能向用户实时公布与数据开放相关的政策、文件、活动等最新资讯。该功能有助于用户熟悉数据开放相关的法规政策、新闻动态、活动沙龙，深化公众对数据开放的认知与理解，扩大教育政务数据开放平台的普及率。

2. 教育政务数据分享功能

该功能支持用户通过多种渠道（如聊天和短视频等社交平台）转发、分享已开放的数据集，能有效提高数据分享效率。以"开放广东"政府数据统一开放平台为例，用户可通过扫码一键转发到微信朋友圈、腾讯QQ空间、微博等社交平台，促使教育政务数据开放共享高效推进。

三 面临的问题与挑战

总体而言，我国政府数据开放平台的教育数据开放功能主要包括数据发现、数据获取、相关工具提供、数据利用展示、互动反馈以及公共传播等。虽然，教育政务数据开放功能基本完备，可基本满足行政部门与社会大众对教育政务数据开放共享的需求，但教育政务数据开放平台的功能建设仍面临一定的问题和挑战。

(一) 平台服务架构不稳定，开放功能亟须维护

政务数据开放平台作为数据开放的枢纽，对教育政务数据开放起到至关重要的作用。但部分平台仍存在服务器崩溃、功能失效、网站不定时维护等问题，具体表现为三方面：第一，用户在使用数据可视化工具时，一旦选择的数据种类较多，就常常出现图表无法完整显示的情况。第二，用户急需获取相关数据时，平台网址却显示"正在维护"；第三，平台服务器无法支持大量用户同时访问某一数据集，进而导致系统崩溃，平台无法正常运行。平台架构的不稳定不仅阻碍了教育政务数据开放的前进步伐，还影响了用户的使用感受，在一定程度上对政府的形象与口碑带来负面影响。

(二) 功能优化不及时，平台效率不高

政务数据开放平台优化不及时主要体现在两方面。一方面，平台的

部分功能滞后于时代发展及用户需求。如目前较多平台仍使用邮箱、电话等传统人工客服方式，其效率远不如平台内嵌的智能客服机器人，用户使用满意度相对不高。另一方面，部分平台的功能可用性并不好。例如，有平台虽然提供数据可视化工具，但开放的部分数据集不支持使用该数据可视化功能，用户体验性相对较差。此外，政务数据开放平台的服务架构不稳定，也需要开发人员花费大量精力对服务器进行维护，间接消耗了开发人员在功能优化上的关注度，这也可能造成平台功能更新不及时等问题。

（三）平台用户模式单一，服务功能不全面

政务数据开放平台的通用性与关怀性设计不足，如只有极少数的平台针对老年用户设计了字体放大功能。此外，各平台对未成年人、残障人士的现实需求关注度不高，忽略了这些弱势群体在平台应用方面的特殊需求。值得注意的是，数据开放的对象是全体社会公众，在提供平台服务时要体现以人为本的设计理念，关注不同群体的需求，建构用户模式多元、功能多样的教育政务数据开放服务。

（四）平台安全保障功能不完善，数据开放存在风险

基于政府数据开放平台开放教育政务数据时，可能存在一定的数据安全风险。例如，当前的开放平台多采用传统的公钥加密技术对数据进行加密，存在数据攻击、数据篡改、数据泄露等风险。此外，教育政务来源主要是各地方政府、各教育部门，教育政务数据开放时虽会进行脱敏处理，但是由于和平台数据开放相关的安全制度机制配套不完善，数据开放共享流程不规范，也可能造成数据开放共享风险，甚至对教育与社会秩序造成冲击。

四 平台功能优化路径

就目前来看，政府数据开放平台可初步满足教育政务数据开放，但是随着教育领域政务数据开放共享的深入推进，亟须加强促进安全、高效地开放教育政务数据的平台功能建设。为此，本研究主要提出以下三条优化路径。

（一）以区块链技术保障教育政务数据开放安全

区块链是典型的新一代信息技术，具有公开透明、去中心化、安全

性高等特点。针对教育政务数据开放平台的服务架构不稳定、平台安全保障功能不完善等问题，可充分利用区块链技术优化其平台架构与基本功能。如利用区块链技术体系中共识机制、去中心化、智能合约、加密算法等核心技术，构建更加安全稳定的系统平台架构，以及高度保障教育政务数据的安全传输与共享应用。本章的第三、四节将从平台架构建设、运行设计这两个方面，详细论述区块链技术在教育政务数据开放平台构建及数据开放过程中的支撑作用。

（二）完善平台用户模式的设计与功能优化机制

针对教育政务数据开放平台存在用户模式不健全、功能优化不及时等问题，在今后的平台设计与优化原则中，建议多关注特殊人群的需求，及时优化、更新平台的功能机制。第一，根据特殊人群的特定需求采用"一对一"的个性化设计模式。如老年模式的设计，除了在字体大小上的调整外，更应将网页界面简洁化、功能精练化；还可在老年模式设计的过程中选择性地放置老年群体使用率较高的功能版块，进一步提升老年用户的使用体验。第二，本研究调研表明，平台功能更新与维护的及时与否对用户体验感和满意度有直接影响。为此，建议完善教育政务数据开放平台的功能优化机制，即通过对数据开放平台的及时更新与维护，保证平台运行的稳定性和数据容量的持续扩充。值得注意的是，教育政务数据开放平台中功能版块的使用率往往能够反映出用户喜好，故在平台维护与更新过程中也应重点关注这一类型的功能版块。

（三）构建"教育政务数据开放平台+社交平台"的开放生态空间

目前，只有少数教育政务数据开放平台开发了相配合的公众号、小程序。用户在分享数据集时通常需要进行多次网页跳转，浪费大量时间。且社会大众使用移动终端较多，基于web的教育政务数据开放平台在手机、平板上的体验远不如内嵌于成熟的社交平台，如微信、支付宝等。为此，建议相关部门要加强对教育政务数据开放平台的宣传力度，拓宽利用社交网络开展教育政务数据开放的路径，探索"教育政务数据开放平台+社交平台"的开放生态空间的构建，助力平台开放数据利用率与数据的价值转换，真正发挥教育政务数据开放的社会治理与生产经济价值。

第三节 基于区块链的教育政务
数据开放平台架构

近年来，快速发展的大数据、区块链等新一代信息技术，为大规模数据的开放共享提供了重要支持。特别是区块链作为一种新型的分布式数据存储技术，具有去中心化、点对点传输、共识机制、加密算法和智能合约等技术特征，已成为解决金融等领域有关信用、安全、追责等问题的有效技术方案。[①] 习近平总书记也曾特别强调，要积极推动区块链技术在教育等领域的应用，积极探索利用区块链数据共享模式。[②] 区块链技术及其蕴含的数据协同治理等理念，对化解教育政务数据开放难题、提升教育政务数据的协同一致性、促进教育政务数据分级分层有效共享，以及防控教育政务数据开放中存在的风险，具有重要的实践应用价值。为此，本节将围绕区块链技术对教育政务数据开放的支撑作用，探索构建基于区块链技术的教育政务数据开放平台架构。

一 区块链及其推动教育政务数据开放的支撑点

区块链实质上是一个庞大且不断增长的分布式共享账本（Distributed Shared Ledger），其主要通过密码学算法将包含加密散列、时间戳和事务数据的数据块加密后形成的数据链结构。[③] 区块链能永久记录链上所有节点间的交易信息，并在所有节点之间共享，所以能有效防止数据信息被伪造和篡改，确保了数据的透明、安全与可追溯。而且在无第三方权威认证的情况下，通过区块链的智能合约还能开展可靠与可信的合作，有效提高用户之间的合作效率，避免交易的反悔与否认。[④] 因此，区块链在

[①] 郑旭东、杨现民：《基于区块链技术的学生综合素质评价系统设计》，《现代远程教育研究》2020年第1期。

[②] 《把区块链作为核心技术自主创新重要突破口，加快推动区块链技术和产业创新发展》，http://www.cac.gov.cn/2019-10/25/c_1573535019960857.htm，2021年11月2日。

[③] 郑旭东、杨现民：《基于区块链技术的学生综合素质评价系统设计》，《现代远程教育研究》2020年第1期。

[④] 杨现民、李新、吴焕庆、赵可云：《区块链技术在教育领域的应用模式与现实挑战》，《现代远程教育研究》2017年第2期。

近几年的金融与经济等相关领域实现越来越广泛而深入的应用,并成为当前社会各领域备受关注的数据治理技术。

当前,我国政府也在不断推动区块链技术在政务工作中的应用,正努力解决跨地域和跨部门政务处理中的工作流数据不一致、效率不高等问题,积极打通政府政务数据孤岛,以促进不同地域和不同政府部门之间开展协同工作。如我国已通过区块链技术将全国各地的公积金中心连接,既能确保不同部门相关数据信息的一致,也能保证数据使用和流转的真实、可信与透明,解决了跨机构的数据协作和互通问题。[1] 诚然,教育政务与公积金政务相比有其独特性,甚至在教育政务数据的分级分层开放共享中更为复杂。但鉴于区块链技术的特征优势及其在公积金等政务工作中的成功应用,其也为教育领域有效解决政务数据开放面临的现实问题提供了一条可借鉴参考的有效途径。具体而言,区块链推动教育政务数据开放的支撑点表现为以下四方面。

(一) 共识机制支持教育政务数据公开透明

无论是以数字货币为代表的区块链1.0,还是提供自我认证信息和共享数据的区块链3.0[2],都是在无中心担保以及无监督的环境下,通过共识机制使链上所有节点或参与者之间建立一个可信任网络,从而使链上不同分布式节点之间快速达成交易,并确保所有节点中记录的数据信息实时同步与保持一致,从而实现区块链系统中数据信息的开放与透明。如若将我国的教育行政部门与区块链网络相比,那么来自不同地域或不同级别的教育部门就类似区块链网络中的分布式节点。由这些分布式节点代表的教育行政部门,可以通过区块链共识机制来构建相互信任的政务数据开放共享网络,既能确保有关部门之间的教育政务数据保持一致,也可以促进教育政务数据分层分级的开放共享。

(二) 去中心化促进教育政务数据分级共享

区块链与传统的中心化架构模式不同,其本质上是一个分布式共享账本,这也使得链上不同节点之间形成了相互平等与独立的关系。区块

---

[1] 卜叶:《联盟链更适合中国国情》,《中国科学报》2019年12月12日。
[2] Wu M., Wang K., Cai X., et al., "A Comprehensive Survey of Blockchain: From Theory to IoT Applications and Beyond", *IEEE Internet of Things Journal*, No. 5, 2019, pp. 8114–8154.

链去中心化的架构模式，一方面能去除中心节点对数据的绝对管理权限，降低管理成本；另一方面也能有效提升数据在不同节点之间的开放与贡献效率，利于让更多元化的用户节点加入此架构生态中，并使之更具活力。[1] 为了满足不同领域的应用需求，区块链还有弱中心化和多中心化两种架构。区块链的弱中心化架构除了包含大多数的普通节点外，还有少量的监管节点来对链上交易与数据进行监督与管理，但没有删改数据的权限。多中心化架构是指链上除了非中心的普通节点外，还包括了多个中心节点来按照不同权限处理交易，可以最大限度地保护用户隐私。由此可见，区块链的弱中心化和多中心化架构应用于教育政务数据治理中，可实现数据访问身份认证、依据身份权限分层分级开放数据，以及对开放过程监督与追责。

（三）智能合约提升教育政务数据开放效率

智能合约是用程序语言编写的商业合约，当合约中的预设条件满足一定条件时，能够自动和强制地执行合约条款，从而实现"代码即法律"的目标。[2] 区块链中的智能合约实际上是对链上节点间的交易逻辑和访问规则进行了定义，而且通过自动执行智能合约后所输出的数据及其相关记录，将会被永久存储在区块链上且不能被更改。[3] 因此，区块链系统通过智能合约开展的各种交易不再需要第三方中介机构信用背书，不仅大大提高了交易效率，而且不用再担心交易抵赖等行为。将区块链智能合约应用于教育政务数据开放过程中，既能够促进教育政务的高效开展和教育政务数据的有效开放，也可以厘清不同教育部门在教育政务数据开放中的权责关系，提高教育政务数据从上链、开放、应用到溯源追责的规范性。

（四）加密算法保障教育政务数据安全可靠

虽然共识机制能提高区块链各节点中区块信息的一致性，促进分布式节点间交易的开放与透明。但为了进一步确保区块中数据信息的安全，

---

[1] 金澍清、张召、潘斌：《区块链：面向新一代互联网的基础设施》，《新疆师范大学学报》（哲学社会科学版）2020年第5期。

[2] 邵奇峰、金澍清、张召、钱卫宁、周傲英：《区块链技术：架构及进展》，《计算机学报》2018年第5期。

[3] 武继刚、刘同来、李境一、黄金瑶：《移动边缘计算中的区块链技术研究进展》，《计算机工程》2020年第8期。

区块链并没有采用常见的对称加密算法，而是使用了安全性非常高的非对称加密算法。即数据加密采用公钥，数据解密则使用私钥，且公钥和私钥必须配对使用①。公钥被区块链网络上所有节点所知，因而可确保链上交易信息开放透明；但私钥仅被持有者所知，也就确保了详细数据和隐私信息的高度安全。另外，去中心、弱中心和多中心架构也提升了区块链系统的健壮性，共识机制基本上杜绝了通过攻击区块链操控链上数据的可能性，智能合约也可以保证链上交易数据不被否认和更改。综上可见，区块链技术支持以分层分级开放数据的方式，保障开放教育政务数据的高度安全，从而消除各级各类教育行政部门有关数据安全的风险顾虑，有利于扩大教育政务数据的开放总量和应用范围。

二 教育政务数据开放平台的系统架构优化

当前，我国各省（市）基本都建成了"政府数据开放平台"，并将教育政务数据开放列为平台下设众多领域数据开放的功能模块之一，并设有专门架构可独立运行的教育政务数据开放平台，这也直接带来了以下三方面的问题：其一，教育数据的平台功能简单且不足，甚至有部分平台只提供了基本的教育信息数据列表下载功能，而且所开放的数据时间段不连续。其二，由于数据开放主要面向的是社会机构和社会公众，教育数据管理方主动开放并提供教育数据资源的主动性不强，教育数据类API 接口服务提供非常少②，导致教育政务数据开放与应用的价值非常有限。其三，各省（市）教育政务数据平台尚难以实现互联互通，带来的数据孤岛现象也导致开放数据存在不一致和不准确等问题。由此可见，当前教育政务数据开放平台存在的弊端，也是造成上文所述的教育政务数据开放问题的原因之一。为此，结合前文对区块链技术支撑教育政务数据开放共享的优势分析，通过区块链技术来优化教育政务数据开放平台的架构与功能，不失为解决当前教育政务数据开放中存在的问题，以

---

① 郑旭东、杨现民：《基于区块链技术的学生综合素质评价系统设计》，《现代远程教育研究》2020 年第 1 期。

② 吕红：《我国教育数据开放现状分析与评价——以 23 个地方政府数据开放平台教育数据为例》，《中国教育信息化》2019 年第 15 期。

及以教育数据开放驱动教育治理的一条有效途径。

（一）教育政务数据开放平台的优化思路

1. 秉持更为开放的教育数据治理理念

根据我国当前的教育科层组织、管理制度及教育实践，教育政务数据实际上主要由教育部、各省（市）教育行政部门，以及各类教育机构所采集。我国政府开放教育政务数据的最终目的是促进教育数据治理，并以此持续驱动教育治理现代化。从教育数据治理的视角来看，教育政务数据开放的行动集合可以分为物理范畴和社会范畴[1]，前者是与数据治理和开放相关的技术内容（如对教育政务数据开放平台架构的优化或重构），而后者则是数据开放过程中的管理因素。因此，教育政务数据开放平台的优化应秉持更为开放的教育数据治理理念，以物理范畴驱动社会范畴的转变，才能打破相对狭隘的教育政务数据开放现状，突破地域、部门的数据开放限制，根据用户权限开放教育政务数据。

2. 采用多中心、可验证的联盟链技术

联盟链是某一领域群体或组织内部使用的区块链，其记账节点在组织内部进行选定，链上节点的添加与删除通过联盟链共识机制决定。[2] 与公有链和私有链相比，联盟链具有多中心化和身份可验证等优点，既可以确保链上隐私数据的保密性，也可以较大提升节点间连接与访问速度。因而，联盟链在本质上是一个广泛的治理共同体技术，其允许联盟链共同体下存在次级共同体，确保共同体内部开展具体的事务处理工作。如若以联盟链为参照来分析我国现行的教育行政制度，各省（市）教育厅（局）、各区县教育局是不同级别的教育行政治理共同体。[3] 所以，基于联盟链技术建设的教育政务数据开放平台，可构建一种面向教育政务治理的联盟体系，既能确保教育政务数据在联盟内根据用户权限实现有效共享，也能按需向社会公众开放。

---

[1] 徐峰、吴旻瑜、徐萱、任友群：《教育数据治理：问题、思考与对策》，《开放教育研究》2018年第2期。

[2] 杨兵、罗汪旸、姜庆、朱晓刚、郭强：《基于联盟链的学习数据存储系统研究》，《现代教育技术》2019年第8期。

[3] 郑旭东、杨现民：《基于区块链技术的学生综合素质评价系统设计》，《现代远程教育研究》2020年第1期。

3. 以技术方式推动制度机制运行生效

各级教育部门为保障教育政务数据的开放制定了必要的系列性制度机制。但正如上文所言，教育政务数据开放机制存在不够健全，以及实施效果不好等问题，成为影响数据开放与应用效果的重要因素。因此，在教育政务数据开放平台的优化中应转变思路，将教育行政工作中的各类规章制度、各级教育行政部门的权利与责任、教育政务数据的开放范围以及访问权限、教育政务数据开放应用的有效期限等，以技术方式转变为"硬机制"，依托教育政务数据开放平台强制执行。如在基于智能合约的数据共享流程自动化机制中，以上的规章制度等"软机制"都可被转化成代码[1]，以数字技术方式促进各项制度机制的高效执行，确保教育政务数据的有效开放和不同教育用户依权限访问。

（二）基于联盟链的教育政务数据开放平台架构

联盟链系统架构自下而上主要可划分为网络层、共识层、数据层和合约层等。根据以上所述的优化思路，本研究基于联盟链对教育政务数据开放平台进行了优化设计，如图9-7所示。

基础设施为基于联盟链的教育政务数据开放平台运行提供底层服务，其是教育政务数据从采集汇聚到开放共享等各流程环节的基础。通过图9-7中基础设施部分包含的硬件设施和技术服务，可将虚拟化计算资源、存储资源和各类数据资源通过网络提供给用户使用和管理，如对网络通信信息的高速传输，教育政务数据的储存、聚合、分发，以及优化基础设施的服务能力等。[2]

基于联盟链的教育政务数据开放平台主要由三大功能模块构成：第一是联盟链系统架构，其为整个教育政务数据开放平台的核心。（1）网络层主要是为联盟链上不同部门（节点）之间的网络信息通信提供通路支持，主要包括节点、排序者、客户端、CA认证和Gossip协议等功能模块。（2）共识层封装了网络节点的各类共识算法，主要实现联盟链上所

---

[1] 金澍清、陈晋川、刘威、张召：《政府治理大数据的共享、集成与融合》，《大数据》2020年第2期。

[2] 郑旭东、杨现民：《基于区块链技术的学生综合素质评价系统设计》，《现代远程教育研究》2020年第1期。

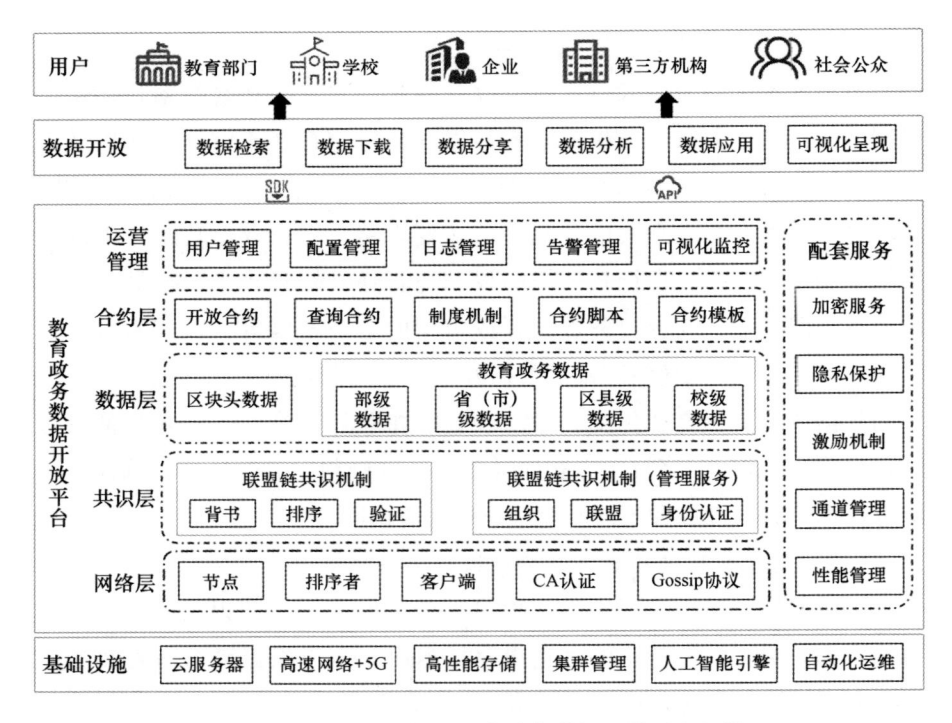

图 9-7 基于联盟链的教育政务数据开放平台架构

有节点对区块数据的有效性达成共识,如保证教育政务数据记录与开放的一致性,确保联盟链系统中每个节点能够以透明、公平、平等的方式共享教育政务数据。联盟链共识机制包括背书、排序和验证功能,主要实现对节点之间发生的交易(如数据访问)和账本状态更新达成共识;关于成员管理服务的联盟链共识机制是为加入联盟链的用户提供身份验证。(3)数据层除了包括区块头数据之外,还包括区块体中加密储存的教育政务数据,如教育部、省(市)、区县和学校等层面的教育政务数据。(4)合约层封装了程序语言编写且被强制执行的合约条款,包括教育政务数据开放合约、查询合约、合约脚本、合约模块,以及可转换为合约执行的有关制度机制。第二是配套服务模块,其主要为联盟链系统架构提供配套支持服务,包括加密服务、隐私保护、激励机制、通道管理和性能管理等功能服务。第三是运营管理功能模块,其主要是为教育政务数据开放平台的运行与管理提供统一服务,包括提供用户管理、配置管理、日志管理、告警管理和可视化监控等运营与管理功能。

此外，通过教育政务数据开放平台的统一 API 和多语言 SDK 接口，向教育部门、学校、企业、第三方机构和社会公众等用户提供教育政务数据检索、数据下载、数据分享、数据应用、数据分析以及数据可视化呈现等服务，差异化甚至是定制化满足各类教育利益者对教育政务数据的开放、共享与应用需求。

需要注意的是，教育政务数据在开放中也可能存在国家机密被泄露、数据鸿沟带来的社会分化，以及教育用户隐私安全风险等问题[①]，对国家教育主权构成威胁，影响国家安全和社会稳定。根据治理与监管方式的不同，区块链还可被分为主权区块链与其他区块链，主权区块链要尊重国家主权，处于可监管的模式之下。[②] 为了确保教育政务数据在开放过程中的安全性，基于联盟链的教育政务数据开放平台除了要对数据进行脱敏处理之外，核心依托的联盟链应属于主权区块链，一方面要在国家监管、法律框架下运行智能合约；另一方面要采用国产自主可控的联盟链框架及底层平台，既要确保国家教育政务数据主权，也要避免采用国外开发运维的技术框架在未来存在的不确定威胁与风险。

第四节　教育政务数据开放平台中的区块链运行设计

以联盟链为核心的区块链技术是优化教育政务数据开放平台的关键支撑技术。从宏观的教育治理而言，联盟链应实现各级各类教育行政部门的协同共治，才能确保教育政务数据的分级分层有效开放共享；从微观的数据流动来看，联盟链应通过智能合约确保在数据开放工作中严格执行相关的规章制度和法律法规，才能实现数据开放流程的规范、有效、安全开展。

[①] 王娟、杨现民、郑浩、顾雯、李涵：《大数据时代教育政务数据开放的风险分析及防控策略研究》，《中国电化教育》2020 年第 6 期。

[②] 曾子明、万品玉：《基于主权区块链网络的公共安全大数据资源管理体系研究》，《情报理论与实践》2019 年第 8 期。

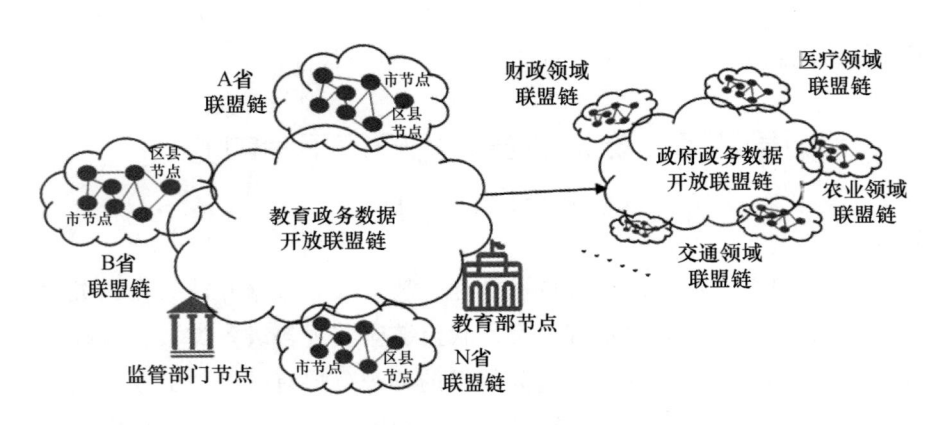

一 教育政务数据开放平台的联盟链运行结构

教育政务数据是政府政务数据开放的重要组成部分,而我国现行的教育行政部门机构又从纵向分级(国家、省市、区县和学校部门)和横向并列(同一级别教育部门)同时设置,加之我国举办着世界上最大规模的教育,各级各类教育部门数量众多,这都为促进教育政务数据的一致性和开放共享带来了困难。而联盟链是可供某一领域内不同群体或某一组织内部使用的区块链,其成员(节点)的增减也是通过共识机制由所有成员共同决定,因而联盟链在本质上也被视为一个广泛的治理共同体,可以打破不同部门各自为政的局面,实现联盟链网络中各方主体共同参与教育政务治理工作。[①] 为此,基于我国教育行政部门机构的设置特点和联盟链在教育政务数据开放中的本质优势,本研究提出如图9-8所示教育政务数据开放平台的联盟链运行结构。

图 9-8 教育政务数据开放平台的联盟链运行结构

第一,从国家层面来看,我国政府开放的政务数据包括了来自教育、财政、医疗、农业等领域的政府政务数据。通过构建政府政务数据开放联盟链,可以将不同领域的政务数据开放联盟链添加到政府政务数据开放联盟链中,高效提升不同领域政务数据的关联性与一致性,实现以

[①] 曾巍:《教育信息化促进教育治理水平提升》,《教育研究》2017年第3期。

"数据流"来推动政府在不同领域的政务"工作流",促进政府政务开放与协同治理等①,在社会各行业中不断推动一体化、联动式现代产业体系的形成。②值得关注的是,为了提升区块链网络上不同领域之间的交易性能和数据开放效率,还需采用区块链跨链技术(Cross-chain Technology of Blockchain)促进链间流畅地互联互通③,从而实现教育政务数据联盟链与其他领域政务数据开放联盟链实现跨链政务数据的开放与协同,以及政务数据的价值转移与应用。④

第二,从教育领域内部来看,鉴于我国各省市教育发展差异和教育行政部门以纵向分级和横向并列设置的体制制度,教育政务数据开放联盟链的运行结构大致包括以下四个方面:(1)教育政务数据开放联盟链作为本平台的主链,各省(市)拥有的省级教育政务数据开放联盟链为主链上的侧链,教育部和监管部门为主链上独立部署的节点。(2)主链上的所有侧链和节点都通过身份验证后的记账节点与教育政务数据开放联盟链账本连接,并基于共识机制以共同维护此联盟链账本的方式实现数据的开放共享。(3)联盟链接入的独立监管部门节点主要开展数据开放共享等过程的监督与治理工作,进一步保障教育政务数据开放活动的安全运行和监管追责。⑤(4)根据各省(市)的教育办学规模,所辖的市区县各级各类教育部门与学校在通过身份管理机构验证后,与上级教育政务数据联盟链连接并共同维护联盟链账本。综上所述,教育政务数据开放平台的联盟链运行结构既可在纵向上保证开放数据的一致性和全面性,在横向上也可以确保不同部门之间依据权限开放和访问数据,有利于构建稳定的教育政务数据开放与治理生态。

---

① 郑旭东、任友群:《教育信息化服务供给的转型方向与实施路径》,《教育研究》2018 年第 8 期。

② 杨现民、周宝、郭利明、杜沁仪、邢蓓蓓:《教育信息化 2.0 时代教育数据开放的战略价值与实施路径》,《现代远程教育研究》2018 年第 5 期。

③ 胡漠、马捷:《异构区块链网络视域下智慧养老多元信息协同模式研究》,《图书情报工作》2020 年第 7 期。

④ 路爱同、赵阔、杨晶莹、王峰:《区块链跨链技术研究》,《信息网络安全》2019 年第 8 期。

⑤ 郑旭东、杨现民:《基于区块链技术的学生综合素质评价系统设计》,《现代远程教育研究》2020 年第 1 期。

二 基于联盟链的教育政务数据开放流程

教育政务数据开放平台的联盟链运行结构可确保教育行政部门同时在纵向和横向方面开展协同工作,促进多元教育政务数据的协同与共享,为教育政务数据的进一步开放提供了基础。为了进一步厘清数据在教育政务数据开放平台中的开放过程,图9-9从微观视角展现了教育政务数据的动态开放与流动过程。

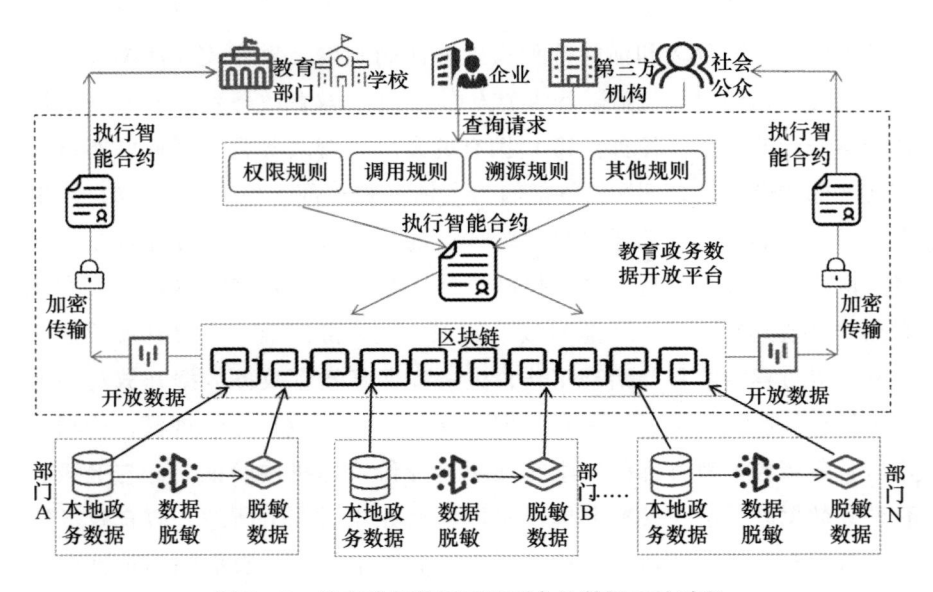

图9-9 教育政务数据开放平台的数据开放过程

(一) 教育行政部门的教育政务数据上链

如前文所言,教育政务数据并非不加限制地任意开放,而要以确保国家安全、社会稳定和个人隐私保护为前提。为此,各级各类教育行政部门对政务数据在联盟链上的存储与开放过程也主要有以下两种方式:
(1) 将本地教育政务数据库中的教育元数据传输和存储到区块链上。由于这些教育元数据是未对隐私信息和敏感数据进行匿名与脱敏处理,因而这部分数据信息在区块链上的应用对象只可为本部门使用,以及对拥有最高访问权限的上级教育监管部门在督查和审计等环节中开放与访问。
(2) 教育政务数据脱敏平台利用脱敏规则和敏感词过滤等核心功能对教

育政务数据脱敏处理，然后再将脱敏数据上传和存储到区块链中。值得关注的是，脱敏后的教育政务数据既包括不同教育行政部门间的政务数据共享事件信息，也包括向广大社会公众广泛开放的教育政务数据，实现了按照数据共享权限级别促进教育政务数据差异化开放共享，从而满足不同教育利益者的差异化需求。

（二）教育行政部门间开放教育政务数据

在教育政务数据开放联盟链网络中，各级各类教育行政部门都以节点形式存在，并开展教育政务数据信息的协同共享。这也意味着联盟链上不同节点之间对链上教育政务元数据和脱敏数据的归属权已达成一致，这些数据的开放共享以及使用情况是被所有节点所"清楚"的，也就解决了教育政务数据开放与使用中的权责问题。不同教育行政部门之间通过教育政务数据开放平台开展数据的开放共享活动时，将大致按照以下环节进行：（1）教育政务数据需求部门要先向平台发出查询联盟链账本的请求；（2）教育政务数据开放平台通过公共规则库中的相应规则确定该部门数据访问或调用权限；（3）在核准数据需求部门的访问权限后，平台将自动执行联盟链智能合约，进一步巩固数据接口的多级权限管理，并且链上的教育政务数据开放节点作出响应，根据其数据访问权限确定要开放的教育政务数据。在此过程中，教育政务数据开放部门还会根据数据需求部门的数据访问权限，对开放数据进行不同程度的脱敏和匿名化处理；（4）教育政务数据平台对数据开放节点提供的数据进行加密传输，并在数据请求部门获得与读取响应数据时自动执行智能合约，完成教育行政部门间依据权限来开放教育政务数据的过程。由于区块链可追溯和不可篡改的优势，被所有节点共同认可的教育政务数据的权属、查询、修改、开放、共享等相关流动路径都会被区块链所记录，确保开放数据的完整、一致及安全。

（三）教育政务数据向社会大众开放共享

面向学校、企业、第三方机构和社会公众的教育政务数据涉及全国及各地区的教育现状数据、教育财政投入与使用数据、教育教学发展与评估数据等方面[1]，主要满足社会大众等教育利益相关者的知情权。面向

---

[1] 杨现民、周宝等：《教育信息化2.0时代教育数据开放的战略价值与实施路径》，《现代远程教育研究》2018年第5期。

社会大众的教育政务数据开放大致可通过以下两种方式实现：（1）面向企业和第三方机构等对教育政务数据开放实时性有较高要求的部门组织，可以通过 API 接口来接入教育政务数据开放平台，在符合法律法规和相关制度的前提下，以自动和实时的方式查询、获取和应用教育政务开放数据。这种方式与教育行政部门之间数据相互开放的流程类似，不仅要自动执行智能合约，更要执行严格的数据脱敏过程，高度管控和防范敏感性和隐私性教育政务数据公开；（2）在平台中面向广泛的社会大众发布时效性相对低的教育数据信息，如教育基础信息、教育政策文件、教育年鉴等。以上两种面向社会的教育政务数据开放方式，也都需要把教育数据信息的发布事件信息记录在联盟链中，以确保数据开放流程的规范与透明。

第十章

教育政务数据开放研究的前沿分析

如果以 2013 年八国集团首脑在北爱尔兰峰会上签署的《开放数据宪章》作为起始点，当前全球政府数据开放运动已走过了第一个十年，正在迈向以发展与安全并重、规模与质量齐飞的新阶段。政务数据资源是驱动和引领全球政府职能和形象转变、国家治理能力和治理体系现代化的关键要素，毫无疑问，这一共识正在世界各国政府与国际组织间广泛传播。为共同落实《联合国 2030 年可持续发展议程》中的总体发展目标，各国政府仍需在促进普遍获取开放数据信息方面作出更大努力。本章总结了本研究取得的十大主要结论，分析探讨了教育政务数据开放研究的四大前沿议题，期望能为教育政务数据开放的深入研究提供借鉴和指导。

第一节 主要研究结论

一、教育政务数据开放是实现教育电子政务高水平运行、高质量发展的必然要求，是实现教育治理体系与能力现代化的重要途径。随着云计算、大数据、物联网、移动通信、人工智能等新一代信息技术与教育政务的深度融合，特别是在大数据技术的强力支撑和推动下，教育电子政务进入以"数据智能化"为核心特征的创新发展阶段。该阶段，教育电子政务有三个发展趋向，分别是一体化、标准化和精准化。

二、教育政务数据开放是指教育行政部门（信息生态中的主体：生产者）将不涉及个人隐私、部门机密和国家安全的教育政务相关数据（信息生态中的客体）通过数据门户网站、数据开放接口等载体向社会公众、社会组织等用户（信息生态中的主体：消费者）免费、合理、规范地公开共享。其目的在于促进教育政务数据的融通共享，推动教育政务数据的创新应用与价值增值，实现教育行政管理的高质量发展。除了遵循国际上开放数据的通用原则（原始性、及时性、完整性、可获取性、非专有性、机器可读性、非歧视性、免许可性）外，教育政务数据开放还需特别关注安全原则、真实原则、动态原则、可持续原则四项基本原则。

三、教育政务数据开放体系的基本框架包括教育政务数据、利益相关者、教育政务数据开放平台、教育政务数据开放共享的动阻力因子以及教育政务数据开放共享的关键机制，其核心目标是实现教育政务数据的安全、适度、持续、有序地开放共享。

四、全球教育政务数据开放运动正在如火如荼地开展，以美国、英国、新西兰、新加坡等为代表的先行国家，围绕政府数据开放的政策研制、组织架构、平台建设等开展了卓有成效的探索，为我国推进新时代教育政务数据高质量开放提供了宝贵经验。调研发现，当前我国教育政务开放数据集规模日趋扩大，绝大部分政府数据开放平台提供了教育政务开放数据下载服务，且近一半的开放数据质量较好，但围绕教育政务开放数据的应用开发仍偏少，对教育政务数据的应用深度还远远不够。

五、以 TOE 理论为指导，采用德尔菲法构建的教育政务数据开放影响因素框架显示，影响我国教育政务数据开放进程与效果的关键要素包含技术、组织与环境三个层面，其中技术层面的要素包括新一代信息技术的发展水平、政务数据平台的建设水平，组织层面的要素包括教育行政机构的信息化水平、教育行政人员的数据素养、教育行政机构的组织管理，环境层面的要素包括教育数据开放政策、教育政务数据开放的公众诉求、教育数据安全防护。系统动力学模型的仿真分析进一步检验了这些要素对教育政务数据开放水平的影响机理与影响程度。

六、针对当前教育政务数据开放面临数据质量不高、数据安全隐患大、数据开放广度深度有限、数据治理能力不强、数据开放共享保障不足等现实难题，本研究基于 TOE 模型、开放数据通用框架、多元公共行政观等理论，构建了教育政务数据开放保障框架。该框架确定了包含法律保障、政策保障与技术保障在内的三大保障核心，包含监管机制、责权机制、隐私保护机制在内的三大应对机制，包含区块链、人工智能、NFV、5G 网络云等在内的 N 种保障技术，以及包含政府、企业、学校、社会、公众在内的五类保障主体。

七、教育政务数据开放本质上是一个动态、复杂的系统，该系统的高效、可持续运行需要设计必要的科学运行机制，主要涉及教育政务数据的交换共享、质量管控、用户参与以及绩效评估四个关键问题。

八、教育政务数据开放并非一个自组织运行系统，必要的监管机制是保证政务数据合法合规开放、安全有效开放的关键所在。本研究以 TOE 和多中心治理理论为指导，构建了教育政务数据开放监管的基本框架。该框架突出了关键监管技术、多样监管方式、多元监管内容、全周期监管流程、多维监管应用等特点，具有较强的落地可行性。

九、教育政务数据开放过程包括分析、设计、实施、监管四个环节，从宏中微观视角来看存在国家安全风险、社会分化风险、经济投入风险、部门行政风险和个人隐私风险，从数据管控视角来看存在数据管理风险、数据存储风险、数据共享风险和数据发布风险。研究基于风险管理理论构建了教育政务数据开放的风险防控体系，包括一条主路（一体设计，平台防控）、两个领域（明确责任，界限防控）、四项内容（分层分类，监管防控）以及五种技术（技术赋能，全层防控）。

十、政府数据开放平台是支撑教育政务数据开放的核心载体，其建设存在"平台服务架构不稳定，开放功能亟须维护""功能优化不及时，平台效率不高""平台用户模式单一，服务功能不全面""平台安全保障功能不完善，数据开放存在风险"等现实问题。本研究提出基于联盟链的教育政务数据开放平台架构，包括网络层、共识层、数据层、合约层以及配套服务和运行机制，可在宏观教育治理层面促进各级各类教育行政部门的协同共治，在微观数据开放方面规范数据开放流程和保护数据安全，促进教育政务数据的分级分层开放。

第二节　研究前沿议题

一　教育政务数据开放政策制度的国际比较与本土优化

美国、英国等在全球最先发起政府数据开放运动，在法律、政策、平台、活动等多个层面积累了丰富的经验，可为我国政府数据开放的整体设计与实践推进提供借鉴和指导。近年来，国家通过发布《促进大数据发展行动纲要》《国家政务信息化项目建设管理办法》《政府信息公开条例》等系列文件，规范推进了我国电子政务改革与政府数据开放。然而，在实践中仍面临政策不明晰、不完备等障碍。教育政务是国家政务的重要组成部分，教育政务数据开放同样面临政策制度层面的挑战。因此，系统研究国际先进经验，并将其与我国国情相结合，开展更高质量的本土化实践，成为当前我国教育政务数据开放研究的热点议题。

围绕该议题，提出如下建议：一是以欧美国家与亚洲发达国家为重点，系统开展教育政务数据开放相关政策文件的搜集与整理，建立政策文件资料库；二是建立教育政务数据开放政策分析框架，研制编码体系，进行规范性的内容文本编码，比较分析各国政策的异同点，并从国家制度、社会文化、经济水平等多个层面解读分析；三是采用网络爬虫技术获取互联网上有关中国教育政务数据开放相关的评论留言数据，开展文本主题挖掘、情感倾向分析等多样化的数据分析，精准掌握政策的公众认知度与争议焦点；四是采用教育政策仿真法对我国教育政务数据相关政策的运行结构与趋势进行动态模拟，前瞻性地预测和分析政策实施效果与潜在风险。

二　教育政务开放数据的全生命周期治理理论与方法

数据治理是大数据研究领域的最新前沿和热点话题，基于全生命周期视角的数据治理已逐步成为业界共识。当前，世界各国教育政务数据开放都面临数据质量、数据安全、数据隐私、数据伦理、数据应用等共同的挑战。政府数据开放的目的是营造更加公平、更加透明、更可持续的数据生态，以支持更高水平的数字政府建设，驱动政府治理体系和治理能力的现代化。随着我国教育政务数据开放进程的加速，开放数据集的规模将越来越大，开放后面临的潜在风险挑战也将日益突出。为此，亟待构建一套中国特色的教育政务开放数据全生命周期治理理论与方法，以支撑海量教育政务开放数据的科学治理。

围绕该议题，提出如下建议：一是深度研究全球大数据相关技术标准，掌握通用数据全流程治理的一般模型与技术，结合我国教育政务业务特点形成教育政务开放数据全生命周期治理的总体框架；二是面向教育行政部门和数据服务提供商开展深入调研，总结实践领域的典型经验，识别实践领域存在的现实难题，从管理、技术、标准、队伍等多个维度研究制定优化策略；三是选择若干地市级教育政务数据开放平台为研究对象，与教育行政部门协同开展政务开放数据的全生命周期治理示范研究，验证治理模型与治理策略的可行性和有效性。

三 教育政务数据开放水平的智能评价与动态监测

毫无疑问，各级政府借助数字化转型走向更加开放、透明、高效，已是大势所趋。教育政务数据开放是一体化工程，涉及国家、省、市与区（县）四级教育行政部门的数字化转型。为了更好地督促和指导各级教育行政部门积极有序地推进政务数据开放共享，亟须建立一套基于人工智能、区块链等技术的教育政务数据开放水平智能评价与动态监测机制。从研究与实践领域来看，该机制尚未建立，需要加强这方面的研究。

围绕该议题，提出如下建议：一是参考"中国开放数林指数"，采用德尔菲法研制教育政务数据开放水平评价指标体系，综合层次分析法和CRITIC方法，确定各指标权重；二是对照评价指标，研究指标对应的数据项标准，明确数据来源，在评价指标和数据项之间建立映射关系，研究确定适合的计算模型，在此基础上研发教育政务数据开放水平智能评价工具；三是采用区块链技术建立全国教育政务数据开放水平运行监测平台，采用深度学习技术开发数据开放运行预警模型，实现可视化、精准化监测；四是基于智能评价与动态监测成果，建立面向教育领域的政务数据开放指数，联合教育行政部门定期发布年度开放指数，推进全国教育政务数据开放的可持续进程。

四 教育政务开放数据的深度开发与创新示范

数据价值的发挥离不开数据要素的深度开发与利用。当前，我国教育政务数据开放仍处于起步探索期，开放数据资源的深度、开发力度与创新应用力度不足，成为制约教育政务数据开放高水平发展的关键。2020年发布的《中共中央 国务院关于构建更加完善的要素市场化配置体制机制的意见》明确提出："支持构建农业、工业、交通、教育、安防、城市管理、公共资源交易等领域规范化数据开发利用的场景。"然而，如何实现教育政务开放数据的深度开发与创新应用，仍有待科研工作者、行业人士与政府部门加强合作研究。

围绕该议题，提出如下建议：一是系统梳理教育政务开放数据体系，建立跨平台、跨系统、跨业务的一体化数据交换共享机制，研究突破政务数据孤岛难题；二是结合教育场景需求和发展目标，研制涵盖描述性分析、诊断性分析和预测性分析三个层面的政务数据分析模型，建立模型库，支持灵活多样的模型选择和运行结果可视化分析；三是探索教育政务开放数据的创新应用场景，建设应用案例库，开展国内外应用案例的比较分析，提炼政务开放数据应用的基本原则和方法；四是关注政务开放数据应用绩效评估，基于国际先进的绩效评估理论和方法，选择国内有代表性的应用案例开展绩效评估，总结评估经验，形成评估指南，以指导各地实践开展。

参考文献

一 中文文献

丁群、杨自恒:《基于硬件逻辑加密的保密通信系统》,人民邮电出版社2015年版。

顾明远:《教育大辞典》,上海教育出版社1998年版。

刘萍:《行政管理学》,经济科学出版社2008年版。

王其藩:《系统动力学》,上海财经大学出版社2009年版。

杨文士:《全面质量管理基本知识(第四版)》,中国科学技术出版社1996年版。

杨现民、陈耀华:《信息时代智慧教育研究》,上海交通大学出版社2013年版。

杨现民、田雪松等:《互联网+教育:中国基础教育大数据》,电子工业出版社2016年版。

袁纯清:《和谐与共生》,社会科学文献出版社2008年版。

郑磊:《开放的数林:政府数据开放的中国故事》,上海人民出版社2018年版。

[美]奥斯特罗姆、帕克斯、惠特克:《公共服务的制度建构》,宋全喜、任睿译,上海三联书店2000年版。

[美]戴维·H.罗森布鲁姆、罗伯特·S.克拉克丘克:《公共行政学:管理、政治和法律的途径》,张成福译,中国人民大学出版社2002年版。

白献阳:《美国政府数据开放政策体系研究》,《图书馆学研究》2018年第2期。

卜叶：《联盟链更适合中国国情》，《中国科学报》2019年12月12日第7版。

曹雨佳：《政府开放数据生存状态：来自我国19个地方政府的调查报告》，《图书情报工作》2016年第14期。

曹雨佳：《政府开放数据生态链中的用户参与机制——以加拿大政府数据开放实践为例》，《情报理论与实践》2021年第6期。

常金玲：《基于PDCA的信息系统全面质量管理模型》，《情报科学》2006年第4期。

陈美：《澳大利亚地方政府开放数据的保障机制研究——基于多元公共行政观的视角》，《情报理论与实践》2017年第12期。

陈朝兵：《超越数据质量：政府数据开放质量的几个理论问题研究》，《情报杂志》2019年第9期。

陈朝兵、程申：《政府数据开放监管的国际经验与中国路径》，《图书情报工作》2020年第12期。

陈朝兵、程申：《政府数据开放中的监管责任：实践困境与优化路径》，《情报杂志》2019年第10期。

陈朝兵、杜荷花：《省级政府电子政务绩效的影响因素研究——基于31个案例的定性比较分析》，《企业经济》2020年第5期。

陈朝兵、简婷婷：《政府数据开放中的公众参与模式：理论构建与案例实证》，《图书情报工作》2020年第22期。

陈朝兵、简婷婷：《政府数据开放中的责任四题：依据、定位、反思与改进》，《情报理论与实践》2019年第11期。

陈传夫、邓支青：《完善政府数据开放主体制度的路径研究》，《情报科学》2019年第1期。

陈茫：《基于大数据的信息生态系统演变与建设研究》，《情报理论与实践》2015年第3期。

陈茜、田治威：《共生理论视角下创新区内企业绩效评估与审计》，《河南社会科学》2017年第8期。

程风、徐红：《从结构驱动到行动者主导：美日政府数据开放制度发展阶段比较研究》，《电子政务》2021年第5期。

池静、崔凤军：《乡村旅游地发展过程中的"公地悲剧"研究——以杭州梅家坞、龙坞茶村、山沟沟景区为例》，《旅游学刊》2006年第7期。

储节旺、张林轩、宫雨晨、康明驰：《合肥市政府数据开放平台建设及发展路径研究》，《数字图书馆论坛》2021年第2期。

崔新会、陈刚、何志强：《大数据环境下云数据的访问控制技术研究》，《现代电子技术》2016年第15期。

代佳欣：《基于过程的政府数据开放风险识别与防控策略研究》，《情报杂志》2019年第6期。

邓立君：《数据中台与大数据中心分析》，《电子世界》2019年第22期。

邓林艳：《中国政府开放数据现状研究》，《信息技术与信息化》2018年第9期。

邓崧、葛百潞：《中外政府数据开放比较研究》，《情报杂志》2017年第12期。

邓崧、杨迪、李鹏丽：《政府数据开放成效影响因素研究》，《情报杂志》2022年第9期。

迪莉娅：《政府开放数据的监管模式研究》，《情报理论与实践》2018年第5期。

丁依霞、徐倪妮、郭俊华：《基于TOE框架的政府电子服务能力影响因素实证研究》，《电子政务》2020年第1期。

东方、邓灵斌：《政府数据开放的法律规制：美国立法与中国路径——基于美国〈开放政府数据法〉（OGDA）的思考》，《情报资料工作》2021年第5期。

董淳锷：《市场事前监管向事中事后监管转变的经济法阐释》，《当代法学》2021年第2期。

董晓辉：《活动理论视角下高校教育数据治理体系构成要素研究》，《中国电化教育》2021年第3期。

杜娟、杜义国、张微：《我国政府绩效第三方评估的研究现状及未来展望》，《领导科学》2019年第6期。

段尧清、郑卓闻、汪银霞等：《基于DEMATEL的数据要素属性结构关系分析》，《情报理论与实践》2022年第7期。

段忠贤、吴艳秋：《政府数据开放度评价指标体系构建与实证测度》，《统计与决策》2019年第22期。

樊长军、张馨、连宇江:《基于德尔菲法的高校图书馆公共服务能力指标体系构建》,《情报杂志》2011年第3期。

樊文强、乙姗姗:《高校e-Learning开展障碍因素研究》,《电化教育研究》2013年第8期。

范秋生:《数据加密技术在计算机安全中的应用》,《煤炭技术》2013年第7期。

范文曜、王建:《优先发展 奠基未来——改革开放30年的中国教育》,《教育研究》2008年第8期。

冯景瑜等:《基于多云多链协同的医疗数据安全共享机制》,《信息网络安全》2022年第1期。

付熙雯、郑磊:《开放政府数据的价值：研究进展与展望》,《图书情报工作》2020年第9期。

郭峰、罗丽、古江林:《企业绿色铁路建造能力影响因素仿真研究》,《铁道科学与工程学报》2022年第6期。

韩磊、胡广伟:《政府数据开放平台建设效率评估及其启示》,《数字图书馆论坛》2018年第9期。

韩普、康宁:《国内政府数据开放共享的关键因素分析及评价》,《情报科学》2019年第8期。

郝世博、邓雨亭:《融合数据监管与数据溯源的科学数据共享管理研究》,《情报理论与实践》2018年第3期。

何丽敏、刘海波、肖冰:《基于技术成熟度的科技成果转化模式策略研究——以中科院宁波材料所为例》,《科学学研究》2021年第12期。

何渊:《政府数据开放的整体法律框架》,《行政法学研究》2017年第6期。

洪亮、石立艳、李明:《基于系统动力学的多主体回应网络舆情影响因素研究》,《情报科学》2017年第1期。

胡佳琪、陆颖:《开放科学数据利益主体协同机制研究》,《图书情报工作》2020年第21期。

胡漠、马捷:《异构区块链网络视域下智慧养老多元信息协同模式研究》,《图书情报工作》2020年第7期。

胡逸芳、林焱:《加拿大政府数据开放政策法规保障及对中国的启示》,

《电子政务》2017年第5期。

黄平平、刘文云、孙志腾：《基于ISM-MICMAC模型的政府数据开放中个人隐私保护影响因素分析》，《情报理论与实践》2021年第9期。

黄如花、赖彤：《数据生命周期视角下我国政府数据开放的障碍研究》，《情报理论与实践》2018年第2期。

黄如花、刘龙：《英国政府数据开放的政策法规保障及对我国的启示》，《图书与情报》2017年第1期。

黄如花、刘龙：《我国政府数据开放中的个人隐私保护问题与对策》，《图书馆》2017年第10期。

黄如花、王春迎：《我国政府数据开放平台现状调查与分析》，《情报理论与实践》2016年第7期。

黄如花、温芳芳、黄雯：《我国政府数据开放共享政策体系构建》，《图书情报工作》2018年第9期。

黄雨婷、黄如花：《丹麦政府数据开放的政策法规保障及对我国的启示》，《图书与情报》2017年第1期。

纪江明、刘冬：《协同视域下地方政府数据开放平台建设机制考察与优化策略——以长三角区域12个城市为例》，《江淮论坛》2021年第2期。

季统凯、刘甜甜、伍小强：《政府数据开放：概念辨析、价值与现状分析》，《北京工业大学学报》2017年第3期。

姜红波、王双凤、邵婷：《政府数据开放用户接受度影响因素的实证分析》，《厦门理工学院学报》2017年第4期。

姜天海、张增一：《破与立：重构开放式科学系统》，《科学学研究》2022年11月23日。

姜鑫、马海群：《开放政府数据评估方法与实践研究——基于〈全球开放数据晴雨表报告〉的解读》，《现代情报》2016年第9期。

蒋华林、金鑫：《美国高校计分卡：目的、内容及其启示》，《重庆大学学报》（社会科学版）2017年第1期。

蒋开东、詹国彬：《共生理论视角下高校协同创新模式与路径研究》，《科研管理》2020年第4期。

金澈清、陈晋川、刘威、张召：《政府治理大数据的共享、集成与融合》，《大数据》2020年第2期。

金澈清、张召、潘斌：《区块链：面向新一代互联网的基础设施》，《新疆师范大学学报》（哲学社会科学版）2020年第5期。

靳文辉、王星云：《地方政府组织结构的优化进路》，《理论探索》2020年第2期。

黎军：《行政审批改革的地方创新及困境破解》，《广东社会科学》2015年第4期。

李灿：《基于共生理论的企业利益相关者关系研究——基本逻辑与演进机理》，《湖南师范大学自然科学学报》2013年第6期。

李灿：《论企业绩效评价系统优化——基于共生理论的思考》，《中南财经政法大学学报》2010年第6期。

李冠、王璐琪、花嵘、贾斌：《基于区块链中台架构的城市应急管理协同机制研究——以突发公共卫生事件为例》，《山东科技大学学报》（社会科学版）2021年第4期。

李卢一、郑燕林：《物联网在教育中的应用》，《现代教育技术》2010年第2期。

李萍：《推进制度优势在教育信息化领域更加显著展示》，《中国教育报》2020年1月7日第1版。

李青、李莹莹：《大数据时代学习者隐私保护问题及策略》，《中国远程教育》2018年第1期。

李青、王海兰：《教育数据开放研究与实践现状述评》，《中国远程教育》2019年第11期。

李学良、冉华、王晴：《区域教育现代化监测评价指标体系的构建与实施研究——以苏南地区为例》，《教育发展研究》2020年第2期。

李艳燕、董笑男、李新、张媛：《STEM教育质量评价指标体系构建》，《现代远程教育研究》2020年第2期。

李重照、黄璜：《中国地方政府数据共享的影响因素研究》，《中国行政管理》2019年第8期。

梁艺多、翟军：《我国地方政府数据开放平台API的建设现状及优化策略研究》，《数字图书馆论坛》2021年第9期。

梁玥：《政府数据开放与公共数据治理的法律机制》，《江汉论坛》2021年第8期。

林晓娜、张飞舟：《基于系统动力学的2000—2050年上海市化石能源CO_2排放情景模拟》，《科技管理研究》2022年第9期。

林秀清、杨现民、李怡斐：《中小学教师数据素养评价指标体系构建》，《中国远程教育》2020年第2期。

刘光星：《"区块链+教育"：耦合机理、风险挑战及法律规制》，《电化教育研究》2021年第3期。

刘桂锋、濮静蓉、苏文成：《高校科研人员科研数据开放的影响因素与机理研究》，《图书馆学研究》2019年第22期。

刘骥、张又：《大数据时代背景下美国教育数据管理与公开体系建设研究——兼论对我国未来教育数据体系发展的启示》，《武汉科技大学学报》（社会科学版）2019年第4期。

刘俊英：《区块链技术之于社会治理创新的影响分析——基于多中心治理理论的视角》，《社会科学战线》2021年第6期。

刘来兵、张慕文：《大数据时代教育治理现代化的内涵、愿景及体系构建》，《教育研究与实验》2017年第2期。

刘孟凯、古海平：《基于SD模型的调水工程突发公共事件信息扩散研究》，《人民长江》2022年第7期。

刘朋朋：《中国地方政府综合绩效评估指标体系设计的比较研究》，《中共福建省委党校学报》2017年第11期。

刘芮、谭必勇：《数据驱动智慧服务：澳大利亚政府数据治理体系及其对我国的启示》，《电子政务》2019年第10期。

刘新萍、袁佳蕾、郑磊：《地方政府数据开放准备度研究：框架与发现》，《电子政务》2019年第9期。

刘智明、武法提、殷宝媛：《信息生态观视域下的未来课堂——概念内涵及教学体系构建》，《电化教育研究》2018年第5期。

娄策群、桂晓苗等：《我国信息生态学学科建设构想》，《情报科学》2013年第2期。

陆健英、郑磊、Sharon S. Dawes：《美国的政府数据开放：历史、进展与启示》，《电子政务》2013年第6期。

陆莉：《"数据资产框架"视角下我国政府公共安全数据开放现状、问题与对策》，《情报杂志》2020年第11期。

路爱同、赵阔、杨晶莹、王峰：《区块链跨链技术研究》，《信息网络安全》2019年第8期。

吕红：《我国教育数据开放现状分析与评价——以23个地方政府数据开放平台教育数据为例》，《中国教育信息化》2019年第15期。

吕乐琳、王卓甫：《数字建造情境下重大工程交易行为监管的协同演化仿真》，《系统管理学报》2022年第3期。

马璨婧：《日本高校教育质量保障体系下的PDCA循环理论应用及启示》，《江苏高教》2021年第8期。

马利红、王彩霞：《基础教育阶段英语学科素养测评指标体系的构建——基于德尔菲法的研究》，《中国考试》2019年第2期。

马孝先：《区域经济协调发展内生驱动因素与多重耦合机制分析》，《宏观经济研究》2017年第5期。

毛寿龙：《集体行动的逻辑与公共治理理论》，《社会科学研究》2017年第1期。

孟薇薇：《信息爆炸时代的新概念——大数据》，《商品与质量》2012年第9期。

孟显印、杨超：《我国开放政府数据应用开发的现状与问题——基于开放政府数据平台的分析》，《情报杂志》2020年第3期。

苗珍珍、翟军、林岩、李剑锋：《英国政府开放教育数据的实践与启示》，《中国教育信息化》2020年第3期。

莫祖英、丁怡雅：《政府数据开放公众反馈机制构建研究》，《情报杂志》2021年第3期。

莫祖英、侯征、贺雅文：《管理者视角下政府开放数据质量影响因素扎根研究》，《图书馆学研究》2021年第13期。

莫祖英、侯征、刘燕权：《基于IPA分析的政府开放数据关键性质量问题研究》，《情报资料工作》2021年第1期。

潘青青、田雪松、杨现民：《大数据时代中小学数据资产的建设与管理》，《电化教育研究》2018年第3期。

蒲蕊：《论教育治理中的社会参与》，《中国教育学刊》2015年第7期。

钱冬明、王幸娟、罗安妮：《基于系统动力学的教育信息化项目风险演化与仿真研究》，《现代教育技术》2019年第8期。

钱津：《"囚徒困境"案例思想的深度探讨》，《河北经贸大学学报》2022年第2期。

邱泽奇：《技术与组织：多学科研究格局与社会学关注》，《社会学研究》2017年第4期。

冉连、张曦：《地方政府数据开放全生命周期安全管理政策研究——基于全国17个省级政府的政策文本分析》，《情报杂志》2021年第8期。

冉敏：《我国地方政府绩效管理实践模式比较——基于五种典型实践模式》，《理论月刊》2018年第5期。

任小云、段锦云、冯成志：《个体采纳与群体采纳：决策过程中的两类建议采纳行为》，《心理科学进展》2021年第3期。

荣幸、高秦伟：《政府数据开放平台建设途径研究》，《理论探索》2021年第4期。

阮士桂：《美国州级纵向教育数据系统（SLDS）发展特征及启示》，《中国远程教育》2019年第12期。

邵奇峰、金澈清、张召、钱卫宁、周傲英：《区块链技术：架构及进展》，《计算机学报》2018年第5期。

沈晶、韩磊等：《政府数据开放发展速度指数研究——基于我国省级政府数据开放平台的评估》，《情报杂志》2018年第11期。

沈晶、胡广伟：《利益相关者视角下政府数据开放价值生成机制研究》，《情报杂志》2016年第12期。

盛小平、杨智勇：《开放科学、开放共享、开放数据三者关系解析》，《图书情报工作》2019年第17期。

时秀晶、马海群：《我国政府开放数据门户网站绩效分析》，《图书情报研究》2018年第1期。

司林波、刘畅、孟卫东：《政府数据开放的价值及面临的问题与路径选择》，《图书馆学研究》2017年第14期。

宋华琳：《中国政府数据开放法制的发展与建构》，《行政法学研究》2018年第2期。

宋立荣、彭洁：《美国政府"信息质量法"的介绍及其启示》，《情报杂志》2012年第2期。

宋亚峰：《高职专业群协同发展的主要类型与互动机理——基于系统动力

学的仿真分析》,《江苏高教》2022 年第 6 期。

孙玉、彭金玉:《国内对多中心治理理论应用的研究综述》,《学理论》2016 年第 11 期。

谭健:《开放数据及其应用现状》,《图书与情报》2011 年第 4 期。

谭军:《基于 TOE 理论架构的开放政府数据阻碍因素分析》,《情报杂志》2016 年第 8 期。

汤志伟、周维:《地方政府政务微信服务能力的提升路径研究》,《情报杂志》2020 年第 12 期。

童楠楠:《我国政府开放数据的质量控制机制研究》,《情报杂志》2019 年第 1 期。

童云峰:《应用区块链技术开放政府数据的原则和规则》,《行政法学研究》2023 年第 1 期。

完颜邓邓、陶成煦:《政府数据开放平台用户协议合规性评估》,《图书馆论坛》2021 年第 7 期。

万江:《政策执行失灵:地方策略与中央态度》,《北方法学》2014 年第 6 期。

王法硕:《我国地方政府数据开放绩效的影响因素——基于定性比较分析的研究》,《情报理论与实践》2019 年第 8 期。

王今、马海群:《政府开放数据质量的用户满意度评价研究》,《现代情报》2016 年第 9 期。

王晶、王卫、张梦君:《开放政府数据价值实现保障机制研究——基于系统动力学方法》,《图书馆学研究》2019 年第 16 期。

王静、辛玉明:《高校档案服务平台构建方案研究与实践——以吉林大学档案综合服务平台建设为例》,《情报科学》2019 年第 9 期。

王娟:《国内外政府开放数据质量研究述评》,《图书馆理论与实践》2019 年第 12 期。

王娟、杨现民、郑浩、顾雯、李涵:《大数据时代教育政务数据开放的风险分析及防控策略研究》,《中国电化教育》2020 年第 6 期。

王卷乐、孙九林:《世界数据中心(WDC)回顾、变革与展望》,《地球科学进展》2009 年第 6 期。

王玲:《教育法的秩序价值研究》,《求索》2011 年第 9 期。

王明雯、李青、王海兰：《欧美学生数据隐私保护立法与实践》，《现代远程教育研究》2021 年第 2 期。

王卫、王晶：《开放政府数据用户参与研究》，《情报理论与实践》2020 年第 12 期。

王翔、刘冬梅等：《我国公共数据开放的促进与阻碍因素——基于交通运输部"出行云"平台的案例研究》，《电子政务》2018 年第 9 期。

王雪梅：《共生理论视阈下的生态治理方式研究》，《理论月刊》2018 年第 3 期。

王宇航、王西：《论大数据在政府监管应用中的法律障碍与完善》，《河南社会科学》2020 年第 5 期。

王正青、但金凤：《大数据时代美国教育数据质量管理流程与保障》，《现代远程教育研究》2019 年第 5 期。

王正青：《美国学生数据隐私保护的治理体系》，《河南教育信息化》2021 年第 2 期。

吴群英、马蕾：《我国省级政府开放数据平台建设现状调查研究》，《情报探索》2020 年第 9 期。

吴样平、丁乃鹏：《从"囚徒困境"看教育信息孤岛的形成》，《情报科学》2005 年第 2 期。

武继刚、刘同来、李境一、黄金瑶：《移动边缘计算中的区块链技术研究进展》，《计算机工程》2020 年第 8 期。

武琳、伍诗瑜：《城市开放政府数据平台服务绩效评估体系构建及应》，《图书馆论坛》2018 年第 2 期。

夏义堃：《政府数据治理的国际经验与启示》，《信息资源管理学报》2018 年第 3 期。

相丽玲、陈梦婕：《中外政府数据开放的运行机制比较》，《情报科学》2017 年第 4 期。

相丽玲、李彦如、陈梦婕：《中外政府数据开放运行机制的实证分析》，《现代情报》2020 年第 1 期。

肖翔、周钰博、杨海盟：《金融科技监管沙盒实践的国际比较》，《金融市场研究》2020 年第 12 期。

谢能重、廖逸儿：《依法行政考评社会评议：公众参与和"专家"理性》，

《广西民族大学学报》（哲学社会科学版）2018年第4期。

邢蓓蓓、杨现民、李勤生：《教育大数据的来源与采集技术》，《现代教育技术》2016年第8期。

徐峰、吴旻瑜、徐萱、任友群：《教育数据治理：问题、思考与对策》，《开放教育研究》2018年第2期。

徐宏、王建华、耿英三：《P2P分布实时数据交换的高可用混合负载均衡算法》，《小型微型计算机系统》2006年第4期。

徐慧娜、郑磊：《面向用户利用的开放政府数据平台：纽约与上海比较研究》，《电子政务》2015年第7期。

徐丽新、袁莉：《地方政府数据开放门户的成熟度评估研究》，《图书情报工作》2019年第12期。

徐阳华：《英国政府发布〈国家数据战略〉提出"四大支柱"和"五大任务"》，《互联网天地》2020年第10期。

许萍、张立军、陈菲菲：《TOPSIS评价模型的稳健性分析及参数选择》，《统计与决策》2013年第17期。

薛晓娜、佟泽华、丰佰恒、冯晓、孙杰、刘阳如冰：《5G环境下数据生态链的优化策略研究》，《情报理论与实践》2021年第3期。

杨兵、罗汪旸、姜庆、朱晓刚、郭强：《基于联盟链的学习数据存储系统研究》，《现代教育技术》2019年第8期。

杨现民、李新、吴焕庆、赵可云：《区块链技术在教育领域的应用模式与现实挑战》，《现代远程教育研究》2017年第2期。

杨现民、唐斯斯、李冀红：《发展教育大数据：内涵、价值和挑战》，《现代远程教育研究》2016年第1期。

杨现民、王英、李怡斐、王亚如：《教育政务数据开放共享体系的基本框架》，《中国电化教育》2020年第9期。

杨现民、王榴卉、唐斯斯：《教育大数据的应用模式与政策建议》，《电化教育研究》2015年第9期。

杨现民：《信息时代智慧教育的内涵与特征》，《中国电化教育》2014年第1期。

杨现民、周宝等：《教育信息化2.0时代教育数据开放的战略价值与实施路径》，《现代远程教育研究》2018年第5期。

杨小微：《人工智能助推学校现代化的意义与可能路径》，《华中师范大学学报》（人文社会科学版）2021年第2期。

杨咏梅：《科研数据开放驱动下高校图书馆学科服务转型研究》，《图书馆工作与研究》2019年第3期。

杨勇：《加强和改进地方政府绩效管理的四个着力点》，《中州学刊》2020年第11期。

尹敬齐：《煤炭企业计算机网络安全策略》，《煤炭技术》2012年第9期。

负杰：《中国地方政府绩效评估：研究与应用》，《政治学研究》2015年第6期。

袁勇、王飞跃：《区块链技术发展现状与展望》，《自动化学报》2016年第4期。

曾巍：《教育信息化促进教育治理水平提升》，《教育研究》2017年第3期。

曾子明、万品玉：《基于主权区块链网络的公共安全大数据资源管理体系研究》，《情报理论与实践》2019年第8期。

翟军、李晓彤、林岩：《开放数据背景下政府高价值数据研究——数据供给的视角》，《图书馆学研究》2017年第22期。

翟军、翟玮、裴心童、李剑锋：《英国政府数据共享与开放的元数据标准建设及启示》，《情报杂志》2021年第4期。

张聪丛、郐颖颖、赵畅、杜洪涛：《开放政府数据共享与使用中的隐私保护问题研究——基于开放政府数据生命周期理论》，《电子政务》2018年第9期。

张福学：《信息生态学的初步研究》，《情报科学》2002年第1期。

张慧、谷勇杰、饶湖广：《创新合作伙伴资源异质性对创新绩效的影响研究——基于系统动力学的建模与仿真》，《中南大学学报》（社会科学版）2020年第6期。

张林轩、储节旺、蔡翔、杜孟飞：《我国地市级政府数据开放发展现状及对策探析——以安徽省为例》，《情报工程》2021年第4期。

张培、夏海鹰：《教育领域数据治理的基本思路与实践路径》，《现代教育技术》2020年第5期。

张涛：《藏智于民：开放政府数据的法理基础与规范重塑》，《电子政务》

2019 年第 8 期。

张晓娟、孙成、向锦鹏：《基于开放数据晴雨表的我国政府数据开放提升路径分析》，《图书情报知识》2017 年第 6 期。

张晓松：《敏锐抓住信息化发展历史机遇 自主创新推进网络强国建设》，《人民日报》2018 年 4 月 22 日第 1 版。

张序、张霞：《机制：一个亟待厘清的概念》，《理论与改革》2015 年第 2 期。

张一鸣、田雨、蒋云钟：《基于 TOE 框架的智慧水务建设影响因素评价》，《南水北调与水利科技》2015 年第 5 期。

赵柯、薛岩：《西方国家开放政府数据运动研究》，《当代世界与社会主义》2020 年第 3 期。

赵磊磊：《人工智能赋能高校数据治理：逻辑、挑战与实践》，《重庆高教研究》2022 年第 1 期。

赵磊磊、张黎、代蕊华：《智能时代教育数据风险治理：实然困境与实践路径》，《湖南师范大学教育科学学报》2021 年第 6 期。

赵曼丽：《公共服务协同供给研究：基于共生理论的分析框架》，《学术论坛》2012 年第 12 期。

赵润娣：《政府数据开放的兴起、现状和问题》，《团结》2021 年第 3 期。

赵宇翔、仝冲、张轩慧、张磊：《国内外开放数据竞赛的案例分析及运行机制探索》，《图书馆杂志》2020 年第 3 期。

郑磊、高丰：《中国开放政府数据平台研究：框架、现状与建议》，《电子政务》2015 年第 7 期。

郑磊、关文雯：《开放政府数据评估框架、指标与方法研究》，《图书情报工作》2016 年第 18 期。

郑磊、韩笑、朱晓婷：《地方政府数据开放平台研究：功能与体验》，《电子政务》2019 年第 9 期。

郑磊：《开放政府数据的价值创造机理：生态系统的视角》，《电子政务》2015 年第 7 期。

郑旭东、狄璇、岳婷燕：《区块链赋能区域教育治理：逻辑、框架与路径》，《现代远程教育研究》2022 年第 1 期。

郑旭东、任友群：《教育信息化服务供给的转型方向与实施路径》，《教育研究》2018 年第 8 期。

郑旭东、杨现民：《基于区块链技术的学生综合素质评价系统设计》，《现代远程教育研究》2020 年第 1 期。

郑旭东、杨现民、岳婷燕：《教育政务数据开放平台的区块链技术架构与运行机制设计》，《中国电化教育》2021 年第 3 期。

周丽霞、张良妍：《大数据时代开放数据的多元价值探析》，《数字图书馆论坛》2016 年第 6 期。

周林兴、周丽：《政府数据开放中的隐私信息治理研究》，《图书馆学研究》2019 年第 12 期。

周文泓、夏俊英、代林序：《我国地方政府开放数据平台建设进展及优化策略探析》，《图书情报知识》2019 年第 3 期。

周文泓、夏俊英：《我国政府开放数据资源建设进展、问题与对策研究》，《情报理论与实践》2019 年第 3 期。

朱贝、盛小平：《英国政府开放数据政策研究》，《图书馆论坛》2016 年第 3 期。

朱春奎、童佩珊、陈彦桦：《组织文化如何影响公务员推动政府数据开放意愿与行为——基于上海市公务员调研数据的探索性研究》，《郑州大学学报》（哲学社会科学版）2021 年第 3 期。

朱典：《区块链技术在政务领域的应用探索》，《信息安全研究》2022 年第 12 期。

朱晓峰、盛天祺、程琳：《服务接触视角下政府数据开放平台的评估框架与实效研究》，《电子政务》2021 年第 10 期。

朱晓峰、盛天祺、张卫：《重大突发公共事件冲击下政府数据开放的共生运行机制研究：构建与演进》，《情报理论与实践》2020 年第 12 期。

朱新林、曹素芳、陆豪：《小城镇多元小集体协同治理的行动逻辑——以湖北省武汉市凤凰镇生态治理为例》，《湖北社会科学》2018 年第 6 期。

祝智庭、彭红超、雷云鹤：《解读教育数据智慧》，《开放教育研究》2017 年第 5 期。

庄国波、陈万明：《领导干部政绩评价主体的系统构建——利益相关者理论视角》，《中国行政管理》2011 年第 1 期。

庄国波、韩惠:《5G 时代政府数据开放共享的安全风险及防范》,《理论探讨》2020 年第 5 期。

魏艺敏:《基于 TOE 框架的企业节能行为研究》,硕士学位论文,北京理工大学,2016 年。

张海艳:《戴维·H. 罗森布鲁姆多元公共行政观研究》,硕士学位论文,辽宁大学,2015 年。

CSDN 博客文章:《GUN 与 Linux 历史》,2015 年 7 月 22 日,https://blog.csdn.net/mndscc/article/details/84733991,最后访问日期:2023 年 3 月 9 日。

陈捷:《宁波推出"智慧校园卡"可考勤可消费》,2015 年 8 月 27 日,中国宁波网(http://news.cnnb.com.cn/system/2015/08/27/008387387.shtml),最后访问日期:2023 年 3 月 9 日。

成都智安网络:《什么是云访问安全代理(CASB)》,2021 年 5 月 24 日,腾讯网(https://new.qq.com/rain/a/20210524A02WQU00),最后访问日期:2023 年 3 月 10 日。

e 安教育:《云安全的未来》,2021 年 12 月 1 日,腾讯网(https://new.qq.com/rain/a/20211201A0796F00),最后访问日期:2023 年 3 月 10 日。

复旦大学数字与移动治理实验室:《中国地方政府数据开放报告(2020 下半年)》,2021 年 1 月 22 日,http://ifopendata.fudan.edu.cn/static/report/中国地方政府数据开放报告(2020 下半年).pdf,最后访问日期:2023 年 3 月 10 日。

GoUpSec:《史上十大数据泄露事件及其教训》,2022 年 8 月 1 日,https://www.goupsec.com/news/7508.html,最后访问日期:2023 年 3 月 10 日。

世平信息:《从入学隐私声明看美国学生隐私保护》,2018 年 12 月 7 日,https://blog.csdn.net/shipinginfo/article/details/84878845,最后访问日期:2023 年 3 月 10 日。

吴斯洁:《〈2019 中国地方政府数据开放报告〉发布,上海位列省级排名第一位》,2019 年 5 月 27 日,新浪财经(http://finance.sina.com.cn/roll/2019 - 05 - 27/doc - ihvhiqay1817870.shtml),最后访问日期:2023

年3月10日。

《把区块链作为核心技术自主创新重要突破口，加快推动区块链技术和产业创新发展》，http://www.cac.gov.cn/2019-10/25/c_1573535019960857.htm，2021年11月2日。

《福州市人民政府关于印发〈福州市政务数据资源管理办法〉〈福州市公共数据开放管理暂行办法〉〈福州市政务数据资源共享开放考核暂行办法〉的通知》，http://www.fuzhou.gov.cn/zfxxgkzl/dflf/gfxwj/gfxwjk/201911/t20191115_3083181.htm，2021年11月2日。

《福州市政务数据资源共享开放考核暂行办法》，http://www.fuzhou.gov.cn/zfxxgkzl/dflf/gfxwj/gfxwjk/201911/t20191115_3083181.htm，2019年11月15日。

《工业和信息化部关于印发"十四五"大数据产业发展规划的通知》，http://www.gov.cn/zhengce/zhengceku/2021-11/30/content_5655089.htm，2021年11月30日。

《公共数据开放 第3部分：开放评价指标体系》，http://data.sd.gov.cn/odweb/news/newsDetail.htm?news_id=51，2019年6月10日。

《广东省数据开放和共享系列标准正式发布》，http://gddata.gd.gov.cn/article/article/toArticleDetails/48，2019年9月23日。

《贵阳市政府数据共享开放考核暂行办法》，https://www.guiyang.gov.cn/zwgk/zfxxgks/zcwj_5889695/gz/202111/t20211130_71846856.html，2018年9月1日。

《国家统计质量保证框架（2021）》，统计局网站（http://www.gov.cn/xinwen/2021-06/18/content_5618986.htm），2021年6月18日。

《国务院办公厅关于印发政务信息系统整合共享实施方案的通知》，http://www.gov.cn/zhengce/content/2017-05/18/content_5194971.htm，2021年11月2日。

《国务院关于落实〈政府工作报告〉重点工作部门分工意见》，http://www.gov.cn/zhengce/content/2020-06/11/content_5518699.htm，2020年6月6日。

《国务院关于印发促进大数据发展行动纲要的通知》，http://www.gov.cn/zhengce/content/2015-09/05/content_10137.htm，2015年8月

31 日。

《教育部办公厅关于印发〈2005 年度教育电子政务建设实施要点〉的通知》，http：//old. moe. gov. cn//publicfiles/business/htmlfiles/moe/moe_1054/201006/89024. html，2005 年 3 月 29 日。

《教育部办公厅关于印发〈2019 年教育信息化和网络安全工作要点〉的通知》，http：//www. gov. cn/zhengce/zhengceku/2019 - 10/23/content_5443956. htm，2019 年 10 月 23 日。

《教育部关于加强新时代教育管理信息化工作的通知》，http：//www. moe. gov. cn/srcsite/A16/s3342/202103/t20210322_521669. html，2021 年 3 月 15 日。

《教育信息化十年发展规划（2011—2020 年）》，http：//www. moe. gov. cn/srcsite/A16/s3342/201203/t20120313_133322. html，2012 年 3 月 13 日。

《大力开放教育数据的倡议书》，https：//epaper. gmw. cn/gmrb/html/2015 - 10/27/nw. D110000gmrb_20151027_3 - 14. htm，2021 年 11 月 2 日。

《上海市人民政府关于印发〈上海市政务数据资源共享管理办法〉的通知》，https：//www. shanghai. gov. cn/nw39632/20200821/0001 - 39632_47477. html，2021 年 11 月 2 日。

《省政府关于印发江苏省大数据发展行动计划的通知》，http：//www. jiangsu. gov. cn/art/2016/8/19/art_46143_2543205. html，2021 年 11 月 2 日。

《数据资产管理实践白皮书（5.0 版）》，http：//www. bytevi. com/whitepaper. html，2021 年 12 月 30 日。

《中共中央办公厅 国务院办公厅印发〈关于全面推进政务公开工作的意见〉》，http：//www. gov. cn/xinwen/2016 - 02/17/content_5042791. htm，2021 年 11 月 2 日。

《中共中央 国务院关于构建更加完善的要素市场化配置体制机制的意见》，http：//kz. mofcom. gov. cn/article/zwnsjg/202004/20200402954393. shtml，2020 年 4 月 11 日。

《中国地方政府数据开放报告：指标体系与省域标杆》，http：//www. dmg. fudan. edu. cn/？p＝9014，2021 年 11 月 2 日。

《中华人民共和国数据安全法》，http：//m. xinhuanet. com/2021 - 06/11/c_

1127552204. htm. , 2021 年 11 月 2 日。

二 英文文献

Ahmadi H. , Nilashi M. , Ibrahim O. , et al. , "Exploring Potential Factors in Total Hospital Information System Adoption", *Decision Support Systems*, 2015.

Ahmad S. , Mehfuz S. , Mebarek-Oudina F. , et al. , "RSM Analysis Based cloud Access Security Broker: A Systematic Literature Review", *Cluster Computing*, Vol. 25, 2022.

Attard J. , Orlandi F. , Scerri S. , "A Systematic Review of Open Government Data Initiatives", *Government Information Quarterly*, Vol. 32, No. 4, 2015.

Baumeister R. F. Bratslavsky E. Finkenauer C. , et al. , "Bad is Stronger than Good", *Review of general psychology*, 2001.

Capek, P. G. , Frank, S. P. , Gerdt, S. , & Shields, D. , "A History of IBM's Open-source Involvement and Strategy", *IBM systems journal*, Vol. 44, No. 2.

d'Aquin M. , Dietze S. , Drachsler H. , et al. , "Building the Open Elements of an Open Data Competition", *D-Lib Magazine*, May/June 2014, Vol. 20, No. 5/6, 2014.

FREEMAN R. E. , "Strategic Management: A Stakeholder Approach", *Journal of Management Studies*, No. 2, 1984.

Huijboom N. , Van den Broek T. , "Open Data: An International Comparison of Strategies", *European journal of ePractice*, 2011.

Janssen M. , Charalabidis Y. , Zuiderwijk, "A Benefits Adoption Barriers and Myths of Open Data and Opengovernment", *Information Systems Management*, 2012.

JasonTashea, "Special Edition: Digital Dangers: What Does Emerging Technology Like AI and Blockchain-as well as Regulations Like GDPR-Mean for Cybersecurity", *ABA Journa*, Vol. 104, No. 12, 2018.

Jetzek T. , Avital M. , Bjorn-Andersen N. , "Data-driven Innovation Through open government data", *Journal of theoretical and applied electronic commerce research, Vol. 9, No. 2, 2014.

Kahneman D., Thinking, Fast and Slow, London: Macmillan, 2011.

Kuan, Kevin, K. J., et al., "A Perception-based Model for EDI Adoption in Small Businesses Using a Technology-organization-environment Framework", Information & Management, 2001.

Lee J. S., Jun S. P., "Privacy-preserving Data Mining for Open Government Data from Heterogen Eous Sources", Government Information Quarterly, Vol. 38, No. 1, 2021.

Lewin, K., "Frontiers in Group Dynamics: Channels of Group life; Social Planning and Action research", Human Relations, No. 2, 1947.

Linstone H. A., Turoff M., "The Delphi Method: Techniques and Applications", Journal of Marketing Research, 1976.

Oakland J., Porter L., Quality 21, Quality World, No. 1, 2004.

Papachristos G., "System Dynamics Modelling and Simulation for Sociotechnical Transitions Research", Environmental Innovation and Societal Transitions, 2018.

Pereira G. V., Macadar M. A., Luciano E. M., "Delivering Public Value Through open Government Data Initiatives in a Smart City Context", Information Systems Frontiers, Vol. 19, No. 2, 2017.

Purwanto A., Zuiderwijk A., Janssen M., "Citizen Engagement With Open Government Data: A Systematic Literature Review of Drivers and Inhibitors", International Journal of Electronic Government Research (IJEGR), Vol. 16, No. 3, 2020.

Rosenbloom, "Public Administrative Theory and the Separation of Powers", Public Administration Review, No. 43, 1983.

Tai K. T., "Open Government Research Over a Decade: A Systematic Review", Government Information Quarterly, 2021.

Tolbert C. J., Mossberger K., McNeal R., "Institutions, Policy Innovation, and E-Government in the American States", Public administration review, 2008.

Wu M., Wang K., Cai X., et al., "A Comprehensive Survey of Blockchain: From Theory to IoT Applications and Beyond", *IEEE Internet of Things Journal*, No. 5, 2019.

Xu S. X., Zhu K., Gibbs J., "Global Technology, Local Adoption: A Cross-Country Investigation of Internet Adoption by Companies in the United States and China", *Electronic Markets*, 2004.

Zhu K., Dong S., Xu S. X., et al., "Innovation Diffusion in Global Contexts: Determinants of Post-adoption Digital Transformation of European companies", *European Journal of Information Systems*, 2006.

Zuiderwijk A., Janssen M., Choenni S., et al., "Sociotechnical impediments of open data", *Electronic Journal of e-Government*, No. 2, 2012.

「官民データ活用推進基本法」, https://www.kantei.go.jp/jp/singi/it2/hourei/detakatsuyo_honbun.html, 2020-5-10。

「行政機関の保有する情報の公開に関する法律」, https://elaws.e-gov.go.jp/search/elaws Search/elaws _ search/lsg0500/detail? lawId=411AC0000000042, 2017-5-30。

cOALition S. Plan S Principles and Implementation Guidance, https://www.coalition-s.org/addendum-to-the-coalition-s-guidance-on-the-implementation-of-plan-s/principles-and-implementation/.

data.gov.uk. Find open data, https://data.gov.uk/search? filters%5Btopic%5D=Education, 2018-9-3.

Data.Gov: Education-Data Catalog, 2018, https://catalog.data.gov/dataset? groups=education2168, 2023-3-9。

Department for Education. Department for Education open data strategy: June 2012. https://assets.publishing.service.gov.uk/government/uploads/system/uploads/attachment_data/file/320216/DfE_Open_Data_Strategy_0_10.pdf.

Department for Education. Department for Education open data strategy: June, https://assets.publishing.service.gov.uk/government/uploads/system/uploads/attachment_data/file/320216/DfE_Open_Data_Strategy_0_10.pdf, 2021-6-28.

French Republic. For a transparent and collaborative government: France national Action Plan, https://joinup.ec.europa.eu/sites/default/files/document/2015 - 08/2015_07_09_plan_gouvernement_ouvert_en_version_finale_0. pdf.

Gartner, "The Growing Importance of Cloud Access Security Brokers", https://www. gartner. com/en/documents/2032015, 2012 - 5 - 30.

Government of Canada, Open Government Week, https://open. canada. ca/en/content/open - government - week, 2021 - 5 - 17.

Government of Canada. Open Data 101, 2017, https://open. canada. ca/en/open - data - principles#toc95.

KDD, KDD Cup, https://kdd. org/kdd - cup, 2022 - 12 - 12。

Kuan K., Chau P., "A perception-based model for EDI adoption in small businesses using a technology-organization-environment framework", Information & Management, 2001.

Narue. What to Watch for in 2019, https://media. nature. com/original/magazine - assets/d41586 - 018 - 07847 - 3/d41586 - 018 - 07847 - 3. pdf.

National Archives, E-Government Act of2002, 2021 - 10 - 18, https://caseguard. com/articles/the - e - government - act - of - 2002 - federal - privacy - law/#:~: text = The% 20E - Government% 20Act% 20of% 202002% 20is% 20a% 20Federal, government% 20information% 20and% 20services% 2C% 20and% 20for% 20other% 20purposes% E2% 80% 9D, 2021 - 10 - 18, 2023 - 3 - 9.

New Zealand Government, Government Chief DataSteward (GCDS), https://data. govt. nz/leadership/gcds/, 2022 - 12 - 24.

New Zealand Government, Open government information and dataprogramme, 2022 - 12 - 24, https://www. data. govt. nz/toolkit/open - data/open - data - nz/, 2023 - 03 - 10.

Office of the Australian Information Commissioner. Towards an Australian Government Information Policy. 2018 https://www. oaic. gov. au/information - policy/issues - papers/issues - paper - 1 - towards - an - australian - government - information - policy, 2010 - 11.

Open Data Barometer, The Open DataBarometer, https://opendatabarometer. org/? _year = 2017&indicator = ODB.

Open Data Barometer. ODB global report: four edition, 2017 - 05 - 10, https://opendatabarometer.org/4thedition/report/, 2023 - 03 - 09.

Open Data Barometer. ODB global report: third edition, 2016 - 04 - 06, http://opendatabarometer.org/doc/3rdEdition/ODB - 3rdEdition - Global Report.pdf, 2023 - 03 - 09.

Open DataBarometer. ODB global report: five edition, 2018 - 09 - 01, https://opendatabarometer.org/leadersedition/report/, 2023 - 03 - 09.

Open Government Working Group, The 8Principles of Open Government Data, https://opengovdata.org/, 2022 - 10 - 29.

Preveil: "What is end-to-end encryption & how does it work?", https://www.preveil.com/blog/end - to - end - encryption/, 2022 - 7 - 31.

Rozin P. and Royzman E. B., "Negativity bias, negativity dominance, and contagion", Personality and social psychology review., 2001.

The annotated 8 principles of open government data (December 7 - 8. 2007), http://opengovdata.org/, 2007 - 11 - 7.

The Cabinet Office G8 Open Data Charter UK Action Plan, 2013, https://assets.publishing.service.gov.uk/government/uploads/system/uploads/attachment_data/file/254518/G8_National_Action_Plan.pdf.

The Great State of Alaska, Data Center-Special EducationData, https://education.alaska.gov/data - center, 2021 - 10.

Tim Davies. Towards Common Methods for Assessing Open Data, https://webfoundation.org/2014/06/towards - common - methods - for - assessing - open - data/, 2014 - 8 - 12.

Tornatzky L. G., Fleischer M., Chakrabarti A. K., "Processes of technological innovation", Washington: Lexington Books, 1990.

Treasury Board of Canada Secretariat. How your ideas shaped the plan. https://open.Canada.ca/en/4plan/about - process - creating - canadas - 4th - plan - open - government, 2020 - 12 - 21.

UK Government, Data Protection Act2018, https://www.gov.uk/government/collections/data - protection - act - 2018.

Wang Y. M., Wang Y. S., Yang Y. F., "Understanding the determinants of

RFID adoption in the manuf – acturing industry", Technological Forecasting & Social Change, 2010.

Wason R., "An integrated CASB implementation model to enhance enterprise cloud security", 2020 – 4 – 20, https: //era. library. ualberta. ca/items/ 199f33ce – 010c – 412d – 93d2 – b5d16b7fd927/view/10195851 – 63af – 492a – b456 – fbf535bd6947/Wason_2020_Spring_MISSM. pdf, 2023 – 3 – 10.

Wason R., "An integrated CASB implementation model to enhance enterprise cloud security", 2020 – 4 – 20, https: //era. library. ualberta. ca/items/ 199f33ce – 010c – 412d – 93d2 – b5d16b7fd927/view/10195851 – 63af – 492a – b456 – fbf535bd6947/Wason_2020_Spring_MISSM. pdf, 2023 – 3 – 10.

White House, "Open Government Directive", 2009, https: //obamawhitehouse. archives. gov/open/documents/open – government – directive.

White House, Open GovernmentDirective, 2019 – 11 – 08, https: //obamawhitehouse. archives. gov/open/documents/open – government – directive, 2023 – 03 – 09.

White House, Unlocking the Power of Education Data for AllAmericans, 2011 – 01 – 09, https: //obamawhitehouse. archives. gov/blog/2012/01/19/unlocking – power – education – data – all – americans, 2023 – 03 – 09.

World Wide WebFoundation. Open Data Barometer, https: //opendatabarometer. org, 2017 – 4 – 13.

后　　记

　　我于 2002 年进入河北大学教育学院学习教育技术学专业，毕业后有幸到北京师范大学攻读教育技术学硕士和博士学位，师从余胜泉教授。二十余年的教育技术学专业求学和研究经历，让我对教育信息化事业充满热爱，"技术变革教育"的使命感和责任感愈加强烈。2015 年，在恩师余胜泉教授的推荐下，我承担了"中国基础教育大数据发展蓝皮书"项目（以下简称"蓝皮书项目"），自此与"教育大数据"结缘。时至今日，我已带领团队连续发布四期教育大数据研究报告，在学界和业界产生了积极影响，也算为中国教育大数据发展尽了绵薄之力，深感欣慰。

　　2018 年之前，我带领团队主要关注大数据技术与教学实践的深度融合研究，并在数据驱动的精准教学改革实验方面开展了探索性工作。2018 年开始，基于党的十九大报告提出的"推进国家治理体系和治理能力现代化"的大背景，我将蓝皮书项目主题聚焦到"数据驱动的现代教育治理"上，在开展国内外广泛调研的过程中，我愈加感觉"政务大数据"在整个国家教育治理现代化中的基础性地位。国内教育政务数据开放共享现状如何？哪些因素影响了国家教育政务数据开放进程？如何兼顾国家教育政务数据的开放与安全？……这些问题开始萦绕在我的脑海。但囿于精力有限，一直未能对教育政务数据开放问题开展研究。2019 年年底，我牵头申报的教育部人文社会科学研究规划基金项目"教育政务数据的开放共享机制设计与风险防控研究"获批立项，这便为探讨上述问题提供了契机。

　　2020 年春节后不久，我带领团队骨干围绕研究方案开展了多轮探讨，并征求了多位领域专家意见，最终确定整个课题围绕"体系框架—现状调查—影响因素—开放机制—平台建设"五项任务开展系统性研究。在团队成员的集体努力下，历经三年，课题取得了较好的预期成果，专著付梓在即，也算是对得起这段"苦熬"的研究岁月。此时此刻，一些研究感悟涌上心头，与诸位分享。

一是把准数据要素定位，厘清政务数据价值逻辑。《中共中央 国务院关于构建更加完善的要素市场化配置体制机制的意见》（以下简称《意见》）明确将"数据"增设为第五类生产要素，可以预见数据要素将在整个社会主义市场经济体制构建与运行中发挥愈加重要的作用。教育政务数据开放是教育开放的关键举措之一，具有独特的政治价值、经济价值和社会价值，既有助于推动教育行政部门的体制变革，又利于繁荣教育信息化行业产业，同时还能增强广大人民群众的教育参与度和获得感。我认为这种价值站位和思考逻辑是正确的。从目前调研来看，虽然国家与地方教育行政部门相继颁布了有关教育政务数据开放的政策、标准与计划，建设了信息公开网和政府数据开放平台，但总体的开放数据集规模偏小、应用开发频度偏低。换句话说，高价值预设与实际效应之间存在"大落差"，这应该是教育政务数据走向高速度和高质量并重发展需要打通的一个"堵点"。

二是坚持多学科视角、跨学科思维开展综合性研究。教育政务数据开放涉及教育学、管理学、信息科学等多个学科领域，是典型的学科交叉类研究。面对"实现中华民族伟大复兴的战略全局和世界百年未有之大变局"，学科交叉融合已经成为破解人类发展难题、推动创新型国家建设的强大驱动力。要想破解教育政务数据开放面临的总体认识不清晰、影响因素难识别、开放机制不健全等现实难题，必须采取跨学科的研究方法和技术。在教育政务数据开放现状调查部分，团队主要开展了网络调查，综合搜集了美国、英国、新西兰、新加坡、中国等五个国家出台的教育政务数据开放相关政策文件，并对各国主要数据开放平台进行了功能调查和数据集统计分析；在教育政务数据开放影响因素识别部分，我们依据 TOE 理论框架（Technology-Organization – Environment Framework），采用德尔菲法和系统动力学仿真法，确定了影响因素，并对其影响机制进行了探讨；在教育政务数据开放的体系框架构建与机制设计部分，团队以多元公共行政观、全面质量管理理论、数据生命周期理论、PDCA 循环理论、多中心治理理论、生态学理论等为指导，采用"文献分析—理论演绎—集体研讨"的研究模式，生成一个教育政务数据开放体系的基本框架与四种机制（保障机制、运行机制、监管机制和风控机制）。从事这项课题研究，让我真正感受到了跨学科研究的魅力和挑战，同时也促使我开始涉略哲学、经济、管理等多学科知识，将对于教育研究有启发的一切理论和方法认真记录下来并在团队内部分享推广。我想这对于整个团队的成长是大有裨益的，必须长期坚持下去。

三是密切跟踪国际动态，洞察教育政务数据开放研究的前沿议题。自《开放数据宪章》签署至今，全球政府数据开放运动已走过了第一个十年，正在迈向以发展与安全并重、规模与质量齐飞的新阶段。中国拥有世界上最大规模、最高复杂度的巨型教育体系，随着教育数字化战略的持续深入推进，必将累积海量的教育政务数据资源，同时也将面临数据安全、数据伦理、隐私保护等重要挑战。书稿的最后一章，既对本课题的十项研究结论做了总结，又结合国际趋势和现实国情提出了四项前沿议题，包括教育政务数据开放政策制度的国际比较与本土优化、教育政务开放数据的全生命周期治理理论与方法、教育政务数据开放水平的智能评价与动态监测以及教育政务开放数据的深度开发与创新示范，并对各议题提出了具体的研究建议。客观来讲，这些议题是我带领团队根据近年来开展教育政务数据开放研究的经验总结而来，不一定全面，应该还有其他更重要的议题尚未被发掘，非常期待各界朋友给予宝贵指点。

常言道"不完美是人间常态"。我想研究亦是如此，世上不存在"十全十美"的研究。教育政务数据开放体系与机制研究也存有不足，留有遗憾。第一，团队缺少真正从事过教育行政部门工作经验的管理者，对教育政务的认识和把握仅限于文献资料和调研的主观感受，可能存在一定偏差。第二，教育政务数据开放机制的构建虽然有较好的理论支撑和系统设计，但终归缺少和地方教育行政部门的合作实践，难以验证开放机制的实际运行效果。谈及这些不足与遗憾，难免有些伤感和失落，但却是此时我内心最真实的感受。我希望，也坚信，这些不足和遗憾必将转化为团队开展高质量研究的强大动力，也真诚期望各位同人给予大力支持和指导。

杨现民

2023 年 3 月 18 日于江苏师范大学静远楼